高等职业教育种子专业系列教材
全国种子行业技术培训教材

作物遗传育种

李道品　张文英　主编

中国农业大学出版社
·北京·

内 容 简 介

本书针对培养高等技术应用型人才的目标，把培养技术应用能力的主旨贯彻始终，力求科学性和实用性。注重育种技术与具体作物相结合，结合遗传与作物育种发展动态和新科技成果在农业生产上的应用，引入反映学科前沿的成果。

全书分10章，包括绪论，遗传的细胞学及分子基础、遗传的基本规律、遗传物质的变异、作物种质资源和引种、作物选择育种、作物杂交育种、作物诱变育种、作物杂种优势利用、生物技术育种共9章，相关实验实训19个。通过学习，引导学生在了解和掌握遗传变异规律及其原因的基础上，理解和掌握主要农作物新品种选育的基本原理和方法。

本书为高等职业教育农学类专业学生和种子行业培训人员编写，内容适合于种植类相关专业使用，同时可供农业科研技术人员参考使用。

图书在版编目(CIP)数据

作物遗传育种/李道品，张文英主编. —北京：中国农业大学出版社，2016.5(2019.12 重印)
ISBN 978-7-5655-1569-9

Ⅰ.①作… Ⅱ.①李… ②张… Ⅲ.①作物育种-遗传育种-高等职业教育-教材
Ⅳ.①S33

中国版本图书馆 CIP 数据核字(2016)第 101377 号

书　名　作物遗传育种
作　者　李道品　张文英　主编

策划编辑	张　蕊　　张　玉	**责任编辑**	张　蕊
封面设计	郑　川	**责任校对**	王晓凤
出版发行	中国农业大学出版社		
社　　址	北京市海淀区圆明园西路2号	**邮政编码**	100193
电　　话	发行部 010-62818525,8625	读者服务部	010-62732336
	编辑部 010-62732617,2618	出　版　部	010-62733440
网　　址	http://www.cau.edu.cn/caup	**e-mail**	cbsszs @ cau.edu.cn
经　　销	新华书店		
印　　刷	涿州市星河印刷有限公司		
版　　次	2016年8月第1版　　2019年12月第3次印刷		
规　　格	787×1 092　　16开本　　12.25印张　　305千字		
定　　价	27.00元		

封面图片出处：第一张© IMAGEMORE Co.,Ltd. 第二张由李道品提供。

种子专业系列教材编委会

编审人员

主　编　李道品（温州科技职业学院）
　　　　张文英（长江大学）

副主编　吴建国（浙江农林大学）
　　　　陈先知（温州科技职业学院）
　　　　王　燕（南京农业大学）

参　编　（按姓氏笔画为序）

　　　　王海萍（湖北生物科技职业学院）
　　　　张　华（上海农林职业技术学院）
　　　　张永鑫（温州科技职业学院）
　　　　周红艳（福建农业职业技术学院）
　　　　林苏娥（温州科技职业学院）
　　　　郭　娜（南京农业大学）

审　稿　石春海（浙江大学）

总 序

农业发展，种业为基。党中央、国务院历来高度重视种业工作。习近平总书记强调，要下决心把民族种业搞上去，从源头上保障国家粮食安全。李克强总理指出，良种是农业科技的重要载体，是带有根本性的生产要素。汪洋副总理要求，突出种业基础性、战略性核心产业地位，把我国种业做大做强。

当前我国农业资源约束趋紧，要确保“谷物基本自给、口粮绝对安全”，对现代种业发展、加强种业科技创新、培育和推广高产优质品种提出了更高、更迫切的要求。与此同时，全球经济一体化进程不断加快，生物技术迅猛发展，农作物种业国际竞争日益激烈。要突破资源约束、把饭碗牢牢端在自己手中，做大做强民族种业、提升国际竞争力，必须加快我国现代种业科技创新步伐。

培养大批种子专业技术人才和提升现有种业人才的技术水平是加快我国现代种业科技创新步伐的关键之举。目前我国农作物种业人才培养主要有两个途径：一是通过高等院校开设相关专业培养；二是通过对种子企业科研、生产、检验、营销、管理等人员及种子管理机构的行政管理、技术人员进行定期培训。但由于我国高等农业职业教育办学起步较晚，尚没有种子专业成套的全国通用教材，而种子行业培训也缺乏成套的全国通用技术培训教材。为培养农作物种业优秀人才，加大种业人才继续教育和培训力度，落实《国务院关于加快推进现代农作物种业发展的意见》有关要求，全国农业技术推广服务中心与温州科技职业学院联合组织编写了这套全国高等职业教育种子专业和种子行业技术培训兼用的全国通用系列教材。

该系列教材由种子教学、科研、生产经营与管理经验丰富的专家教授共同编写。在编写过程中坚持五个相结合原则，即坚持种子专业基础理论、基本知识与种业生产实际应用相结合；坚持提高种业生产技术与操作技能相结合；坚持经典理论、传统技术与最新理论、现代生物技术在种业上的应用相结合；坚持专业核心课程精与专业基础课程宽相结合；坚持教材实用性与系统性相结合，力争做到教材理论与实践紧密结合，便于学生（员）更好地学习应用。

这套教材系统地介绍了现代种业基础理论与实用技术，包括种子学基础、作物遗传育种、种子生产技术、种子检验技术、种子加工技术、种子贮藏技术、种子行政管理与技术规范、种子经营管理和植物组织培养等九本教材。其中，种子行政管理与技术规范、种子生产技术、种子加工技术、种子贮藏技术、种子检验技术等五本教材兼作种子行业技术人员培训教材。希望本系列教材的出版发行能在促进我国高等职业教育种子专业学生培养和种子行业技术人员培训中发挥重要作用。

全国农业技术推广服务中心主任 廖琴

2016 年 3 月

前　　言

作物遗传育种是农学类和种子生产与经营技术等专业的一门重要课程，其目标是引导学生掌握作物遗传学、育种学基本原理，育种的基本技能。教材按照专业要求，根据遗传学和育种学的内在联系，尽量做到遗传理论知识和作物育种技术有机结合，把培养技术应用能力的宗旨贯彻始终，力求科学性和实用性。大量引进相关前沿知识和技术进展，增加遗传育种发展动态和新科技成果在农业生产上的应用案例，拓展学生的知识面，力求创新性。

教材遵循学科的认知规律来编写章节，内容规范，突出高等职业教育特点，轻重有序，表述简洁易懂，图文并茂，力求理论联系实际，学以致用。

本教材由温州科技职业学院李道品研究员和长江大学张文英教授共同主编。绪论由李道品、张文英编写，第一章由王燕、林苏娥、张华、陈先知编写，第二章由吴建国、张华、李道品编写，第三章由王海萍、周红艳、张华编写，第四章由郭娜、王燕、林苏娥编写，第五章由王燕、林苏娥、郭娜编写，第六章由陈先知、李道品、张永鑫编写，第七章由周红艳、王海萍编写，第八章由李道品、张永鑫、张文英编写，第九章由张文英、吴建国、张永鑫编写；实验实训一、二由张华、王燕、王海萍编写，实验实训三由陈先知、王燕编写，实验实训四由周红艳、张华编写，实验实训五由郭娜、李道品编写，实验实训六由王海萍、李道品编写，实验实训七由陈先知、王燕编写，实验实训八、九、十由张文英、吴建国编写，实验实训十一由王燕、林苏娥、陈先知编写，实验实训十二由李道品、张永鑫、郭娜编写，实验实训十三由吴建国、张文英编写，实验实训十四由郭娜、李道品编写，实验实训十五由王海萍、李道品编写，实验实训十六由陈先知、王燕编写，实验实训十七由李道品、张永鑫、郭娜编写，实验实训十八由吴建国、李道品编写，实验实训十九由王燕、林苏娥、陈先知编写。全书由李道品、张文英统稿。

在编写过程中，承蒙浙江大学石春海教授担任本教材的主审，浙江省农业厅吴伟研究员、浙江大学胡晋教授、温州科技职业学院许立奎研究员等老师参与审稿，并提出许多宝贵意见。在此对所有为本教材的完成做出贡献的单位、领导、老师和专家表示衷心的感谢！

尽管编写人员付出大量的心血，但受编者业务水平和掌握知识的限制，仍会存在一些不足之处。恳请广大读者提出宝贵意见，以便再版时修订完善。

编　者

2016 年 2 月

前言

编者

目 录

绪　论

知识目标

1. 了解作物遗传育种的基本任务和研究内容。
2. 了解遗传与育种两者间的关系。
3. 了解作物遗传育种学科的发展趋势。

作物遗传育种是遗传学和作物育种学有机结合，是研究作物遗传和变异的规律、改良和培育作物新品种的科学。

一、作物遗传育种的任务和研究内容

遗传学是研究生物界最普遍、最基本的两个特征——生物遗传和变异的科学。所谓遗传是指生物亲代与子代之间相似的现象；变异是指生物亲代与子代之间，以及子代之间表现出一定差异的现象。生物有遗传，才能繁衍后代，才能保持物种的相对稳定；个体有变异，才能产生新的性状，促进物种的进化，这是新品种选育的基础。遗传与变异是一对矛盾对立统一的两个方面。遗传是相对的、保守的，而变异是绝对的、发展的；没有遗传就没有物种的相对稳定，而没有变异物种将是一成不变的。

遗传、变异和选择是与生物进化和新品种选育有着密切关系的三大因素。生物进化就是在一定的环境条件下对生物变异进行自然选择，其变异可以传递给子代，通过逐代积累变异而导致物种演变、产生新物种。新品种选育实际上是一个人工进化过程，育种者只是以选择强度更大的人工选择代替了自然选择，进而育成符合生产所需的新品种。

任何生物的生长发育都需要一定的环境条件，遗传和变异的表现都与环境相关。研究遗传与变异应在特定环境条件下进行。

遗传学的任务是阐明生物遗传、变异现象及其表现规律；探索遗传、变异的原因及其物质基础；揭示遗传、变异的内在规律；指导生物遗传改良工作；从而进一步指导生物遗传改良的育种实践，选育新品种；提高医疗卫生水平，保障民众身体健康。其研究内容包括：遗传物质的本质、遗传物质的传递和遗传信息的表现等三个方面，包括遗传物质的化学本质、所包含的遗传信息、结构、组织和变化，遗传物质的复制、遗传规律的表现以及基因在群体中的传递、基因的相互作用等。

作物育种学是以遗传学理论为基础，进行作物经济性状遗传改良的应用学科，是研究选育和繁殖农作物优良品种的理论与方法的科学。其主要任务包括：根据作物性状的遗传变异规律，发掘、研究和利用各种种质资源；并根据育种目标和原有品种基础，采取适当的育种途径和方法，选育适合当地生产发展需要的高产、稳产、优质、适应性强、抗性强、生育期适中的优良农作物的新品种；研究良种繁育的方法与技术，充分发挥优良品种在生产中的作用。作物育种学主要内容有：育种目标的制订及实现目标的相应策略；种质资源的搜集、保存、研究评价、利用及创新；选择的理论与方法；人工创新变异的途径、方法及技术；杂种优势利用的途径与方法；目标性状的遗传、鉴定及选育方法；作物育种各阶段的田间试验技术。

二、遗传学与作物遗传育种的关系及发展趋势

（一）遗传知识是育种工作的基础

遗传学与作物育种有着不可分割的密切关系，对育种工作起着直接的指导作用；而育种工作的实践，又可不断丰富和发展遗传学。为提高育种工作的预见性，有效控制生物的遗传和变异，加速育种进程，经济高效地取得育种成果，必须有效掌握和灵活运用遗传学的理论知识。

遗传学的任务是深入研究生物遗传、变异的原因，揭示其客观规律，为育种提供理论基础和指导原则，以便进一步按照人们的需要对生物进行有效的控制和改造。育种的任务是选择优良类型育成可在生产上推广应用的新品种，应用各种途径和方法，如杂交、理化因素、遗传工程等来改变生物遗传的性状，创造新的类型或品种，并通过准确的试验鉴定获得符合人们需要的优良品种或物种。掌握杂种优势利用的理论与技术，选育和配制出优良的杂交种组合应用于生产，满足消费者的需要。

（二）作物遗传育种的发展趋势

随着人类社会的发展、人口数量的增加，消费者生活水平的提高以及产业结构的调整，对作物遗传育种提出了更高的要求。不断加强作物遗传育种的研究，提高理论、技术和育种水平，推动农业发展是一项长期任务。今后作物遗传育种工作将会进一步扩大研究领域，调整作物改良的目标性状，加强作物种质资源研究和利用，以生物技术为主体的高、新技术将会更广泛地应用，多学科合作、多种技术并用，基础理论研究也会更加深入。

1. 多样化的育种目标

高产、优质、多抗是作物育种的永恒目标。在世界人口不断增长的前提下，提高作物产量仍然是作物育种的首要目标。今后育种会更注意温光、水土资源的高效利用，选育具有高光合性能的品种，以增加生物学产量和提高收获指数。随着社会的进步和消费者生活水平的提高，人们对农产品品质的要求日益越来越高，对品质的关注度上升，品质优则价格高、销路好，优质育种自然成为当前育种目标的重要目标。同时，近年来全球气候变暖，病虫害、自然灾害增多，我国工业化、城镇化进度加快，作物生长环境劣化，这就对新选育品种的抗逆性提出更高的要求。

由于市场需求的多样性，育种目标还需根据市场需求作相应调整，作物品种也需是多样化或专用化。因此，今后一段时间内育种工作的首要目标仍是高产，但重心会逐渐向提高农产品品质、增强品种抗逆性、适宜全程机械化等方向偏移。

2. 优异种质资源的收集、发掘和利用

世界上种质资源极其丰富，为选育突破性品种提供了重要的物质基础。我国尽管已收集、保存了大批的种质资源，但深入筛选、鉴定、利用研究的力度还不够，收集的种质资源遗传基础较狭窄。今后将更加重视优异资源的发掘和利用，继续征集国内外种质资源，并对已有材料充分进行鉴定评价，筛选出具有优异性状的种质资源供育种使用。同时对其目标性状的遗传特点及其机理深入研究，提高种质资源的利用效率。

3. 遗传育种理论与方法的深入研究

为了有效提高育种工作的预见性和效率，今后需要加强对作物主要目标性状及其遗传规律的深入研究；加强对作物产量、抗性、杂种优势等遗传基础的研究；加强株型育种、源库流学说的理论深入研究；研究和利用以生物技术为基础的育种新技术和新方法，使之与传统育种方法实现有机结合，在育种中最大限度地发挥新技术的作用，开拓出崭新的育种途径。

4. 多学科合作，多种技术、途径并用

育种是一种系统工程。随着育种目标的提高，对新品种的要求越来越高，所涉及的性状越来越多，育种科学与其他学科的关系更加密切。选育突破性品种必须组织多学科联合攻关，多种育种技术、方法相结合，以解决作物遗传育种理论和实践上的问题，加速育种进程，这也是作物遗传育种发展的一种趋势。

5. 加强作物育种，促进种子产业化

育种是一门实践性很强的应用学科，必须重视社会效益与经济效益相结合，今后育种工作必须积极推进种子产业化进程。种子产业化是一种新的生产经营方式，是以市场为导向、科技为基础、效益为中心、一体化为载体的产业体系，也是种子生产、加工、销售、科技各环节有机联系、相互促进、共同发展的一项系统工程。可以让科研单位从农作物品种资源、育种材料、育种方法和新品种选育等系列研究逐步转向侧重品种资源、育种材料和育种技术研究，农作物新品种选育研究逐步进入种子企业，使种子企业形成育、繁、推一体化，逐步实现产业化。

应用案例——商业化育种

商业化育种是以企业为创新主体的育种组织方式，其核心是以市场为导向。育什么品种是要根据综合农业生产特点、社会经济发展、市场需求等系统指标来确定育种目标。种子企业开始面向市场终端，培育具有自主知识产权、适合机械化作业、设施化栽培、高产优质多抗、适应性强的突破性新品种。在育种方式上，企业也开始从单个育种人员负责筛选、配组、品比等选育全过程向工厂化育种转变。具体从事科研育种的人员有明确的分工：有的负责亲本选育，有的负责配组，有的负责品种测试，各个环节互相衔接密切配合，组成一个商业化育种体系。

《国务院关于加快推进现代农作物种业发展的意见》（国发〔2011〕8号）指出：坚持企业主体地位。以“育繁推一体化”种子企业为主体整合农作物种业资源，建立健全现代企业制度，通过政策引导带动企业和社会资金投入，充分发挥企业在商业化育种、成果转化与应用等方面的主导作用。其重点任务之一——建立商业化育种体系。鼓励“育繁推一体化”种子企业整合现有育种力量和资源，充分利用公益性研究成果，按照市场化、产业化育种模式开展品种研发，逐步建立以企业为主体的商业化育种新机制。积极推进构建一批种子产业技术创新战略联盟，为有实力的“育繁推一体化”种子企业建立品种审定绿色通道。

国务院办公厅（国办发〔2012〕59号）关于印发全国现代农作物种业发展规划（2012—2020

年)的通知指出：重点任务之一——构建以企业为主体的商业化育种体系。支持有实力的种子企业建立科研机构和队伍，构建商业化育种体系，培育具有自主知识产权的突破性优良品种，并率先在杂交玉米和杂交水稻领域取得重大突破。支持“育繁推一体化”种子企业整合育种力量和资源，加大科研投入，引进国内外高层次人才、先进育种技术、育种材料和关键设备，创新育种理念和研发模式，加快提升企业核心竞争力。重大工程之一——商业化育种工程。支持和引导有实力的“育繁推一体化”种子企业，改善育种基础设施和技术装备条件，建设育种研发中心、种子加工处理中心、品种测试体系和展示示范基地。支持企业开展杂交作物育种材料筛选、组合选配与测试、新品种试验示范，培育一批突破性优良品种。支持企业与优势科研单位建立科企合作平台，充分利用科研单位人才、技术、资源和科研成果，加快提升企业育种创新能力。

本章小结

作物遗传育种是遗传学和作物育种学有机结合，是研究作物遗传和变异的规律，改良和培育作物新品种的科学。遗传学是研究生物遗传和变异的科学。遗传是指生物亲代与子代之间相似的现象；变异是指生物亲代与子代之间，以及子代之间表现出一定差异的现象。遗传与变异是一对矛盾对立统一的两个方面。遗传、变异和选择是生物进化和新品种选育的三大因素。

遗传学与作物育种有着不可分割的关系，遗传学作为理论基础知识对育种的过程起着直接的指导作用，而育种工作的实践又可不断丰富和发展遗传学的理论。今后作物遗传育种工作将会进行多样化的育种目标研究，加强作物优异种质资源的发掘和利用，深入遗传育种理论与方法的研究，多学科合作，多种技术、途径并用，逐步推进种子产业化。

思考题

1. 简述作物遗传育种的任务和研究内容。
2. 简述遗传与育种两者间的关系。
3. 简述作物遗传育种的发展趋势。

第一章　遗传的细胞学及分子基础

知识目标

1. 掌握和理解细胞有丝分裂和减数分裂的全过程及其遗传学意义。
2. 理解和掌握高等植物配子的形成过程。
3. 理解 DNA 的复制过程及 RNA 的转录。
4. 理解蛋白质的合成过程。
5. 理解中心法则的内容。

能力目标

1. 学会解释植物遗传和变异规律的内在机理。
2. 掌握植物进化的本质现象。

在生物的繁殖过程中，亲代向子代传递遗传物质。大量的细胞学和遗传学研究表明，在细胞分裂增殖过程中，核内染色体的行为与性状表现是平行的。随着遗传学特别是分子遗传学的发展，明确了染色体是遗传物质的主要载体。遗传物质以 DNA 为主，通过指导蛋白质的合成，对生物的生理特性和性状表现起作用。这样，关于生命的本质、遗传变异的机理和生物性状及特性的成因，就可以从根本上得到探索和认识，从复杂的生物现象中，发现共同的规律。

第一节　遗传的细胞学基础

细胞是除了病毒(如噬菌体)等之外的生物有机体结构和生命活动的基本单位。生物的生长发育、繁殖、遗传变异、适应以及进化等重要生命活动均以细胞为基础，而且生物的遗传物质也存在于细胞中。细胞分裂是实现生物体的生长、繁殖和世代之间遗传物质连续性传递的必要方式。染色体是细胞核中最重要的组成部分，在细胞分裂过程中，染色体会发生一系列有规律的变化，从而保证了遗传物质从细胞到细胞以及世代间传递的连续性和稳定性，也保证了生物的正常生长、发育和物种的稳定性。遗传学上许多基本理论和规律都是建立在细胞分裂的基础上。

细胞分裂方式包括无丝分裂、有丝分裂和减数分裂三种。其中无丝分裂是一种简单快速的分裂形式，没有纺锤丝和染色体的变化，是细胞核和细胞质的直接分裂，故又称为直接分裂。其过程一般是细胞核延长后缢裂成两部分，接着整个细胞也从中部缢裂成两部分，形成两个细胞。无丝分裂在低等生物（如细菌）中普遍存在，而高等生物的体细胞分裂主要以有丝分裂为主。

一、细胞的有丝分裂

（一）有丝分裂过程

有丝分裂，是生物体细胞增殖的主要方式，包含细胞核分裂和细胞质分裂两个紧密相连的过程。有丝分裂的主要特点是出现纺锤体和染色体发生有规律的动态变化，其结果是形成与母细胞染色体数相同和遗传组成相同的两个子细胞。从一次细胞分裂完成到下次细胞分裂完成为一个细胞周期，包括分裂间期和分裂期。细胞有丝分裂是一个连续的过程，根据染色体的形态变化，分裂期可分为：前期、中期、后期和末期四个时期（图1-1）。

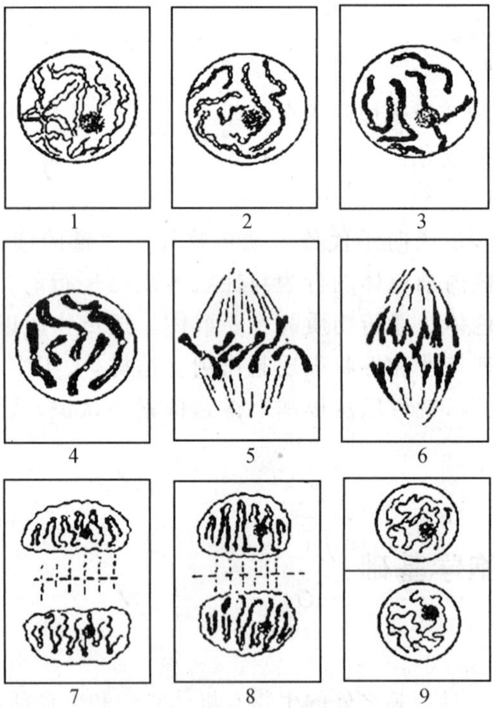

图 1-1 植物体细胞有丝分裂模式图

1.极早前期 2.早前期 3.中前期 4.晚前期 5.中期 6.后期 7.早末期 8.中末期 9.晚末期

1. 前期

染色质纤丝开始螺旋化逐渐浓缩为细长而卷曲的染色体，逐渐缩短变粗。每个染色体含有两个染色单体，它们具有一个共同的着丝点，核膜与核仁逐渐模糊解体。

2. 中期

核仁和核膜逐渐消失，细胞核与细胞质已无可见的界限。各染色体的着丝点排列在赤道板上，从两极出现纺锤丝，构成纺锤体，各个染色体的两臂则自由随机地分散在赤道面两侧。中期由于染色体收缩的最短最粗，且分散排列在赤道面上，是鉴别染色体的形态和数目的最好时期。

3. 后期

各染色体的着丝点分裂为二，其每条染色单体也相应地分开，并各自在纺锤丝的牵引下，彼此分离而移向两极。细胞两极将各具有一组染色体，数目与原来细胞相同。

4. 末期

染色体移到两极后出现新的核膜，各自组成新的细胞核，核内形成新的核仁，这时染色体重新变得松散细长，恢复成纤丝状的染色质。此时一个细胞内存在两个子核。同时于细胞质中央赤道板处形成细胞壁，随着细胞质分裂，细胞也就分裂为两个子细胞。

有丝分裂所需时间因物种和外界条件而异。例如，在 25℃，豌豆根尖细胞有丝分裂时间约为 83 min，而大豆根尖细胞的有丝分裂时间约为 114 min；蚕豆根尖细胞，在 25℃有丝分裂时间约为 114 min；而在 3℃，则为 668 min。有丝分裂过程中，一般前期持续的时间最长，约占整个分裂过程的一半甚至更多，可持续 1～2 h，中期、后期和末期的时间都较短(5～30 min)。

(二)有丝分裂的遗传学意义

多细胞生物通过体细胞分裂进行生长。在细胞分裂过程中，核内染色体经准确复制、分裂，为两个子细胞的遗传物质组成(与母细胞完全一样)打下基础。同时，染色体复制产生的两条姐妹染色单体分别分配到两个子细胞中，使子细胞获得与母细胞同样数量与质量的染色体，这在遗传上具有十分重要的意义。因为这种均等式的细胞分裂，使组织及细胞间的遗传组成具有一致性，这样既能维持生物个体的正常生长和发育，也保证了物种性状的连续性和稳定性。

二、细胞的减数分裂

减数分裂是性母细胞成熟时配子形成过程中所发生的一种特殊的有丝分裂。其结果是遗传物质经过一次复制，连续两次分裂，产生染色体数目减半的性细胞，因此称为减数分裂。

(一)减数分裂过程

减数分裂的特殊性表现在进行两次连续的细胞分裂过程，通常称为减数第一次分裂和减数第二次分裂。每一次分裂又可划分为前期、中期、后期和末期 4 个时期。一般将这 4 个时期分别称为前期Ⅰ、中期Ⅰ、后期Ⅰ、末期Ⅰ、前期Ⅱ、中期Ⅱ、后期Ⅱ和末期Ⅱ。两次分裂之间具有短暂的间歇期，称为中间期。减数分裂各时期染色体变化的特征简述如下，并参见图 1-2。

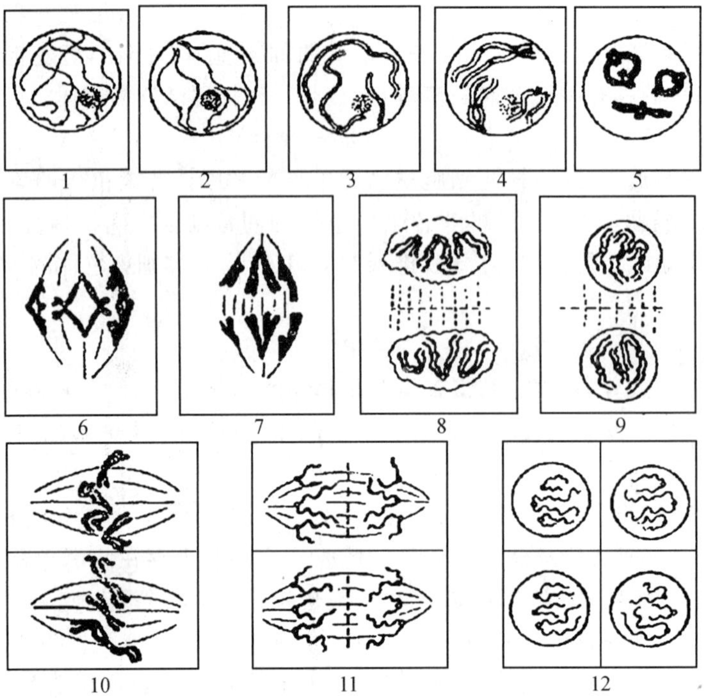

图 1-2 减数分裂的模式图

1. 细线期 2. 偶线期 3. 粗线期 4. 双线期 5. 终变期 6. 中期Ⅰ
7. 后期Ⅰ 8. 末期Ⅰ 9. 前期Ⅱ 10. 中期Ⅱ 11. 后期Ⅱ 12. 末期Ⅱ

1. 前期Ⅰ

该时期是减数分裂过程中最为复杂和持续时间较长的时期。根据染色体形态的变化，又将其细分为细线期、偶线期、粗线期、双线期和终变期 5 个时期。

(1)细线期 核内染色体细长如线。此时染色体已在间期复制，每个染色体由一个共同的着丝点连接两条染色单体而成。

(2)偶线期 各对同源染色体相互纵向靠拢配对进行联会，$2n$ 条染色体经过联会形成 n 对染色体。联会的一对同源染色体，称为二价体。一般在这个时期出现多少个二价体，即表示有多少对同源染色体。二价体的形成有利于同源染色体维持配对的稳定性和同源染色体之间遗传物质的交换。

(3)粗线期 联会后的染色体逐渐缩短加粗。在二价体中，一条染色体的两条染色单体，互称为姊妹染色单体；而不同染色体的染色单体，互称为非姊妹染色单体。因此，一个二价体实际包含了 4 条染色单体，故又称为四合体或四联体。在此时期各同源染色体的非姊妹染色单体间可能发生片段交换，从而造成遗传物质的重组。

(4)双线期 四合体中的各对同源染色体开始相互排斥而分开，但在一定区域内仍被一个或几个交叉结连接在一起。交叉的形成是由于粗线期非姊妹染色单体间发生了交换的结果，也是交换发生的标志。

(5)终变期 染色体变得更为浓缩和粗短，交叉结向二价体的两端移动，并且逐渐接近于末端，这一过程叫作交叉的端化。核仁和核膜开始消失，所有二价体分散在核内。此时是鉴定染色体数目的最好时期。

2. 中期Ⅰ

核仁和核膜均已消失,细胞质内出现纺锤体,纺锤丝与各染色体的着丝点连接。各二价体的着丝点整齐地排列在赤道板的两侧,并且面向相反的两极。每条同源染色体的着丝点朝向哪一极是随机的。这时也是鉴定染色体数目和观察各染色体形态特征的最好时期。

3. 后期Ⅰ

由于受附着在着丝点上的纺锤丝的牵引,各个二价体中一对同源染色体开始各自分开,分别向两极移动,实现了染色体数目的减半过程。此期,每极只得到每对同源染色体的一个成员,非同源染色体间的各个成员以同等机会随机结合,移向两极。这时每条染色体的着丝点尚未分裂,仍包含两条染色单体。

4. 末期Ⅰ

染色体到达两极后,松散变细,核仁和核膜重新出现,形成两个子核。同时细胞质发生分裂,在赤道板处形成细胞板,形成两个子细胞,成为二分体。

在末期Ⅰ后大部分高等植物都有一个短暂的中间期,相当于有丝分裂的间期,DNA 也不复制。

5. 前期Ⅱ

每条染色体有两条染色单体,着丝点没有分裂,但染色单体彼此散得很开。

6. 中期Ⅱ

细胞质内出现纺锤体,每个染色体的着丝点整齐地排列在赤道板上。

7. 后期Ⅱ

着丝点一分为二,各个染色单体由纺锤丝牵引分别向细胞两极移动。

8. 末期Ⅱ

染色体到达两极,出现核仁和核膜,形成新的子核,接着细胞质分裂为二。这样经过两次分裂,形成四个子细胞,称为四分体或四分孢子。四分体各细胞的核里只有最初细胞一半的染色体数,即从 $2n$ 减数为 n。

从减数分裂的全过程来看,第一次分裂染色体是减半的,由 $2n$ 到 n,减数的过程发生在后期Ⅰ,第二次分裂与一般的有丝分裂一样,染色体是等数的,由 n 到 n。

(二)减数分裂遗传学意义

减数分裂是生物有性繁殖必不可少的环节,具有极为重要的遗传学意义。

首先,双亲性母细胞($2n$)经过减数分裂产生性细胞染色体数目的减半(n),再通过雌雄性细胞受精融合产生合子,又恢复了该物种固有的染色体数目($2n$),从而保证了亲代与子代之间染色体数目的恒定性,同时保证了物种遗传的相对稳定性。

其次,减数分裂为生物的变异提供了重要的物质基础。一方面,在中期Ⅰ非同源染色体之间自由组合,随着分裂随机进入配子。如 n 对染色体的性母细胞减数分裂,其产生的性细胞就有 2^n 种非同源染色体的自由组合形式。这就出现后代的多样性,促进物种的繁衍和进化。同时,也是独立分配规律的遗传学基础。另一方面,在粗线期,同源染色体上的非姊妹染色单体之间的片段产生交换,使子细胞的遗传物质发生重组,产生的后代遗传组成更加复杂多样化,形成了不同于亲代的遗传变异。同时,也是连锁遗传规律的遗传学基础。

三、高等植物配子的形成和受精

(一)高等植物雌雄配子的形成

生物繁衍后代的方式可以概括为三种:无性生殖、有性生殖和无融合生殖。无性生殖是通过亲本营养体的增殖分裂而产生许多新的后代个体的繁殖行为。有性生殖是由亲本性母细胞经减数分裂及配子体形成过程产生单倍性配子,配子受精结合产生二倍体合子,合子进一步分裂、分化和发育产生后代个体的生殖方式。无融合生殖是指被子植物未经受精的卵或胚珠内某些细胞直接发育成胚的现象。有性生殖是最普遍而重要的生殖方式,大多数动、植物都是有性生殖的。植物的有性生殖是在花器里进行的(图 1-3),由雄蕊和雌蕊内的孢原组织经过一系列的有丝分裂和分化,最后经过减数分裂,发育成为雄配子和雌配子(图 1-4)。

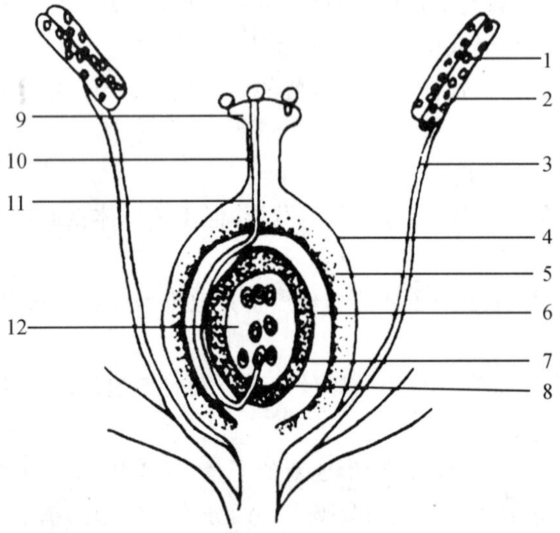

图 1-3 植物的雌蕊和雄蕊

1. 花粉粒 2. 花药 3. 花丝 4. 子房 5. 子房壁 6. 珠被 7. 珠心 8. 珠孔 9. 柱头 10. 花柱 11. 花粉管 12. 胚囊

1. 雄配子的形成过程

雄蕊花药中首先分化出孢原组织,孢原组织经有丝分裂后进一步分化为花粉母细胞($2n$),花粉母细胞经减数分裂形成 4 个小孢子(n)。每一个小孢子发生有丝分裂形成一个双核花粉粒,包含一个营养细胞和一个生殖细胞。随后生殖细胞又经过一次有丝分裂形成一个成熟的三胞花粉粒,包括两个精细胞(n)和一个营养核(n)。这时花粉粒已不是一个生殖细胞,在植物学上称为雄配子体。

2. 雌配子的形成过程

在雌蕊子房里着生胚珠,胚珠珠心组织分化为胚囊母细胞或大孢子母细胞。胚囊母细胞($2n$)经过减数分裂,形成呈直线排列的 4 个孢子(n),即四分孢子。其中 3 个近珠孔端的大孢子养分被吸收而自然解体,远离珠孔的一个大孢子继续发育,经过连续的 3 次有丝分裂,形成 8 个核,其中有 3 个反足细胞、2 个助细胞、2 个极核(组成 1 个中心细胞)和 1 个卵细胞(即雌配子)。最后成熟的 8 核(7 个细胞)组成胚囊,即雌配子体。

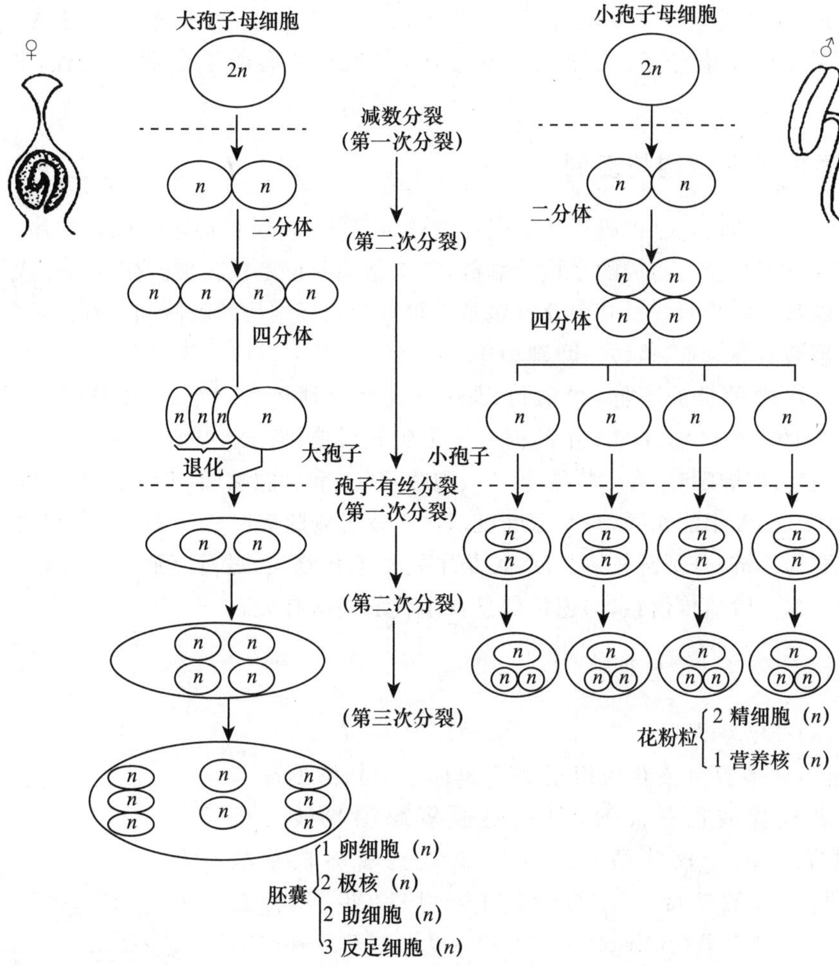

图 1-4　高等植物的雌雄性配子的形成

(二)受精

雄配子(精子)与雌配子(卵细胞)融合为一个合子,称为受精。被子植物成熟的花粉粒落在雌蕊柱头上,花粉粒在柱头上萌发形成花粉管;花粉管穿过花柱、子房和珠孔,进入胚囊;花粉管内两个精核也同时进入胚囊,其中一个精核(n)与卵细胞(n)受精结合形成合子($2n$),可继续发育成胚,另一精核(n)与两个极核($n+n$)受精结合为胚乳核($3n$),进一步发育成胚乳。这一过程就称为双受精。

第二节　遗传的分子基础

生物功能的发挥依靠生物大分子的协调作用。生物大分子主要有核酸、蛋白质和少量其他化合物如多糖和脂类等。核酸包括 DNA 和 RNA，核酸能够复制，是主要的遗传信息携带分子。RNA 还是重要的功能分子，在遗传信息的传递、运输和加工中起关键作用。蛋白质是生物主要的功能分子，由核酸控制合成，它参与所有的生命活动过程，并起着主导作用。

一、核酸的分子结构与复制

生物机体的遗传信息以密码形式编码在核酸分子上，表现为特定的核苷酸序列。核酸是一种由许多单核苷酸聚合而成的多核苷酸链，基本结构单位是核苷酸。核苷酸由戊糖、磷酸和环状的含氮碱基三部分构成。其中含氮碱基又可分为双环结构的嘌呤和单环结构的嘧啶。相邻的两个核苷酸由 3′和 5′-磷酸二酯键相连。

根据所含戊糖种类的不同，核酸可以分为脱氧核糖核酸（DNA）和核糖核酸（RNA）。DNA 和 RNA 的主要区别：DNA 中的糖分子为脱氧核糖，而 RNA 所含的是核糖；DNA 中主要含有 4 种碱基，即腺嘌呤（A）、鸟嘌呤（G）、胞嘧啶（C）和胸腺嘧啶（T），RNA 中也主要含有 4 种碱基，3 种与 DNA 中的相同，只是尿嘧啶（U）代替了胸腺嘧啶（T）；DNA 为双链，分子链较长，RNA 主要为单链，分子链较短。DNA 是主要的遗传物质，通过复制将遗传信息由亲代传给子代；RNA 也携带遗传信息，与遗传信息在子代的表达有关。

（一）DNA 的分子结构与复制

1. DNA 的分子结构

DNA 是由许多脱氧核苷酸组成的多聚体。与核酸的碱基相对应，脱氧核苷酸也有 4 种，分别是脱氧腺嘌呤核苷酸（dATP）、脱氧鸟嘌呤核苷酸（dGTP）、脱氧胞嘧啶核苷酸（dCTP）和脱氧胸腺嘧啶核苷酸（dTTP）。1953 年，瓦特森（Watson, J. D.）和克里克（Crick, F. H. C.）根据碱基互补配对规律以及对 DNA 分子的 X 射线衍射研究结果，提出了 DNA 双螺旋结构模型。在模型中，DNA 分子由两条反向平行的多核苷酸长链以右手螺旋的形式，彼此以一定的空间距离，平行地环绕于同一中心轴上形成双螺旋结构。每条单链以戊糖和磷酸基团构成骨架位于外侧，碱基位于内侧。两条多核苷酸链依靠彼此碱基之间的氢键连在一起。相邻碱基平面之间的距离为 0.34 nm，10 个核苷酸沿中心轴线旋转一周形成一个螺旋，螺距为 3.4 nm（图 1-5）。DNA 双螺旋结构模型的提出对于阐明 DNA 分子的空间结构、DNA 的自我复制、DNA 结构的稳定性与可变性和 DNA 分子储存及遗传信息储存起到了重要作用，为分子遗传学奠定了坚实的理论基础。

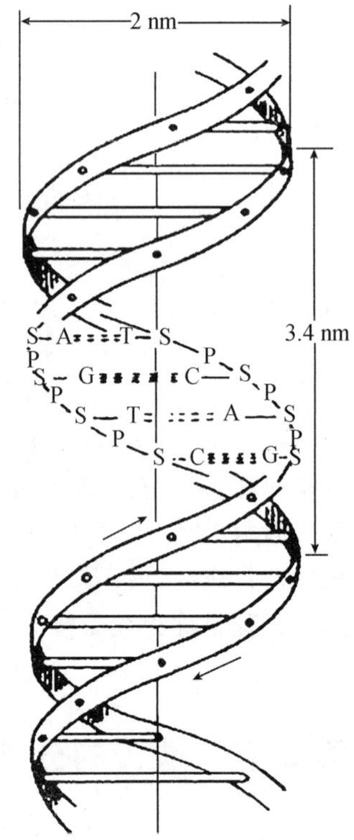

图 1-5 DNA 分子的双螺旋结构

2. DNA 的复制

DNA 作为主要的遗传物质，具有按照自身结构准确复制的功能，从而将遗传信息由亲代传递给子代。

DNA 分子根据双螺旋结构模型，以自身为模板，以游离的核苷酸为原料，以三磷酸腺苷（ATP）为能源，在 DNA 聚合酶的作用下，完成复制。在复制过程中，DNA 首先在解旋酶的作用下，逐渐断裂氢键，使双螺旋解开，形成复制叉，两条单链的碱基暴露，然后分别以两条单链为模板向两侧进行复制，按碱基配对原则（A ═T，G ═C）吸收游离的核苷酸，随即进行氢键的结合，在复杂的酶系统（如聚合酶Ⅰ、Ⅱ、Ⅲ和连接酶等）的作用下，各自形成一条新的完整的互补链，与原来的模板单链相互盘旋在一起，恢复 DNA 双链结构。这样，随着 DNA 分子双螺旋的完全打开，就逐渐形成了两个新的 DNA 分子，与原来的完全一样。从模式图（图 1-6）可以看出，通过复制所形成的两个新的 DNA 分子，都仅保留有原来亲本 DNA 双链分子的一条单链，另一条链则是新合成的，DNA 的这种自我复制方式称为半保留复制。这一机制保证了遗传物质在代谢上的稳定性和连续性。

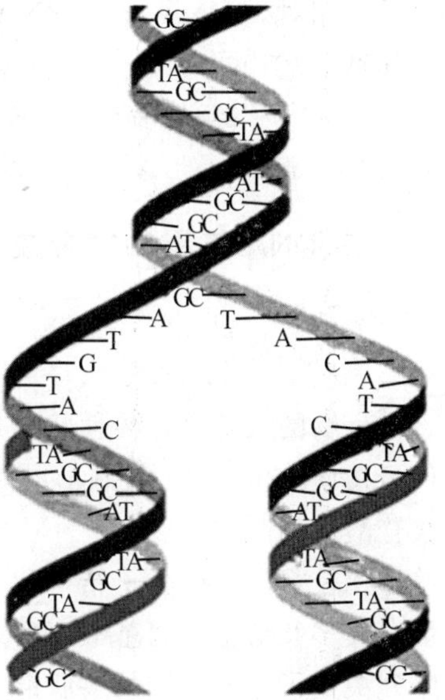

图 1-6　DNA 复制示意图

（二）RNA 的分子结构与复制

1. RNA 的分子结构

相对于 DNA 分子而言，RNA 的分子结构较简单，也是由 4 种核苷酸组成的多聚体。与 DNA 相比，碱基中的尿嘧啶（U）代替了胸腺嘧啶（T），核糖代替了脱氧核糖。此外，绝大多数 RNA 以单链形式存在，只有少数以 RNA 为遗传物质的动物病毒含有双链 RNA。在单链 RNA 中，部分区域可以按照碱基配对原则形成氢键而折叠起来，形成局部双螺旋（图 1-7），在形态上表现如发夹状。RNA 分子的大小变化较大，有些 RNA 分子由几十个核苷酸组成，有些分子可以含有上千个核苷酸。

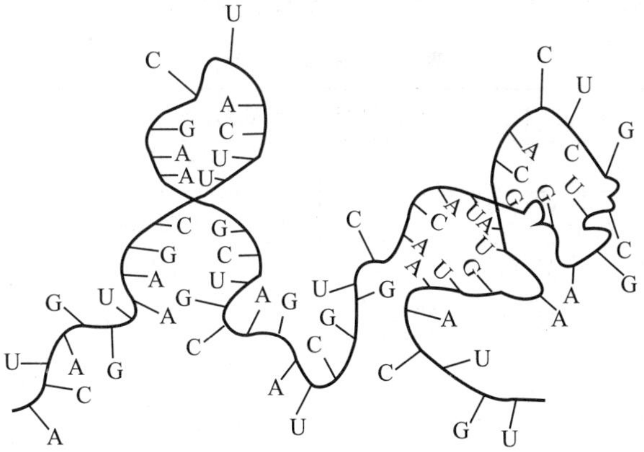

图 1-7　一个 RNA 分子模式图

2. RNA 的复制

在自然界中，绝大多数生物以 DNA 作为遗传物质，但有些生物如一些 RNA 病毒不含有 DNA，仅以 RNA 作为遗传信息的基本携带分子，并能通过 RNA 复制而合成与其自身相同的分子。相对于 DNA 来说，RNA 的自我复制要简单得多。它们一般先以自己为模板合成一条与其碱基互补配对的单链，通常称这条起模板作用的 RNA 分子链为“+”链，而将新复制的互补链称为“−”链；然后这条“−”链从“+”链释放出来，它也以自己为模板复制出一条与自己互补的“+”链，于是形成了一条新生的病毒 RNA。

二、DNA 与蛋白质合成

(一)遗传密码

生物的大部分遗传性状都是直接或间接通过蛋白质表现出来的。研究证明，生物体中各种蛋白质是由 DNA 控制形成的。DNA 决定蛋白质的合成会涉及遗传密码即编码氨基酸的核苷酸序列问题。

比较蛋白质的分子结构和 DNA 的分子结构可以看出，DNA 链上的脱氧核苷酸的序列与蛋白质多肽链上的氨基酸序列之间有着平行的线性关系，也就是说 DNA 链上的脱氧核苷酸序列决定了它所控制的多肽链上的氨基酸序列。已知 DNA 的 4 种脱氧核苷酸的差别在于 4 种碱基的不同，因而实质上是碱基的序列决定氨基酸的排列顺序。DNA 中只有 4 种碱基，而蛋白质中的氨基酸有 20 种，那么 4 种碱基如何对应氨基酸的种类呢？

经过许多科学家的共同努力，于 1966 年完全破译了生物界通用的编码蛋白质中氨基酸的遗传密码，发现每 3 个碱基决定 1 种氨基酸，称为三联体密码子。mRNA 中有 4 种碱基，每 3 个碱基组成 1 个密码子，共可组成 $4^3=64$ 个密码子。表 1-1 为全部 64 个遗传密码子的字典。这 64 个三联体密码子，除了 3 个终止密码子外，余下 61 个密码子编码 20 种氨基酸，所以许多氨基酸的密码子不只 1 个，只有色氨酸和甲硫氨酸仅有 1 个密码子。同一种氨基酸有一个以上三联体密码子的现象称为密码子的简并性。

无论是低等还是高等生物基本上共用同一套遗传密码，即遗传密码具有通用性，这说明生物有共同的起源，深刻揭示了生物变异和进化的无限历程。

表 1-1　遗传密码字典

第一碱基	第二碱基(中间碱基)								第三碱基
	U		C		A		G		
U	UUU	苯丙氨酸 Phe	UCU	丝氨酸 Ser	UAU	酪氨酸 Tyr	UGU	半胱氨酸 Cys	U
	UUC		UCC		UAC		UGC		C
	UUA	亮氨酸 Leu	UCA		UAA	终止信号	UGA	终止信号	A
	UUG		UCG		UAG	终止信号	UGG	色氨酸 Trp	G
C	CUU	亮氨酸 Leu	CCU	脯氨酸 Pro	CAU	组氨酸 His	CGU	精氨酸 Arg	U
	CUC		CCC		CAC		CGC		C
	CUA		CCA		CAA	谷氨酰胺 Gln	CGA		A
	CUG		CCG		CAG		CGG		G

续表 1-1

第一碱基	第二碱基（中间碱基）								第三碱基
	U		C		A		G		
A	AUU	异亮氨酸 Ile	ACU	苏氨酸 Thr	AAU	天冬酰胺 Asn	AGU	丝氨酸 Ser	U
	AUC		ACC		AAC		AGC		C
	AUA		ACA		AAA	赖氨酸 Lys	AGA	精氨酸 Arg	A
	AUG	甲硫氨酸 Met 起始信号	ACG		AAG		AGG		G
G	GUU	缬氨酸 Val GUG 兼作起始信号	GCU	丙氨酸 Ala	GAU	天冬氨酸 Asp	GGU	甘氨酸 Gly	U
	GUC		GCC		GAC		GGC		C
	GUA		GCA		GAA	谷氨酸 Glu	GGA		A
	GUG		GCG		GAG		GGG		G

（二）蛋白质的合成

DNA 是遗传信息的携带分子，通过 RNA 控制蛋白质的合成，即遗传信息的转录和翻译两个步骤。

1. 转录

转录是指以 DNA 为模板，在依赖于 DNA 的 RNA 聚合酶的催化下，以 4 种核糖核苷酸（ATP、CTP、GTP 和 UTP）为原料，合成 RNA 的过程。转录是将贮存于 DNA 中的遗传信息传递给蛋白质并进行表达的中心环节。参与蛋白质合成的 RNA 有三类，包括信使 RNA（mRNA）、转运 RNA（tRNA）和核糖体 RNA（rRNA）。

（1）mRNA　真核细胞中的 DNA 主要存在于细胞核的染色体上，不能通过核膜进入细胞质内，而蛋白质是在细胞质中的核糖体上合成的。因此，就需要一种中介物质用来传递 DNA 上控制蛋白质合成的遗传信息。现已证实，这种中介物即信使 RNA（mRNA），它占细胞总 RNA 的 3%～5%。mRNA 的第一个功能是把 DNA 上的遗传信息精确无误地转录下来，另一个功能是负责将它携带的遗传信息在多聚核糖体上翻译成蛋白质。mRNA 以核苷酸序列的方式携带遗传信息，通过这些信息指导合成多肽链中的氨基酸序列。

（2）tRNA　研究发现，在合成蛋白质时，必须有一种特殊的 RNA 把氨基酸搬运到核糖体上。这种特殊的 RNA 称为 tRNA。它能根据 mRNA 的遗传密码次序准确地将它携带的氨基酸连接成肽键，所以 tRNA 还起着翻译员的作用。现在已知 tRNA 在细胞总 RNA 中约占 15%。一个细胞中通常含有 50 个或更多不同的 tRNA 分子，每一种氨基酸可与一种或一种以上的 tRNA 相结合。

通过研究不同的生物如酵母、大肠杆菌、小麦、鼠等的 tRNA 的结构，发现所有的 tRNA 都是由 50～95 个核苷酸组成的一条多聚核苷酸链，经过折叠后呈现三叶草叶型结构（图 1-8），具有如下共性：①5′端之末有 G（大部分）或 C；②3′端之末都以 CCA 结束；③有一个富含鸟嘌呤的环；④有一个反密码子环，含有被称作反密码子的 3 个碱基序列，这个反密码子可与 mR-

NA 模板上的密码子进行碱基配对的转移性识别，并将所携带的氨基酸送入到合成多肽链的指定位置上；⑤有一个胸腺嘧啶环。

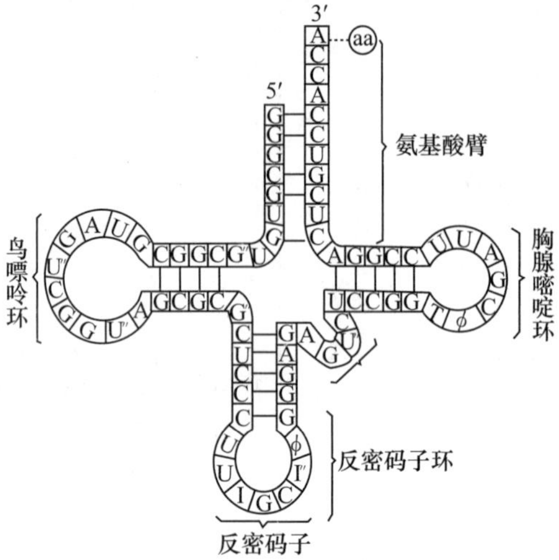

图 1-8 酵母丙氨酸 tRNA

(3)rRNA 核糖体是蛋白质的合成中心，而 rRNA 是组成核糖体的主要成分。rRNA 也是以 DNA 为模板合成的，为单链结构，它含有不等量的 A 与 U 以及 G 与 C，存在广泛的双螺旋区域。rRNA 一般与核糖体蛋白质结合在一起形成核糖体。rRNA 是细胞中含量最多的 RNA，占细胞总 RNA 的 75%～85%。原核生物的核糖体所含的 rRNA 有 5S、16S 和 23S 3 种；真核生物的核糖体所含的 rRNA 包括 5S、18S 和 28S 3 种(S 为沉降系数，是某种颗粒在超速离心时沉降速度的数值，此数值与颗粒的大小直接成比例)。5S、16S、18S、23S 和 28S rRNA 分别含有大约 120、1 500、1 900、3 000 和 4 700 个核苷酸。

核糖体内所有的 rRNA 在形成核糖体的结构和功能上都起重要作用。16S 的 rRNA 3′端有一段核苷酸序列与 mRNA 的前导序列是互补的，这有助于 mRNA 与核糖体的结合，对 rRNA 在识别 mRNA 上的多肽合成起始位点中起着重要的作用。但对 rRNA 在蛋白质合成中的其他生物学功能尚未完全了解。

2. 翻译

翻译是指以 mRNA 携带着从 DNA 上转录的遗传密码附着在细胞质内的核糖体上，再由 tRNA 携带各种氨基酸，按照 mRNA 上密码子的顺序，靠核糖体自身催化连接形成多肽链。多肽链经进一步折叠形成具有立体结构的蛋白质分子，通过蛋白质或酶的活动，使生物表现特定的性状。由此可见，蛋白质的合成是以 DNA 为基础，通过 mRNA、tRNA 和核糖体等的协同作用的结果。

(1)核糖体 核糖体是由 rRNA 与核糖体蛋白组合而成的小颗粒核糖核蛋白体，直径 14～30 nm，是合成蛋白质的场所。在细菌等原核细胞内，核糖体游离于细胞质内；而在真核生物的细胞中，它既可游离存在，也可以附着在细胞内质网上。

核糖体包含大小两个不同的亚基，由镁离子(Mg^{2+})结合起来呈不倒翁状，并于低浓度 Mg^{2+} 状态下发生离解(图 1-9)。亚基的大小常用它们的 S 值表示。例如，原核生物中较大的 50S 亚基与较小的 30S 亚基结合起来形成 70S 核糖体；真核生物中较大的 60S 亚基与较小的

40S 亚基结合起来形成 80S 核糖体。在蛋白质合成过程中,核糖体须以具有生理活性的 70S (80S)复合体状态存在。

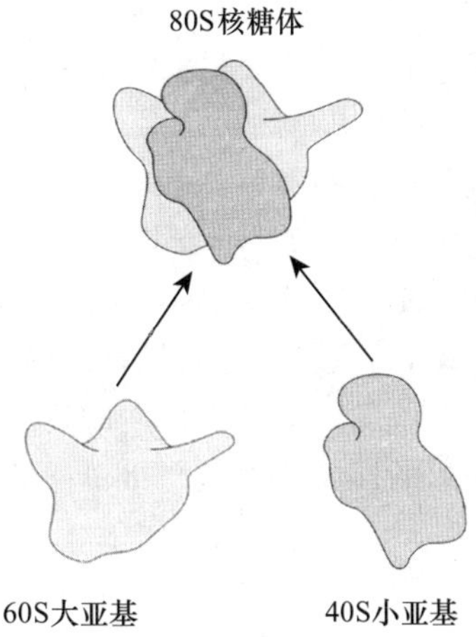

图 1-9 核糖体的结构

一般说来,核糖体远较 mRNA 稳定,可以反复用来进行多肽的合成,而且核糖体本身的特异性小,同一核糖体由于同它结合的 mRNA 不同,可以合成不同种类的多肽。通常 mRNA 必须与核糖体结合起来,才能合成多肽。在绝大多数情况下,一个 mRNA 分子要与一定数目的单个核糖体结合起来串联形成念珠状,称为多聚核糖体。每个核糖体可以独立完成一条肽链的合成,所以在多核糖体上可以同时进行多个肽链的合成,大大提高蛋白质合成的效率。

(2)翻译的步骤 转录完成后,mRNA 进入细胞质,附着在一系列核糖体上(图 1-9),开始进行多肽的合成。原核生物 mRNA 的附着位置在 70S 核糖体的 30S 亚基上。

氨基酸的活化 氨基酸是合成蛋白质的基本单位。氨基酸之间不能自动缩合成肽链,而是必须首先在氨酰-tRNA 合成酶的作用下,与三磷酸腺苷(ATP)作用形成一种高能量的氨基酰腺苷酸活化酶复合物,得到活化后才能进一步缩合成肽链。

活化的氨基酸与对应的 tRNA 结合 活化了的氨基酸进一步在氨酰-tRNA 合成酶的催化作用下与其对应的 tRNA 结合,形成氨酰-tRNA。现已知道,每种氨酰-tRNA 合成酶只识别一种相应的氨基酸,并识别与此氨基酸相对应的一个或多个 tRNA。

活化的氨基酸在核糖体上的缩合 活化的氨基酸在核糖体上缩合生成肽链的过程也称为翻译。在此过程中,各种氨酰-tRNA 携带相应的氨基酸靠反密码子依次识别并结合到 mRNA 的指定位置,依次卸下它们运送的氨基酸,在转肽酶的催化下,在核糖体上形成多肽链。随着核糖体中 mRNA 的逐渐移出,一条长长的多肽链就被释放出来。现在已经明确翻译是从一个特定的起始密码子 AUG(极少数为 GUG)开始的,然后沿着 mRNA 由 5′到 3′方向进行,直到遇上终止信号 UAA、UAG 或 UGA 处(它们不受任何 tRNA 的识别),翻译便自然停止,一个完整的多肽链随即从核糖体上释放出来。

新合成的多肽链经卷曲或折叠,成为具有立体结构和生物活性的蛋白质。它们或成为结构蛋白,作为细胞的组成部分;或成为功能蛋白,如血红蛋白等;或作为催化细胞各种生化反应的酶。生物体通过各种蛋白质的活动,表现出一定的特征和特性。

三、中心法则及其发展

从 DNA 到蛋白质的合成过程描述了相应信息流的途径，即遗传信息贮存在 DNA 中，DNA 通过自我复制将遗传信息传给子代，以及 DNA 通过转录传递给 RNA，RNA 经过翻译再传递给蛋白质。这就是分子遗传学的中心法则。

中心法则阐明了基因的两个基本属性：复制与表达。这一法则曾被认为是从噬菌体到真核生物整个生物界共同遵循的规律（图 1-10）。随着分子生物学的发展，在某些 RNA 病毒中，发现 RNA 也可作为模板合成 DNA，这个过程称为逆转录或反转录。逆转录的发现有重要的理论意义，它突破了传统观念的束缚，而且对于致癌机理的研究和遗传工程操作中基因的酶促合成亦有重要的实践意义。另外，有些 RNA 病毒中的 RNA 也可以进行自我复制。这两点丰富了中心法则的内容，表明遗传信息的流向不再是严格单向的。

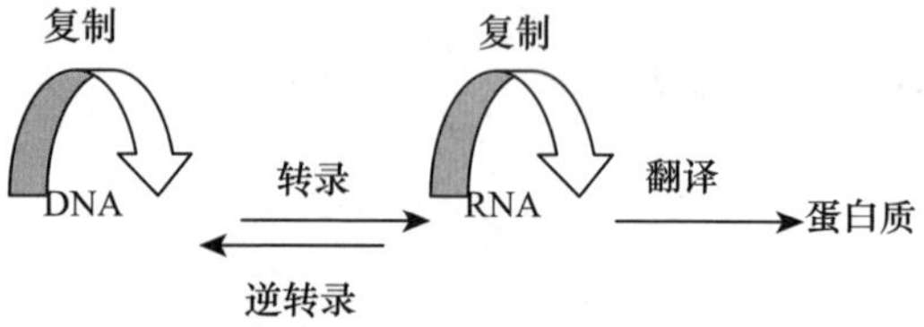

图 1-10 中心法则及其发展

应用案例——禹氏三角(U 三角)

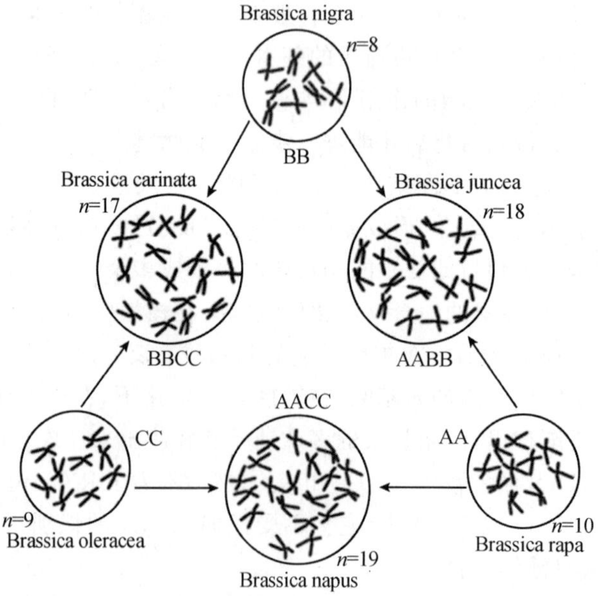

图 1-11 禹氏三角示意图

禹长春是韩国农学家、植物学家，提出了著名的“禹氏三角（U 三角）”（图 1-11）。芸薹属栽植物中的二倍体基本种包括白菜（*Brassica rapa*，AA，$2n=20$）、甘蓝（*B. oleracea*，CC，$2n=18$）和黑芥（*B. Nigra*，BB，$2n=16$）。白菜、甘蓝和黑芥为 3 个基本染色体组，这 3 个基本种通过 *B. rapa*×*B. oleracea*，*B. rapa*×*B. Nigra*，*B. Nigra*×*B. oleracea* 种间杂交分别形成双二倍体种，分别为甘蓝型油菜（*B. Napus*，AACC，$2n=38$）、芥菜型油菜（*B. juncea*，AABB，$2n=36$）和埃塞俄比亚芥（*B. Carinata*，BBCC，$2n=34$）3 个四倍体复合种。这就是著名的禹氏三角（U 三角），在研究物种进化关系和植物远缘杂交育种中具有重要意义。

本章小结

染色体是细胞核中最重要的组成部分，在细胞分裂过程中承担着重要的角色。细胞分裂方式包括无丝分裂、有丝分裂和减数分裂三种。

有性生殖是生物最普遍而重要的生殖方式，是指由亲本性母细胞经减数分裂及配子体形成过程产生单倍性配子，配子受精结合产生二倍体合子，合子进一步分裂、分化和发育产生后代个体的生殖方式。被子植物的受精方式为双受精。

生物机体通过 DNA 复制而将遗传信息由亲代传递给子代；通过 RNA 转录和翻译使遗传信息在子代得以表达。蛋白质结构的遗传信息编码在核酸分子中。遗传密码的基本单位是三联体密码子，具有简并性和通用性。蛋白质的合成包括转录和翻译两个过程。

分子遗传学的中心法则描述了 DNA 复制、转录和翻译的遗传信息流向，阐明了基因的复制与表达两个基本属性。随着研究的深入，丰富了中心法则的内容。

思考题

1. 简述有丝分裂和减数分裂的主要区别。
2. 被子植物的 10 个花粉母细胞可以形成多少个花粉粒？多少精核？多少营养核？
3. 被子植物的 10 个大孢子母细胞（胚囊母细胞）可以形成多少胚囊？多少卵细胞？多少极核？多少助细胞？多少反足细胞？
4. 阐述 DNA 和 RNA 两种核酸的主要区别。
5. 从 DNA 到蛋白质合成的过程包括哪些步骤？请分别阐述。
6. 分子遗传学中的中心法则是什么？请用示意图表示。

第二章　遗传的基本规律

知识目标

1.掌握遗传学上的基因型、表现型、连锁等概念。

2.了解分离规律、独立分配规律、连锁遗传的实质。

3.了解数量性状的遗传特征。

4.掌握细胞质遗传的基本原理与特征以及雄性不育的遗传现象。

能力目标

1.掌握分离规律、独立分配规律、连锁遗传规律的验证方法和技术。

2.了解基因型分析的方法、两对相对性状的基因型分析的方法。

3.掌握多基因假说的实验依据以及遗传率的估算方法。

4.掌握独立分配规律、连锁遗传、数量遗传在作物育种实践中的应用技术。

植物遗传学家孟德尔从1856年起开始“豌豆杂交试验”，至1864年共进行了8年。通过对杂交后代进行了详细的记载和统计分析，发现了前人未发现的规律，即分离规律和独立分配规律，后人称之为遗传学第一定律和第二定律。

第一节　孟德尔遗传及其发展

一、分离规律

(一)分离规律现象及解释

1.孟德尔的豌豆杂交试验

孟德尔选用严格自花授粉的豆科植物豌豆为试验材料，从中选取了许多稳定的、易于区分的性状作为观察分析的对象。所谓性状，是生物体所表现的形态特征和生理特性的总称。孟德尔在研究豌豆等植物的性状遗传时，把植株所表现的性状总体区分为各个单位作为研究对象，这些被区分开的每一个具体性状称为单位性状。例如，豌豆的花色、种子形状、子叶颜色、豆荚形状、豆荚（未成熟时）颜色、花序着生部位和株高等性状，就是 7 个不同的单位性状。不同个体在单位性状上常有着各种不同的表现，如豌豆花色有红花和白花、种子形状有圆粒和皱粒、子叶颜色有黄色和绿色等。这种同一单位性状在不同个体间所表现出来的相对差异，称为相对性状。

孟德尔在进行豌豆杂交试验时，选用具有明显差别的 7 对相对性状的品种作为亲本，分别进行杂交，并按照杂交后代的系谱进行详细的记载，采用统计学的方法计算杂种后代表现相对性状的株数，最后分析其比例关系。现以其中的红花×白花的杂交组合的试验结果为例加以说明（图 2-1）。

P　　红花（♀）×白花（♂）

↓

F_1　　红花

↓（自交）

F_2　　红花　　白花

株数　　705　　224

比例　　3.15　：　1

注：P 表示亲本，♀表示母本，♂表示父本，×表示杂交。

图 2-1　豌豆花色的遗传图

在杂交时，先通过手工去雄摘除母本花蕾的雄蕊，然后进行人工授粉，将父本的花粉授到已去雄的母本柱头上。去雄和授粉后的母本花朵还必须套袋隔离，防止其他花粉授粉后产生混杂。F_1表示杂种第一代，是指杂交当代所结的种子及由它所长成的植株。⊗表示自交，是指同一植株上的自花授粉或同株上的异花授粉。F_2表示杂种第二代，是指由 F_1 自交产生的种子及由它所长成的植株。依此类推，F_3、F_4分别表示杂种第三代和杂种第四代等。

由图 2-1 可见，红花×白花所产生的 F_1 植株，全部开红花。F_2群体中出现了开红花和开白花两种类型，705 株开红花，224 株开白花，共 929 株，两者的比例接近于 3∶1。孟德尔还曾反过来进行白花（♀）×红花（♂）的杂交，所得结果与前一杂交组合完全一致，F_1全部开红花，F_2群体中红花和白花植株的比例也接近于 3∶1。如果把前一杂交组合称为正交，则后一杂交组合即称为反交。正交和反交的结果完全一样，说明了 F_1 和 F_2 的性状表现不受亲本组合方式的影响。

孟德尔在豌豆的其他 6 对相对性状的杂交试验中，都获得同样的试验结果。现将他的豌豆杂交试验资料汇总列于表 2-1。

孟德尔分析以上 7 对相对性状的杂交结果，找到了两个共同特点：一是 F_1 所有植株的性状表现都是一致的，都只表现一个亲本的性状。他将在 F_1 表现出来的性状叫作显性性状，如红花、圆粒等；在 F_1 未表现出来的性状叫作隐性性状，如白花、皱粒等。二是 F_2 植株在性状表现上是不同的，一部分植株表现一个亲本的性状，其余植株则表现另一个亲本的相对性状，即显性性状和隐性性状都同时表现出来了，这种现象叫作性状分离现象，并且在 F_2 群体中显性个体（表现显性性状的个体）与隐性个体的分离比例大致总是 3∶1。

表 2-1 孟德尔豌豆一对相对性状杂交试验的结果

性状	杂交组合	F_1表现的相对性状	F_2表现		
			显性性状	隐性性状	比例
花色	红/白	红	705	224	3.15∶1
种子性状	圆/皱	圆	5 474	1 850	2.96∶1
子叶颜色	黄/绿	黄	6 022	2 001	3.01∶1
豆荚形状	饱满/不饱满	饱满	822	299	2.95∶1
未熟豆类色	绿/黄	绿	408	152	2.82∶1
花着生位置	腋生/顶生	腋生	651	207	3.64∶1
株高	高/矮	高	187	277	2.84∶1

2.分离现象的解释

这 7 对相对性状在 F_2为什么都出现 3∶1 的分离比呢？孟德尔为了解释这些结果，提出了下面的假设：

(1)遗传性状是由遗传因子决定的。

(2)每一种性状由一对在体细胞内是成对的遗传因子控制，如花、种子形状等。例如，F_1植株会有一个控制显性性状的遗传因子和一个控制隐性性状的遗传因子存在。

(3)在形成配子时，每对遗传因子可均等地分配到配子中，结果每个配子(花粉或卵细胞)中只含有成对遗传因子中的一个。

(4)配子的结合(形成一个新个体或合子)是随机的。

现仍以豌豆红花×白花的杂交试验为例加以具体说明，以 C 表示显性的红花因子，c 表示隐性的白花因子。根据前面的假设，纯系红花亲本应具有一对红花因子 CC，白花亲本应具有一对白花因子 cc。红花亲本产生的配子中只有一个遗传因子 C，白花亲本产生的配子中只有一个遗传因子 c。受精时，雌雄配子结合形成的 F_1应该是 Cc。由于 C 对 c 有显性的作用，所以 F_1植株的花色是红的。但是 F_1植株在产生配子时，由于 Cc 因子分配到不同的配子中去，所以产生的配子(不论雌配子还是雄配子)有两种：一种带有遗传因子 C，另一种带有遗传因子 c，两种配子数目相等，成 1∶1 的比例。F_1自交时雌雄配子的结合如图 2-2 所示。

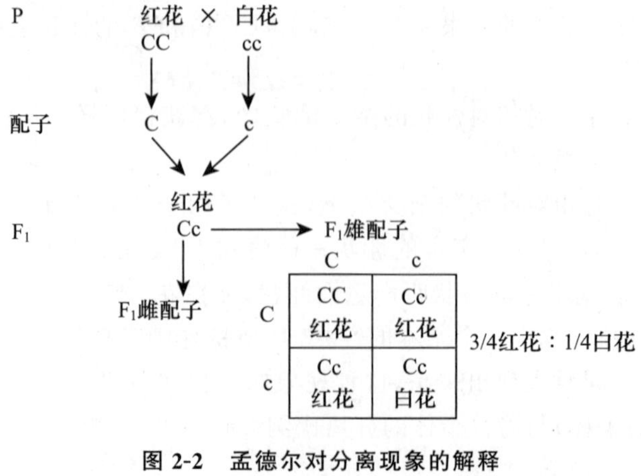

图 2-2 孟德尔对分离现象的解释

由此可见，F_2群体的 4 种组合按遗传因子的组合成分归纳，实际上是 3 种：1/4 个体带有 CC，2/4 个体带有 Cc，1/4 个体带有 cc。1/4CC 和 2/4Cc 都开红花，只有 1/4cc 开白花，所以 F_2 中红花植株与白花植株之比是 3∶1。

3. 表现型和基因型

孟德尔在解释豌豆遗传试验中所用的遗传因子，就是现在所称的基因，如红花基因 C 和白花基因 c，相互为等位基因。个体的基因组合，称为基因型。例如，决定红花性状的基因型为 CC 和 Cc，决定白花性状的基因型为 cc。基因型是生物性状表现的内在遗传基础，是看不到的，只能通过杂交试验根据表现型来确定。表现型是指生物体所表现的性状，如红花和白花等。表现型简称表型，它是基因型和外界环境作用下的具体表现，是可以直接观测的。CC 个体和 Cc 个体都开红花，即表现型相同，但基因型不同。

从基因的组合来看，像 CC 和 cc 两个基因型，等位基因是一样的，这在遗传学上称为纯合基因型。具有纯合基因型的个体称为纯合体，CC 个体为显性纯合体，cc 个体为隐性纯合体。如 Cc 基因型，等位基因不同，称为杂合基因型。具有杂合基因型的个体称为杂合体。

4. 分离比例实现的条件

根据分离规律，由具有一对相对性状的个体杂交产生的 F_1，其自交后代分离比为 3∶1，测交后代分离比为 1∶1。这些分离比的出现必须满足以下的条件：

(1)研究的生物体是二倍体。

(2)F_1个体形成的两种配子的数目是相等的或接近相等的，并且两种配子的生活力是一样的；受精时各雌雄配子都能以均等的机会相互自由结合。

(3)不同基因型的合子及由合子发育的个体具有同样或大致同样的存活率。

(4)研究的相对性状差异明显，显性表现是完全的。

(5)杂种后代都处于相对一致的条件下，而且试验分析的群体比较大。

这些条件在一般情况下是具备的，所以大量试验结果都能符合这个基本遗传规律。

(二)分离规律的验证

分离规律是完全建立在一种假设的基础上的，这个假设的实质就是成对的基因(等位基因)在配子形成过程中彼此分离，互不干扰，因而配子中只具有成对基因的一个。为了证明这一假设的真实性，可以采用以下几种方法进行验证。

1. 测交法

为了验证某种表现型的个体是纯合基因型还是杂合基因型，孟德尔采用了测交法。所谓测交是指被测验的个体与隐性纯合个体间的杂交，所得的后代为测交子代，用 F_t 表示。根据测交子代所出现的表现型种类和比例，可以确定被测个体的基因型。因为隐性纯合体只能产生一种含隐性基因的配子，它们和含有任何基因的另一种配子结合，其子代都只能表现出另一种配子所含基因的表现型。因此，测交子代表现型的种类和比例正好反映了被测个体所产生的配子种类和比例，从而可以确定被测个体的基因型。

例如，一株红花豌豆与一株白花豌豆(必然是隐性的 cc 纯合体)杂交，由于后者只产生一种含 c 基因的配子，所以如果测交子代植株全部显示红花，就说明该株红花豌豆是 CC 纯合体，因为它只产生含 C 基因的一种配子。如果在测交子代中有 1/2 的植株开红花，1/2 的植株开白花，这就说明那株红花豌豆的基因型是 Cc(图 2-3)。

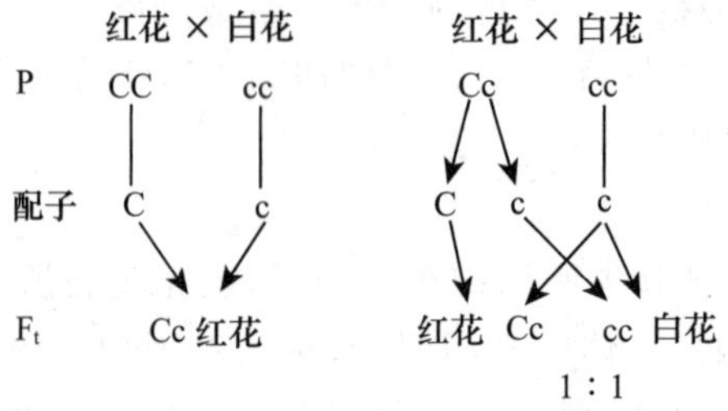

图 2-3 豌豆红花和白花一对基因的分离

2. 自交法

为了验证遗传因子的分离，孟德尔也曾继续使 F_2 植株自交产生 F_3 株系。然后根据 F_3 的性状表现，验证他所设想的 F_2 基因型。按照他的设想，F_2 的白花植株只能产生白花的 F_3，而在 F_2 的红花植株中，2/3 应该是 Cc 杂合体，1/3 应该是 CC 纯合体。在这种情况下，则前者自交产生的 F_3 群体就应该又分离为 3/4 的红花植株和 1/4 的白花植株。而后者自交产生的 F_3 群体就应该一律开红花。实际自交的结果表明(表 2-2)，100 株 F_2 红花植株自交后，有 64 株的 F_1 分离为 3/4 的红花植株、1/4 的白花植株；36 株的 F_3 完全是红花植株。这两类 F_2 植株的比例为 1.80∶1，接近 2∶1。F_2 的白花植株自交只产生白花的 F_3 植株。实际观察的结果证实了他的推论。

观察其他各对相对性状的试验结果，同样也证实了他的推论。孟德尔对前述 7 对性状，连续自交了 4～6 代都没有发现和他的推论不符合的情况。

表 2-2 豌豆 F_2 表现显性性状的个体分别自交后的 F_3 表现型种类及其比例

性状	显性	在 F_3 表现为显性：隐性＝3∶1 的株系数	在 F_3 完全表现显性性状的株系数	F_3 株系总数
花色	红	64(1.80)	36(1)	100
种子性状	圆	372(1.93)	193(1)	565
子叶性状	黄	353(2.13)	166(1)	519
豆荚形状	饱满	71(2.45)	29(1)	100
未熟豆荚色	绿	60(1.50)	40(1)	100
花着生位置	腋生	67(2.03)	33(1)	100
植株高度	高	72(2.57)	28(1)	100

3. F_1 花粉鉴定法

在杂种的细胞进行减数分裂形成配子时，等位基因才发生分离。随着染色体减半作用的发生，各对同源染色体分别分配到两个配子中去，位于同源染色体上的等位基因也就随之分开，从而分配到不同的配子中去。这种现象在一些植物，如玉米、水稻、高粱、谷子等中可用花粉粒进行观察鉴定。例如，玉米的子粒有糯性和非糯性两种，是受一对等位基因控制，分别控制着子粒及其花粉粒中的淀粉性质。非糯性的为直链淀粉，由显性基因 Wx 控制；糯性的为支链淀粉，由隐性基因 wx 控制。通常以稀碘液处理糯性的花粉或子粒的胚乳，呈红棕色反应；

以稀碘液处理非糯性的花粉或子粒，则呈蓝黑色反应。如以碘液处理玉米糯性×非糯性 F_1（Wxwx）植株上的花粉，则在显微镜中可以清楚地看到花粉粒具有两种不同的染色反应，而且呈红棕色和蓝黑色的花粉粒大致各占一半，清楚地表明了 F_1 产生了带有 Wx 基因和带有 wx 基因两种类型的配子，而且它们的数目是 1∶1（图 2-4）。

P　　糯性　　×　　非糯
　　　wxwx　　↓　　WxWx

F_1　　　　Wxwx
　　　　　　↓ 观察花粉颜色（稀碘液）

花粉　红棕色（wx）：蓝黑色（Wx）
　　　　　　1∶1

图 2-4　花粉鉴定法分析杂种一代配子的分离

二、独立分配规律

（一）独立分配规律现象及解释

孟德尔在分别研究了豌豆 7 对相对性状的遗传表现之后，提出了性状遗传的分离规律。在豌豆杂交试验中，孟德尔进一步研究了两对和两对以上相对性状之间的遗传关系，从而提出了独立分配规律。

1. 独立分配规律现象

为了研究两对相对性状的遗传，孟德尔仍以豌豆为材料，选取具有两对相对性状差异的纯合亲本进行杂交。例如，用一个亲本是黄色子叶和圆粒的种子，另一亲本是绿色子叶和皱粒的种子。其 F_1 都结黄色子叶的圆粒种子，表明黄色子叶和圆粒都是显性。这与 7 对性状分别进行研究的结果是一致的。由 F_1 种子长成的植株（共 15 株）进行自交，得到 556 粒 F_2 种子，共有 4 种类型，其中两种类型与亲本相同，另两种类型为亲本性状的重新组合，而且存在着一定的比例关系，如图 2-5 所示。

P　　　　黄色子叶、圆粒×绿色子叶、皱粒
　　　　　　　↓
F_1　　　　黄色子叶、圆粒　15 株自交结 556 粒种子
　　　　　　　↓

F_2种子	黄、圆		黄、皱		绿、圆		绿、皱	总数
实得粒数	315		101		108		32	556
理论比例	9	:	3	:	3	:	1	16
理论粒数	312.75		104.25		104.25		34.75	556

图 2-5　豌豆两对性状的杂交试验

如果把以上两对相对性状个体杂交试验的结果，分别按一对性状进行分析，则为：

黄色：绿色＝(315＋101)：(108＋32)＝416：140≈3：1

圆粒：皱粒＝(315＋108)：(101＋32)＝423：133≈3：1

根据上述的分析，虽然两对相对性状是同时由亲代遗传给子代的，但由于每对性状的 F_2 分离仍然符合 3：1 的比例，说明它们是彼此独立地从亲代遗传给子代的，没有发生任何相互干扰的情况。同时在 F_2 群体内两种重组型个体的出现，说明两对性状的基因在从 F_1 遗传给 F_2 时，是自由组合的。按照概率定律，两个独立事件同时出现的概率，为分别出现的概率的乘积。因而黄子叶和圆粒同时出现的机会应为 3/4×3/4＝9/16，黄子叶和皱粒同时出现的机会应为 1/4×3/4＝3/16，绿子叶和圆粒同时出现的机会应为 1/4×3/4＝3/16，绿子叶和皱粒同时出现的机会应为 1/4×1/4＝1/16。将孟德尔试验的 556 粒 F_2 种子，按上述的 9：3：3：1 的理论推算，即 556 分别乘以 9/16、3/16、3/16、1/16，所得的理论数值与实际结果比较，是基本一致的。

	黄、圆	黄、皱	绿、圆	绿、皱
实得粒数	315	101	108	32
按理论比例(9：3：3：1)推算的粒数	312.75	104.25	104.25	34.75
差数	＋2.25	－3.25	＋3.75	－2.75

2. 独立分配现象的解释

独立分配规律的基本要点是：控制不同相对性状的等位基因在配子形成过程中，这一对等位基因与另一对等位基因的分离和组合是互不干扰，各自独立分配到配子中去的。

以上述杂交试验为例，用 Y 和 y 分别代表子叶黄色和绿色的一对基因，R 和 r 分别代表种子圆粒和皱粒的一对基因。黄色、圆粒亲本的基因型为 YYRR，绿色、皱粒亲本的基因型为 yyrr。

可用棋盘方格表示等位基因的分离和组合(图 2-6)，F_1 植株的基因型是 YyRr，由它们产生的雌配子和雄配子都是 4 种，即 YR、Yr、yR 和 yr，其中 YR 和 yr 称为亲型配子，Yr 和 yR 称为重组型配子。并且 4 种配子数目相等，为 1：1：1：1。雌雄配子结合，共有 16 种可能的组合。F_2 群体中共有 9 种基因型。因为 Y 对 y 为完全显性，R 对 r 为完全显性，所以 F_2 中只有 4 种表现型，其比例为 9：3：3：1，这与孟德尔的杂交试验结果是符合的。

从细胞学的角度可以解释这 4 种配子的形成过程。Y 和 y 是一对等位基因，位于同一对同源染色体的相对位点上。R 和 r 是另一对等位基因，位于另一对同源染色体的相对位点上。这两对等位基因互称为非等位基因。F_1 的基因型是 YyRr，当它的孢母细胞进行减数分裂形成配子时，随着这两对同源染色体在后期Ⅰ的分离，Y 与 y 一定分别进入不同的二分体，R 与 r 也一定分别进入不同的二分体。此时，在一个孢母细胞内，可能是 Y 和 R 进入一个二分体，而 y 和 r 进入另一个二分体，最后形成 1/2 的 YR 配子和 1/2 的 yr 配子。在另一个孢母细胞内。可能是 Y 和 r 进入一个二分体，而 y 和 R 进入另一个二分体，最后形成 1/2 的 Yr 配子和 1/2 的 yR 配子。由于发生这两种分离的孢母细胞数目是均等的，所以这 4 种类型的配子数目相等，成为 1：1：1：1 的比例。雌雄配子都是这样。雌雄配子相互随机结合，因而有 16 种组合，在表现型上出现 9：3：3：1 的比例。

P　　黄、圆YYRR×绿、皱yyrr

配子　　YR　　yr

F_1　　黄、圆YrRr

	♂ / ♀	YR	Yr	yR	yr
F_2	YR	YYRR 黄、圆	YYRr 黄、圆	YyRR 黄、圆	YyRr 黄、圆
	Yr	YYRr 黄、圆	YYrr 黄、皱	YyRr 黄、圆	Yyrr 黄、皱
	yR	YyRR 黄、圆	YyRr 黄、圆	yyRR 绿、圆	yyRr 绿、圆
	yr	YyRr 黄、圆	Yyrr 黄、皱	yyRr 绿、圆	yyrr 绿、皱

图 2-6　豌豆黄色、圆粒×绿色、皱粒的 F_2 分离图解

由此可知，独立分配规律的实质是在控制这两对性状的两对等位基因分别位于不同的同源染色体上。在减数分裂形成配子时，每对同源染色体上的每一对等位基因发生分离，而位于非同源染色体上的基因之间可以自由组合。

(二)独立分配规律的验证

1. 测交法

为了验证两对基因的独立分配规律，孟德尔同样采用了测交法。就是用 F_1 与双隐性纯合体测交。当 F_1 形成配子时，不论雌配子还是雄配子，都有 4 种类型，即 YR、Yr、yR 和 yr，而且出现的比例相等，即 1∶1∶1∶1 的比例。由于双隐性纯合体的配子只有 yr 一种，因此测交子代种子的表现型种类和比例，理论上应能反映 F_1 所产生的配子种类和比例。表 2-3 说明孟德尔所得到的实际结果与测交的理论推断是完全一致的。

表 2-3　豌豆黄色、圆粒×绿色、皱粒的 F_1 和双隐性亲本测交的结果

	F_1				双隐性亲本
	黄、圆(YyRr)		×		yyrr
配子	YR	Yr	yR	yr	yr
基因型	YyRr	Yyrr	yyRr	yyrr	
表现型	黄、圆	黄、皱	绿、圆	绿、皱	
表现型比例	1 ∶	1 ∶	1 ∶	1	←F_t 理论结果
F_1 为♀	31	27	26	26	←F_t 实际结果
F_1 为♂	24	22	25	26	←F_t 实际结果

2. 自交法

按照分离和独立分配规律的理论推断，由纯合的 F_2 植株（如 YYRR、yyRR、YYrr 和 yyrr）自交产生的 F_3 种子，不会出现性状的分离，这类植株在 F_2 群体中应各占 1/16。由一对基因杂合的植株（如 YyRR、YYRr、yyRr 和 Yyrr）自交产生的 F_3 种子，一对性状是稳定的，另一对性状将分离为 3∶1 的比例。这类植株在 F_2 群体中应各占 2/16。由两对基因都是杂合的植株（YyRr）自交产生的 F_3 种子，将分离为 9∶3∶3∶1 的比例。这类植株在 F_2 群体中应占 4/16。孟德尔所作的试验结果，完全符合预定的推论：

株数	理论比例	F_2 基因型	自交形成 F_3 表现型
38	1/16	YYRR	黄、圆，不分离
28	1/16	YYrr	黄、皱，不分离
35	1/16	yyRR	绿、圆，不分离
30	1/16	yyrr	绿、皱，不分离
65	2/16	YyRR	圆、粒，子叶色 3∶1 分离
68	2/16	Yyrr	皱、粒，子叶色 3∶1 分离
60	2/16	YYRr	黄子叶，子粒形状 3∶1 分离
67	2/16	yyRr	绿子叶，子粒形状 3∶1 分离
138	4/16	YyRr	两对性状均分离，呈 9∶3∶3∶1 分离

T＝529 株

F_2 植株群体中，按表现型归类，则：

Y_R_	Y_rr	yyR_	yyrr	总计
301	96	102	30	529

从 F_2 群体基因型的鉴定，也证明了独立分配规律的正确性。

三、孟德尔遗传的发展

（一）显隐性关系的相对性

1. 显性现象的表现

（1）完全显性　像孟德尔在豌豆杂交试验中的 7 对相对性状，无论哪一对，F_1 所表现的性状都和亲本之一完全一样，这样的显性表现称为完全显性。

（2）不完全显性　有些性状，其杂种 F_1 的性状表现是双亲性状的中间型，这称为不完全显性。例如，紫茉莉花色的遗传，红花亲本（RR）和白花亲本（rr）杂交，F_1（Rr）的花色不是红色，而是粉红色。F_2 群体的基因型分离为 1RR∶2Rr∶1rr，即其中 1/4 的植株开红花，2/4 的植株开粉红花，1/4 的植株开白花。因此，在不完全显性时，表现型和其基因型是一致的。

（3）共显性　如果双亲的性状同时在 F_1 个体上表现出来，这种显性表现称为共显性。例如，正常人红细胞呈碟形，镰形红细胞贫血症患者的红细胞呈镰刀形。这种贫血症患者和正常人结婚所生的子女，其红细胞既有碟形，又有镰刀形，这就是共显性的表现。

(4)镶嵌显性 双亲的性状在后代的同一个体不同部位表现出来，形成镶嵌图式，这种显性现象称为镶嵌显性。例如，我国学者谈家桢教授对异色瓢虫色斑遗传的研究，他用黑缘型鞘翅($S^{Au}S^{Au}$)瓢虫(鞘翅前缘呈黑色)与均色型鞘翅($S^{E}S^{E}$)瓢虫(鞘翅后缘呈黑色)杂交，子一代杂种($S^{Au}S^{E}$)既不表现黑缘型，也不表现均色型，而出现一种新的色斑，即上下缘均呈黑色。在植物中，如紫花辣椒与白花辣椒杂交时也表现出这种现象，其F_1的产生新表型，边缘为紫色、中央为白色。

另外，鉴别性状的显性表现也取决于所依据的标准而改变。例如，孟德尔根据豌豆种子的外形，发现圆粒对皱粒是完全显性。但是，如果用显微镜检查豌豆种子淀粉粒的形状和结构，可以发现纯合圆粒种子的淀粉粒持水力强，发育完善，结构饱满；纯合皱粒种子的淀粉粒持水力较弱，发育不完善，表现皱缩；而F_1杂合种子的淀粉粒，其发育和结构是前面两者的中间型，而外形是圆粒的。故从种子外表观察，圆粒对皱粒是完全显性，但深入研究淀粉的形态结构，则可发现它是不完全显性。

2. 显性与环境的影响

当一对相对基因处于杂合状态时，为什么显性基因能决定性状的表现，而隐性基因不能，是否如表象一样，显性基因直接抑制了隐性基因的作用呢？试验证明，相对基因之间的关系，并不是彼此直接抑制或促进的关系，而是分别控制各自所决定的代谢过程，从而控制性状的发育。例如，兔子的皮下脂肪有白色和黄色的不同。白色是由显性基因 Y 决定的；黄色是由隐性基因 y 决定的。白脂肪的纯种兔子(YY)和黄脂肪的纯种兔子(yy)杂交，F_1(Yy)的脂肪是白色的。用F_1的雌兔(Yy)和雄兔(Yy)进行近亲交配，在F_2群体中，3/4 个体是白脂肪的，1/4 个体是黄脂肪的。兔子的主要食料是绿色植物，绿色植物中除含有叶绿素以外，还有大量的黄色素。黄色素可以被一种黄色素分解酶所破坏，而显性基因 Y 能控制黄色素分解酶的合成，隐性基因 y 则没有这种作用。所以，基因型为 YY 或 Yy 的兔子，由于细胞内有 Y 基因，能合成黄色素分解酶，因而能破坏吃进的黄色素使脂肪内没有黄色素的积存，于是脂肪是白色。基因型为 yy 的兔子，由于细胞内不能合成黄色素分解酶，所以脂肪是黄色的。由此可知，显性基因 Y 与白脂肪表现型的关系及隐性基因 y 与黄色脂肪的关系都是间接的。Y 是通过它直接控制下所合成的黄色素分解酶，才能间接使脂肪成为白色。从兔子脂肪颜色的遗传来看，显性基因与相对隐性基因之间的关系绝不是显性基因抑制了隐性基因的作用，而是它们各自参加一定的代谢过程，分别起着各自的作用。一个基因是显性还是隐性取决于它们各自的作用性质，取决于它们能不能控制某个酶的合成。

显隐性关系有时受到环境的影响，或者为其他生理因素如年龄、性别、营养、健康状况等所左右。例如，将金鱼草的红花品种与象牙色花品种杂交，其F_1如果培育在低温、强光照的条件下，花为红色；如果在高温、遮光条件下，花为象牙色。可见环境条件改变时，显隐性关系也可相应地发生改变。

在花卉须苞石竹中，花的白色和暗红色是一对相对性状。让开白花的植株与开暗红色花的植株杂交，杂种F_1的花最初是纯白的，以后慢慢变为暗红色。这样个体发育中显隐性关系也可相互转化。有角羊与无角羊杂交，F_1雄性有角，雌性就没有角。因此，杂种有无角与性别有关。

(二)非等位基因间的相互作用

根据独立分配规律,F_2出现 9∶3∶3∶1 的分离比例,表明这是由两对等位基因自由组合的结果。但是,两对等位基因的自由组合却不一定会出现 9∶3∶3∶1 的分离比例,研究表明,这是由于不同对基因间相互作用的结果。这种现象,称为基因互作。下面就两对独立遗传的等位基因的各种互作方式,举例予以简介。

1. 互补作用

两对独立遗传基因分别处于纯合显性或杂合状态时,共同决定一种性状的发育。当只有一对基因是显性,或两对基因都是隐性时,则表现为另一种性状,这种基因互作的类型称为互补作用。发生互补作用的基因称为互补基因。例如,在香豌豆中有两个白花品种,二者杂交产生的 F_1 开紫花。F_1 植株自交,其 F_2 群体分离为 9/16 紫花:7/16 白花。对照独立分配规律,可知该杂交组合是两对基因的分离。从 F_1 和 F_2 群体的 9/16 植株开紫花,说明两对显性基因的互补作用。如果紫花所涉及的两个显性基因为 C 和 P,就可以确定杂交亲本、F_1 和 F_2 各种类型的基因型如下:

P　　**白花** CCpp ×**白花** ccPP

↓

F_1　　**紫花** CcPp

↓

F_2　　9 **紫花** (C_P_) :7 **白花** (3C_pp+3ccP_+1ccpp)

上述试验中,F_1 和 F_2 的紫花植株表现其野生祖先的性状,这种现象称为返祖遗传。这种野生香豌豆的紫花性状决定于两种基因的互补。这两种显性基因在进化过程中,如果显性基因 C 突变成隐性基因 c,产生了一种白花品种;如果显性基因 P 突变成隐性基因 p,又产生另一种白花品种。当这两个品种杂交后,两对显性基因重新结合,于是出现了祖先的紫花。互补作用在很多动物和植物中都有发现。

2. 积加作用

在有些试验中,发现两种显性基因同时存在时产生一种性状,单独存在时能分别表现相似的性状,两种显性基因均不存在时又表现第三种性状,这种基因互作称为积加作用。例如,南瓜有不同的果形,圆球形对扁盘形为隐性,长圆形对圆球形为隐性。如果用两种不同型的圆球形品种杂交,F_1 产生扁盘形,F_2 出现 3 种果形:9/16 扁盘形、6/16 圆球形、1/16 长圆形。它们的遗传行为分析如下:

P　　**圆球形** AAbb ×**圆球形** aaBB

↓

F_1　　**扁盘形** AaBb

↓

F_2　　9 **扁盘形** (A_B_):6 **圆球形** (3A_bb+3aaB_):1 **长圆形** (aabb)

从以上分析可知,两对基因都是隐性时,形成长圆形;只有显性基因 A 或 B 存在时,形成圆球形;A 和 B 同时存在时,则形成扁盘形。

3. 重叠作用

不同对基因互作时,对表现型产生相同的影响,F_2 产生 15∶1 的比例,这种基因互作称为重叠作用。这类表现相同作用的基因，称为重叠基因。例如，荠菜中常见的植株是三角形蒴果，极少数植株是卵形蒴果。将这两种植株杂交，F_1全是三角形蒴果。F_2分离为15/16三角形蒴果:1/16卵形蒴果。卵形蒴果的后代不再分离；三角形蒴果的后代有一部分不分离，一部分分离为3/4三角形蒴果∶1/4卵形蒴果，还有一部分分离为15/16三角形蒴果和1/16卵形蒴果。由此可知，上述试验中F_2出现15∶1的比例，实际上是9∶3∶3∶1比例的变形，只是前3种表现型没有区别。这显然是由于每对基因中的显性基因具有使蒴果表现为三角形的相同作用。如果缺少显性基因，即表现为卵形蒴果。如用T_1和T_2表示这两个显性基因，则三角形蒴果亲本的基因型为$T_1T_1T_2T_2$，卵形蒴果亲本的基因型为$t_1t_1t_2t_2$。F_1和F_2的各种基因型如下：

P　　三角形 $T_1T_1T_2T_2$ × 卵形 $t_1t_1t_2t_2$

↓

F_1　　三角形 $T_1t_1T_2t_2$

↓

F_2　　15 三角形 ($9T_1\_T_2\_+3T_1\_t_2t_2+3t_1t_1T_2\_$)∶1 卵形 ($t_1t_1t_2t_2$)

当杂交试验涉及3对重叠基因时，则F_2的分离比例将相应地为63∶1，余类推。在这里它们的显性基因作用虽然相同，但并不表现累积的效应。基因型内的显性基因数目不等，并不改变性状的表现，只要有一个显性基因存在，就能使显性性状得到发育。但在有些情况下，重叠基因也表现累加的效应。

4. 显性上位作用

两对独立遗传基因共同对一对性状发生作用，而且其中一对基因对另一对基因的表现有遮盖作用，这种情形称为上位性。反之，后者被前者所遮盖，称为下位性。起遮盖作用的基因如果是显性基因，称为上位显性基因。例如，影响西葫芦的显性白皮基因(W)对显性黄皮基因(Y)有上位性作用。当W基因存在时能阻碍Y基因的作用，表现为白色；缺少W时，Y基因表现其黄色作用；如果W和Y都不存在，则表现y基因的绿色。

P　　白皮 WWYY × 绿皮 wwyy

↓

F_1　　白色 WwYy

↓

F_2　　12 白皮 (9W_Y_+3W_yy)∶3 黄皮 (wwY_)∶1 绿皮 (wwyy)

5. 隐性上位作用

在两对互作的基因中，其中一对隐性基因对另一对基因起上位性作用，称为隐性上位作用。例如，玉米胚乳蛋白质层颜色的遗传，当基本色泽基因C存在时，另一对基因Prpr都能表现各自的作用，即Pr表现紫色，pr表现红色。缺C基因时，隐性基因c对Pr和pr起上位作用，使得Pr和pr都不能表现其性状。

P　　红色蛋白质层 CCprpr × 白色蛋白质层 ccPrPr

↓

F_1　　紫色 CcPrpr

↓

F_2　　9 紫色 (C_Pr_)∶3 红色 (C_prpr)∶4 白色 (3ccPr_ +1ccprpr)

上位作用和显性作用不同，上位作用发生于两对不同等位基因之间，而显性作用则发生于同一对等位基因的两个成员之间。

6. 抑制作用

在两对独立基因中，其中一对显性基因，本身并不控制性状的表现，但对另一对基因的表现有抑制作用，称为抑制基因。例如，玉米胚乳蛋白质层颜色杂交试验中，白色×白色，F_1表现白色，F_2表现 13 白色和有色的比例为 13∶3。如果 C(基本色泽基因)和 I(抑制基因)决定蛋白质层的颜色，F_1及 F_2的基因型如下：

P　　白色蛋白质层 CCII × 白色蛋白质层 ccii

↓

F_1　　白色 CcIi

↓

F_2　　13 白色 (9C_I_＋3ccI_＋1ccii)∶3 有色 (C_ii)

C_I_表现白色是由于 I 基因抑制了 C 基因的作用，同样 ccI_也是白色。ccii 中虽然 ii 并不起抑制作用，但 cc 也不能使蛋白质层表现颜色，因此也是白色。只有 C_ii 表现有色。上位作用和抑制作用不同，抑制基因本身不能决定性状，而显性上位基因除遮盖其他基因的表现外，本身还能决定性状。

以上是假定两对独立基因共同决定同一性状时所表现的各种情况。如果共同决定同一性状的基因对数更多，后代表现分离的比例将更加复杂。

为了说明上述两对基因互作的 6 种情况的关系，可将它们进一步简单化，归纳列成模式图 2-7。以两对基因 Aa 和 Bb 的互作为例，假定各对基因的显性作用是完全的，按自由分离和独立分配规律，如出现的 9 种基因型及其比例，如图中最上一表所示。在基因不发生互作的情况下，4 种表现型的比例(9∶3∶3∶1)列于图 2-7 的中央一表，这是一个基本类型。在此基础上，由于基因互作的情况不同，出现 6 种不同方式的表现型和比例。而各种表现型的比例都是在两对独立基因分离比例 9∶3∶3∶1 的基础上演变而来的。只有表现型的比例有所改变，而基因型的比例仍然和独立分配是一致的。由此可知，由于基因互作，杂交分离的类型和比例与典型的孟德尔遗传的比例虽然不同，但这并不能因此否定孟德尔遗传的基本规律，而应该认为这是对它进一步的深化和发展。

实际上，基因互作可以分为基因内互作和基因间互作。基因间互作指不同位点非等位基因相互作用，表现为上位性和下位性。性状的表现都是在一定环境条件下，通过这两类基因互作共同或单独发生作用的产物。

基因内互作在大多数情况下，两对等位基因都表现完全显性作用。例如，上述各基因互作的实例中，两对基因各表现完全显性作用。也有少数情况，一对等位基因表现完全显性，另一对表现不完全显性。例如，有一种牛的毛色，红色(A)对白色(a)为不完全显性，杂合型(Aa)表现灰色；无角(B)对有角(b)为完全显性；两对杂合基因型的 F_2代的分离比例为：红色无角(AAB_)3/16∶灰色无角(AaB_)6/16∶红色有角(AAbb)1/16∶灰色有角(Aabb)2/16∶白色无角(aaB_)3/16∶白色有角(aabb)1/16。上述显性上位作用、隐性上位作用和抑制作用，都是基因内和基因间相互共同作用的结果。由于基因互作，往往使杂种后代分离的比例和典型的 9∶3∶3∶1 的比例不同。由于上位性作用，常导致杂种后代表现型的组数比没有互作的大为减少。

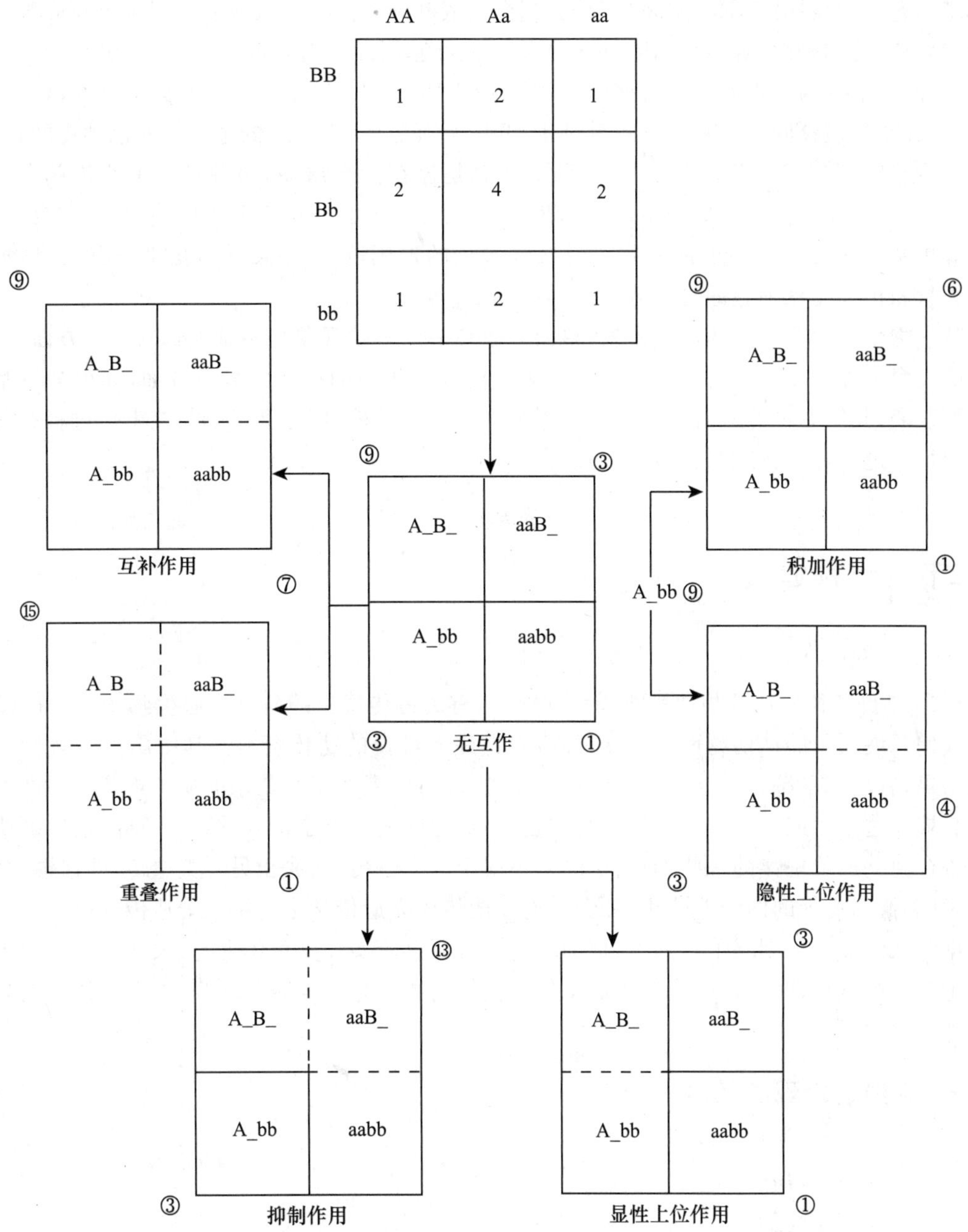

图 2-7　两对基因互作的模式图

方格中虚线表示合并的表现型，圆圈里数字表示各种比例数字。

（三）多因一效和一因多效

以上基因互作的实例，说明了一个性状的遗传基础并不都受一个基因控制，而经常受许多不同基因的影响。许多基因影响同一个性状的表现，这称为多因一效。遗传试验证明，生物体的许多性状都是由多基因互相影响所决定的。例如，已知玉米正常叶绿素的形成与 50 多对不同的基因有关，其中的任何一对发生改变，都会造成叶绿素的消失或改变。玉米子粒胚乳蛋白质层的紫色，已知是由 $A_1A_2A_3CRP$ 6 对不同的显性基因和一对隐性抑制基因 i 共同决定的。

另外，一个基因也可以影响许多性状的发育，称为一因多效。孟德尔在豌豆杂交试验中就曾发现，红花的植株同时结灰色种皮的种子，叶腋上有黑斑；开白花的植株结淡色种皮的种子，叶腋上没有黑斑。在杂交后代中，这 3 种性状总是连在一起出现，仿佛是一个遗传单位。可见，决定豌豆红花或白花的基因不但影响花色，而且也控制种子颜色和叶腋上黑斑的有无。水稻的矮生基因也常有多效性的表现，它除表现矮化的作用以外，一般还有提高分蘖力、增加叶绿素含量和扩大栅栏细胞的直径等作用。

从生物个体发育的整体观念出发，多因一效和一因多效现象是不难理解的。一方面，一个性状的发育是由许多基因所控制的许多生化过程连续作用的结果。另一方面，如果某一基因发生了改变，其影响虽然只有一个以该基因为主的生化过程，但也会影响与该生化过程有联系的其他生化过程，从而影响其他性状的发育。

第二节 连锁遗传

1900 年自孟德尔遗传规律被重新发现以后，有关遗传现象的研究引起生物学界的广泛关注。人们开展大量的动植物遗传杂交试验，获得许多可贵的遗传资料。其中属于两对性状遗传的结果，有出现不符合独立分配规律的现象，因而有学者对于孟德尔的遗传规律曾一度发生怀疑。就在这个时期，摩尔根以果蝇为试验材料对此问题开展了深入细致的研究，最后确认所谓不符合独立遗传规律的一些例证，实际上不属于独立遗传，而属于另一类遗传，即连锁遗传。于是，继孟德尔揭示的两个遗传规律之后，连锁遗传成为遗传学中的第三个遗传规律。摩尔根还根据自己研究成果创立了基因论，把抽象的基因概念落实在染色体上，大大地发展了遗传学的理论。由此可见，摩尔根的工作对孟德尔的遗传规律不是一种简单的修正，而是具有重大意义的补充和发展。

一、连锁遗传现象及解释

(一)连锁遗传现象

性状连锁遗传的发现

最早，性状连锁遗传现象是贝特森和庞尼特在香豌豆的两对性状杂交试验中发现的。试验的杂交亲本：一个是紫花、长花粉粒，另一个是红花、圆花粉粒。已知紫花(P)对红花(p)为显性，长花粉粒(L)对圆花粉粒(l)为显性，杂交试验的结果如图 2-8 所示。

从图 2-8 可以看出，F_2 虽然与独立遗传一样也出现 4 种表现型，但是它们不符合 9∶3∶3∶1 的分离比例。它们实际数与独立遗传的 9∶3∶3∶1 理论数相差很大。其中亲本组合性状(紫、长和红、圆)的实际数多于理论数，而重新组合性状(紫、圆和红、长)的实际数却少于理论数。总之，它与独立遗传相比，在 F_2 表现型中，像亲本组合的实际数偏多，而重新组合的实际数偏少，这显然不能用独立分配规律来解释。

P　　紫花、长花粉粒（PPLL）×红花、圆花粉粒（ppll）

↓

F_1　　紫、长 PpLl

↓自交

F_2	紫、长	紫、圆	红、长	红、圆	
	P_L_	P_ll	ppL_	ppll	总数
实际个体数	4 831	390	393	1 338	6 952
按 9：3：3：1 推算	3 910.5	1 303.5	1 303.5	434.5	6 952

图 2-8　香豌豆相引组的两对性状的连锁遗传

这个试验是以一个具有两对显性性状的亲本和另一个具有两对隐性性状的亲本杂交而获得的结果。在进行另一试验中采用的杂交亲本：一个是紫花、圆花粉粒的；另一个是红花、长花粉粒的，即两个亲本各具有一对显性基因和一对隐性基因，其杂交试验结果如图 2-9 所示。

P　　紫花、圆花粉粒（PPll）×红花、长花粉粒（ppLL）

↓

F_1　　紫、长 PpLl

↓自交

F_2	紫、长	紫、圆	红、长	红、圆	
	P_L_	P_ll	ppL_	ppll	总数
实际个体数	226	95	97	1	419
按 9：3：3：1 推算	235.8	78.5	78.5	26.2	419

图 2-9　香豌豆相斥组的两对相对性状的连锁遗传

第二个试验的表现与第一个试验基本相同，同 9：3：3：1 的独立遗传比例相比较，F_2 中 4 种表现型中仍然是亲本组合性状（紫、圆和红、长）的实际数多于理论数，重新组合性状的实际数少于理论数，同样不能用独立分配规律来解释。

上述两个试验结果都表明，原来为同一亲本所具有的两个性状，在 F_2 中常常有联系在一起遗传的倾向，这种现象称为连锁遗传。

遗传学中把像第一个试验那样，甲乙两个显性性状联系在一起遗传，而甲乙两个隐性性状联系在一起遗传的杂交组合，称为相引相或相引组；把像第二个试验那样，甲显性性状和乙隐性性状联系在一起遗传，而乙显性性状和甲隐性性状联系在一起遗传的杂交组合，称为相斥相或相斥组。

（二）连锁遗传解释

1. 连锁遗传的验证

首先，看看试验结果是否受分离规律支配：

第一个试验：

紫花：红花　　(4 831＋390)：(1 338＋393)＝5 221：1 731≈3：1

长花粉：短花粉　　(4 831＋393)：(1 338＋390)＝5 224：1 728≈3：1

第二个试验：

紫花：红花　　(226＋95)：(97＋1)＝321：98≈3：1

长花粉:短花粉 (226+97):(95+1)=323:96≈3:1

以上结果可知,这两个性状在两个不同的试验中均都受分离规律支配,但不符合独立分配规律,F_2不符合9:3:3:1,则说明F_1产生的4种配子不等。可用测交法加以验证,因为测交后代的表现型种类及其比例就是F_1配子的种类及其比例的具体反映。

同两对性状的独立分配规律研究一样,可利用测交法将F_1与双隐性个体杂交,进而检测F_1产生配子的种类和比例。现以玉米为例,种子有关的性状在当代即可观察,便于统计和分析。

(1)相引组

亲本 有色、饱满 CCShSh 无色、凹陷 ccshsh

↓

F_1有色饱满 CcShsh × 无色凹陷 ccshsh

配子	CSh	Csh	cSh	csh	csh
F_t	CcShsh	Ccshsh	ccShsh	ccshsh	
	有色饱满	**有色凹陷**	**无色饱满**	**无色凹陷**	
实得粒数	4 032	149	152	4 035	8 368
百分比	48.2	1.8	1.8	48.2	

上述结果证实F_1产生的四种配子不等,不是1:1:1:1即25:25:25:25%。

其中(F_t) 亲本组合=(4 032+4 035)/8 368×100%=96.4%

重新组合=(149+152)/8 368×100%=3.6%

因此,原来亲本具有的两对非等位基因(Cc和Shsh)不是独立分配的,而是联系在一起遗传的,如C-Sh、c-sh常常联系在一起,故在F_1的配子中总是亲本型的配子(CSh和csh)数偏多,而重新组合的配子(Csh、cSh)数偏少。这说明重组型配子数占总配子数的百分率不像独立分配是50%而是<50%。

那么,重新组合产生的配子类型的比例是多少呢?这涉及重组率的计算。因此,重组率在这里也叫交换值:重组型的配子百分数称为重组率。当两对基因为连锁遗传时,其重组率总是<50%,如上例只有3.6%。

(2)相斥组

有色、凹陷 CCshsh × 无色、饱满 ccShSh

↓

F_1有色饱满 CcShsh × 无色凹陷 ccshsh

配子	CSh	Csh	cSh	csh	csh
F_t	CcShsh	Ccshsh	ccShsh	ccshsh	
	有色饱满	**有色凹陷**	**无色饱满**	**无色凹陷**	
实得粒数	638	21 379	21 096	672	43 785
百分比	1.5	48.5	48.5	1.5	

结果:

亲本组合=(21 379+21 096)/43 785×100%=97.01%

重新组合=(638+672)/843 785×100%=2.99%

由上可见，相斥组的结果与相引组的结果基本一致，同样证实 F_1 所成的 4 种配子数不等，C-sh、c-Sh 联系在一起的为多。因此，连锁遗传的表现为两个亲本型配子数是相等的，多于 50%；两个重组型配子数是相等的，少于 50%。

2. 完全连锁和不完全连锁

所谓连锁遗传，是指在同一同源染色体上的非等位基因连在一起而遗传的现象。在同一同源染色体的两个非等位基因之间不发生非姊妹染色单体之间的交换，则这两个非等位基因总是联系在一起而遗传的现象，叫作完全连锁。完全连锁的情况是极少见的，在果蝇的雄性和家蚕的雌性中发现有极个别的例子。现以果蝇为例加以说明。

1906 年贝特生等在香豌豆中首次发现连锁遗传的现象以后不久，摩尔根等用果蝇为材料进行研究，结果表明具有连锁遗传关系的一些基因就是位于同一染色体上的那些非等位基因。

摩尔根用灰身长翅的雌果蝇（BBVV）和黑身残翅的雄果蝇（bbvv）进行杂交，得到的 F_1 全为灰身长翅（BbVv），然后用 F_1 中的灰身长翅的雄果蝇和黑身残翅的雌果蝇进行杂交，后代中只出现了两种亲本类型，黑身残翅和灰身长翅，其数目各占 50%（图 2-10）。因为测交后代的表现型种类和比例正好反映杂种个体所形成配子种类和比例，因此图 2-10 的测交结果表明 F_1 雄蝇只形成了 BV 和 bv 两种精子。也就是说 Bb 和 Vv 两对非等位基因完全连锁在同一同源染色体上。因此，测交后代只出现亲型个体，而且数目相等，这便是完全连锁的遗传特点。由于 F_1 杂合雄蝇（BbVv）只产生两种类型的配子，数目相等，所以用双隐性雌蝇测交的后代，只能有两种表现型，比例为 1∶1。

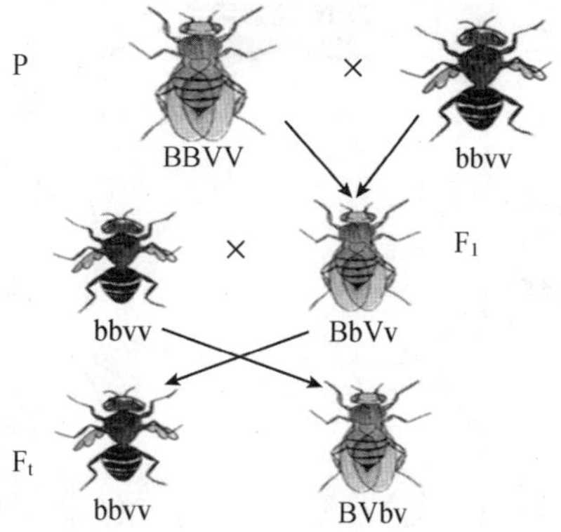

图 2-10 果蝇的完全连锁遗传示意图（引自 Atherly 等，1999）

当两对非等位基因为不完全连锁时，F_1 不仅产生亲本型配子也产生重组型配子。非等位基因完全连锁的情形较少，一般是不完全连锁。不完全连锁（部分连锁），F_1 可产生多种配子，后代出现新性状的组合，但新组合较理论数为少。上面已经说过，完全连锁的情形是极少见的。一般的情形都是不完全连锁。所谓不完全连锁，是指同一同源染色体上的两个非等位基因之间或多或少地发生了非姊妹染色单体之间的交换，测交后代中大部分为亲本类型，少部分为重组类型的现象。例如，前面所介绍的香豌豆等的连锁遗传现象就是不完全连锁。当两对非等位基因为不完全连锁时，F_1 不仅产生亲型配子，也产生重组型配子。那么，重组型配子是如何产生的呢？为什么重组型配子数总是比亲型配子数少呢？回答这些问题，就必须从减数分裂过程中非姊妹染色单体之间发生的交换。

3. 交换

所谓交换，是指同源染色体的非姊妹染色单体之间的对应片段的交换，从而引起相应基因间的交换与重组。生物体在减数分裂形成配子的过程中，在分裂前期Ⅰ的偶线期各对同源染色体分别配对，出现联会现象；到粗线期形成二价体，进入双线期可在二价体之间的某些区段出现交叉，这些交叉现象标志着各对同源染色体中的非姊妹染色单体的对应区段间发生了交换。所以说，交叉是交换的结果。目前已知，除着丝点外，非姊妹染色单体的任何位点都可能发生交换，只是在交换频率上，靠近着丝点的区段低于远离着丝点的区段。由于发生了交换而引起同源染色体间非等位基因的重组，打破原有的连锁关系，因而表现出不完全连锁。

现以玉米第9对染色体上的Cc和Shsh两对基因为例说明交换与不完全连锁的形成。非姊妹染色单体之间的交换，可能发生在两对连锁基因相连区段之内，也可能发生在它们相连区段之外(图2-11)。以相引组(CCShSh×ccshsh)杂交而言，其F_1为CcShch。当F_1进行减数分裂形成配子时，如果某一个孢母细胞内第9对染色体的交换发生在某两个非姊妹染色单体的Cc和Shsh相连区段之外，则最后产生的全部配子是亲本型的(CSh和csh)；如果另一个孢母细胞内第9对染色体的交换，正好发生在某两个非姊妹染色单体的Cc和Shsh相连区段之内，则在最后产生的配子中，半数是属于亲本型(CSh和csh)，半数是属于重组型(Cch和cSh)。所以当两对非等位基因为不完全连锁时，重组型配子是在连锁基因相连区段之内发生交换的结果。

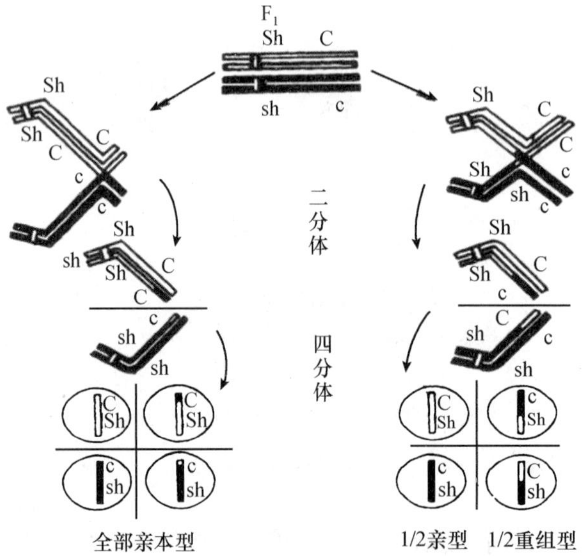

图 2-11 交换与重组型配子形成过程的示意图

从图2-11可以看出当两对非等位基因为不完全连锁时重组型配子的形成过程，同时说明了重组型配子少于配子总数50%的原因。因为任何F_1植株的小孢母细胞和大孢母细胞的数是大量的，即使在100%的孢母细胞内，一对同源染色体之间的交换都发生在某两对连锁基因相连区段之内，最后产生的重组型配子也只能是配子总数的一半，即50%。但是这种情况是很难发生的，甚至是不可能发生的。通常的情形是在一部分孢母细胞内，一对同源染色体之间的交换发生在某两对连锁基因相连区段之内；而在另一部分孢母细胞内，该两对连锁基因相连区段之内不发生交换。由于后者产生的配子全部是亲本型的；前者产生的配子，一半是重组型的。所以就整个 F_1 植株来说，重组型配子自然就少于 50% 了。假定在杂种（CcShsh）的 100 个孢母细胞内，交换发生在 Cc 和 Shsh 相连区段之内的有 7 个，在 Cc 和 Shsh 相连区段之内不发生交换的有 93 个，按表 2-4 分析，重组型配子数应该是 3.5%。

表 2-4 小孢子母细胞中染色体的交换产生重组型配子

小孢子母细胞的交换	亲型配子		重组型配子	
	CSh	csh	Csh	cSh
93 个孢母细胞不发生交换	186	186		
93×4=372 个配子				
7 个孢母细胞发生交换	7	7	7	7
7×4=28 个配子				
总配子数	193	193	7	7

亲本组合=(193+193)/400×100%=96.5%；

重新组合=(7+7)/400×100%=3.5%。

由此可知，两对连锁基因间发生交换的孢母细胞的百分率，恰是交换配子（重组型配子）百分率的 1 倍，这是孢母细胞减数分裂的规律决定的。根据上表的分析，可知某两对连锁基因之间发生交换的孢母细胞的百分数，恰恰是重组型配子（又称交换型配子）百分数的 2 倍。这是由孢母细胞减数分裂的规律所决定的。

二、交换值及其测定

（一）交换值

交换值是指同源染色体的非姊妹染色单体间有关基因的染色体片段发生交换的频率。就一个很短的交换染色体片段来说，交换值就等于交换型配子（重组型配子）占总配子数的百分率即重组率。但在较大的染色体区段内，由于双交换或多交换常可发生，因而用重组率来估计的交换值往往偏低。一般来说，估算交换值用下列公式：

$$交换值=\frac{重组型配子数}{总配子数}\times 100\%$$

应用这个公式估算交换值，首先要知道重组型配子数。测定重组型配子数的简易方法有测交法和自交法两种。

（二）交换值的测定

1. 测交法

用测交法测定交换值，是使 F_1 与隐性纯合体测交，然后根据测交后代的表现型种类和数目，来计算重组型和亲型配子的数目。现以玉米子粒颜色和形状这两对连锁基因为例，来说明估算交换值的方法。已知玉米子粒的有色（C）对无色（c）为显性、饱满（Sh）对凹陷（sh）为显性。以有色、饱满的纯种与无色、凹陷的纯种杂交获得 F_1，然后用双隐性纯合体与 F_1 测交，试验结果如图 2-12 所示。

P　　CCShSh × ccshsh

↓

测交　　F_1　CcShsh × ccshsh

↓

F_t	CcShsh	Ccshsh	ccshsh	ccshsh
实得粒数	4 032	149	152	4 035

图 2-12　玉米两对基因连锁与交换

由图 2-12 的测交结果可以求得：

重组型配子数：149＋152＝301

总配子数：4 032＋149＋152＋4 035＝8 368

交换值：(301/8 368)×100％＝3.6％

2. 自交法

不同的作物其人工杂交的难易不同，利用测交法测定交换值的难度也不同。玉米这样的作物授粉方便，一次授粉能得到大量种子，利用测交法获得交换值比较容易。但小麦、水稻、豌豆等自花授粉作物由于去雄和授粉比较困难，进行一次授粉只能得到少量种子，进行测交就比较困难。因此，这一类作物在测定交换值时最好利用自交结果，而不利用测交结果。利用自交结果(即 F_2资料)估算交换值的方法很多，这里只介绍其中的一种。

前述香豌豆连锁遗传的资料是利用自交方法获得的。现在以其相引相为例，说明估算交换值的理论根据和具体方法。香豌豆的 F_2有 4 类表现型，可以推想它的 F_1能够形成 4 种配子，其基因组成为 PL、Pl、pL 和 pl。假定各种配子的比例分别为 a、b、c 和 d，经过自交而组合起来的 F_2结果，自然是这些配子的平方即$(aPl:bPl:cpL:dpl)^2$，其中表现型为纯合双隐性 ppll 的个体数是 d 的平方，即 $d\times d=d^2$。反过来说，组合 F_2表现型 ppll 的 F_1配子必然是 pl，其频率为 d^2的开方，即 d。本例 F_2表现型 ppll 的个体数 1 338 为总数 6 952 的 19.2％，F_1配子 pl 的频率为 $0.192\,1^{-2}=0.44$，即 44％。配子 PL 同 pl 的频率是相等的，也应为 44％，它们在相引相中都是亲型配子。而重组型的配子 Pl 和 pL 各为(50－44)％＝6％。于是 F_1形成 4 种配子的比例便为 44PL：6Pl：6pL：44pl 或 0.44PL：0.06Pl：0.06pL：0.44pl。交换值是两种重组型配子数之和，那么交换值就为 2×6％＝12％。

交换值的幅度经常变动在 0～50％之间。交换值越接近 0％，说明连锁强度越大，两个连锁的非等位基因之间发生交换的孢母细胞数越少。当交换值越接近 50％，连锁强度越小，两个连锁的非等位基因之间发生交换的胞母细胞数越多。所以当非等位基因为不完全连锁遗传时，交换值总是为 0～50％。

交换值因某种外界和内在条件的影响而会发生变化。例如，性别、年龄、温度等条件对某些生物的连锁基因间的交换值都会有所影响；雄果蝇和雌蚕根本不发生交换；染色体的部位不同、染色体发生畸变等也会影响交换值。因此，在测定交换值时总是以正常条件下生长的生物作为研究材料，并从大量资料中来求得比较准确的结果。尽管如此，交换值还是相对稳定的。

由于交换值具有相对的稳定性，所以通常以这个数值表示两个基因在同一染色体上的相对距离，或称遗传距离。例如，Cc 和 Shsh 这两对连锁基因的交换值为 3.5％，就算它们在玉米第九染色体上相距 3.5 个遗传单位。连锁基因间的距离越远，在它们之间发生交换的孢母细胞数越多，交换值就越大；连锁基因间的距离越近，在它们之间发生交换的孢母细胞数越少，交换值就越小。这就是以连锁基因间的交换值当作它们之间的距离的原因。

第三节 数量性状遗传

在生物性状遗传研究中，可以直接根据遗传群体的表现型变异推测群体的基因型变异或基因的差异。这类遗传性状，其表现型和基因型具有不连续的变异，称为质量性状。质量性状在杂种后代的分离群体中，对于各个体所具相对性的差异，可以采用经典遗传学的分析方法，通过对群体中各个体分组并求不同组间的比例，研究它们的遗传动态。生物界中还存在另一类遗传性状，其表现型变异是连续的，称为数量性状。数量性状是生物界广泛存在的重要性状，例如，人的身高、体重、植株的生育期、果实的大小，以及种子产量的高低等。这类性状在自然群体或杂种后代群体内，很难对不同个体的性状进行明确的分组，求出不同级之间的比例，所以不能采用质量性状的分析方法，通过对表现型变异的分析推断群体的遗传变异。因此，数量性状的遗传分析需要借助于数理统计的分析方法，才能有效地分析其遗传表现。

一、数量性状的特征

从数量性状在遗传群体中的变异分析可知，有 3 个主要特征。①数量性状的变异呈连续性，杂交后的分离世代不能明确分组。例如，动物的体重、植株的高矮、作物的产量等性状，不同品种间杂交的 F_2、F_3等后代群体存在广泛的变异类型，不能明确地划分为不同的组，分析各组的分离比例，只能用一定的度量单位进行测量，采用统计学方法加以分析。②数量性状一般容易受环境条件的影响而发生变异。这种变异一般是不遗传的，它往往和那些能够遗传的变异相混淆，使问题更加复杂化。③控制数量性状的基因在特定的时空条件下表达，在不同环境下基因表达的程度可能不同。因此，数量性状普遍存在基因型与环境的互作现象。

例如，玉米果穗长度不同的两个品系进行杂交，F_1的穗长介于两亲本之间，呈中间型；F_2植株结的穗子的长度表现明显的连续变异，不容易分组，因而也就不能求出不同组之间的比例时，由于环境条件的影响，即使基因型纯合的亲本（P_1、P_2）和基因型杂合一致的杂种一代（F_1），各个个体的穗长也呈现连续的分布，而不是只有一个长度。F_2群体既有由于基因所造成的基因型差异，又有由于环境的影响所造成的差异，所以，F_2的连续分布比亲本和 F_1都更广泛（表 2-5）。因此，分析数量性状遗传的变异实质，对提高数量性状育种的效率是很重要的。

数量性状易受环境条件的影响，但这种变异一般是不遗传的，且易与能够遗传的数量性状相混；如由于环境条件的影响，基因型纯合的两个亲本与基因型杂合一致的 F_1 中各个体的数量性状也出现连续变异的现象。如上述玉米 P_1、P_2 和 F_1 中的穗长也呈连续分布，而不是只有一个长度。

但质量性状和数量性状的划分也不是绝对的，同一性状在不同的杂交组合中可能表现不同，如株高，一般来讲是一个数量性状，但在有些杂交组合中却表现为简单的质量性状遗传，如水稻高秆莲塘早/矮秆二九青杂交后代的株高遗传状态。又如，小麦子粒颜色红色与白，在一些杂交组合中表现为一对基因的分离，而在另一些杂交组合中表现为连续变异的数量性状特征，子粒红色程度不同。

表 2-5　玉米杂交试验及其果穗长度

世代	长度/cm																
	5	6	7	8	9	10	11	12	13	14	15	16	17	18	19	20	21
短穗亲本	4	21	24	8													
长穗亲本									3	11	12	15	26	15	10	7	2
F_1					1	12	12	14	17	9	4						
F_2			1	10	19	26	47	73	68	39	25	15	9	1			

二、数量性状遗传的遗传基础

数量性状的遗传表现与质量性状的遗传表现有一定的区别。1909 年尼尔逊·埃尔提出多基因假说对数量性状的遗传进行了解释。他在小麦子粒颜色的试验中，发现红粒与白粒的杂交组合中，F_1的子粒颜色为中间型，不能区别显性和隐性；F_2子粒颜色则由红色到白色，表现有各种不同程度的类型。按照他的解释，数量性状是许多彼此独立的基因作用的结果，每个基因对性状表现的效果较微，但其遗传方式仍然服从孟德尔的遗传规律。多基因学说不但认为决定数量性状的基因数目很多，而且还假定：①各基因的效应相等；②各个等位基因的表现为不完全显性或无显性，或表现为正效和减效作用；③各基因的作用是累加性的。

最简单的数量性状，可以假定是由 2 对或 3 对基因共同决定的。例如，用小麦的红色子粒品种与白色子粒品种杂交，F_2子粒可分为红色子粒和白色子粒两组。有的组合表现 3∶1 分离，有的则表现 15∶1 分离或 63∶1 分离。除 3∶1 分离表明是一对基因所决定的以外，后两种分离都反映基因的重叠作用。当基因的作用为累加时，则每增加一个红粒有效基因(R)，子粒的颜色就要更红一些。这样，由于各个基因型所含的红粒有效基因数的不同，就形成红色程度不同的许多中间型子粒。现将 2 对和 3 对基因的遗传动态图示如下。

(1)小麦子粒颜色受 2 对重叠基因决定时的遗传动态

P　　红粒 $(R_1R_1R_2R_2)$ × 白粒 $(r_1r_1r_2r_2)$

↓

F_1　　中红粒 $(R_1r_1R_2r_2)$

↓ 自交

F_2	1 深红	4 中深红	6 中红	4 浅红	1 白粒
	$1R_1R_1R_2R_2$	$2R_1R_1R_2r_2$	$1R_1R_1r_2r_2$	$2R_1r_1r_2r_2$	$1r_1r_1r_2r_2$
		$2R_1r_1R_2R_2$	$4R_1r_1R_2r_2$	$2r_1r_1R_2r_2$	
		$1r_1r_1R_2R_2$			

红粒∶白粒　　15　　∶　　1

(2)小麦子粒颜色受三对重叠基因决定时的遗传动态：

P　　红粒 ($R_1R_1R_2R_2R_3R_3$)×白粒 ($r_1r_1r_2r_2r_3r_3$)

↓

F_1　　中深红色 ($R_1r_1R_2r_2R_3r_3$)

↓自交

F	最深红	暗红	深红	中深红色	中红	浅红	白色
表现型比例	1	6	15	20	15	6	1
红粒基因有效数	6R	5R	4R	3R	2R	1R	0R
红粒：白粒			63		:		1

F_1能够产生具有等数 R 和 r 的雌雄配子，雌雄配子受精后，在 F_2群体中，某表现型个体的频率为：

某性状由一对基因决定时：

$$\left(\frac{1}{2}R:\frac{1}{2}r\right)\cdot\left(\frac{1}{2}R:\frac{1}{2}r\right)=\left(\frac{1}{2}R:\frac{1}{2}r\right)^2$$

某性状由 n 对基因决定时：

$$\left(\frac{1}{2}R:\frac{1}{2}r\right)^2\cdot\left(\frac{1}{2}R:\frac{1}{2}r\right)^2\cdots=\left(\frac{1}{2}R:\frac{1}{2}r\right)^{2n}$$

当 $n=2$ 时，代入上式可得：

$$\left(\frac{1}{2}R:\frac{1}{2}r\right)^{2n}=\left(\frac{1}{2}R:\frac{1}{2}r\right)^{2\times2}=\frac{1R^4}{16}:\frac{4R^3}{16}:\frac{6R^2}{16}:\frac{4R^1}{16}:\frac{1R^0}{16}$$

$$(R/2:r/2)^{2n}=(R/2:r/2)^4=1R^4/16:4R^3/16:6R^2/16:4R/16:1R^0/16$$

当 $n=3$ 时，代入可得：

$$\left(\frac{1}{2}R:\frac{1}{2}r\right)^{2n}=\left(\frac{1}{2}R:\frac{1}{2}r\right)^{2\times3}=\frac{1R^6}{64}:\frac{6R^5}{64}:\frac{15R^4}{64}:\frac{20R^3}{64}:\frac{15R^2}{64}:\frac{6R^1}{64}:\frac{1R^0}{64}$$

这里的分析与上面实得结果完全一致。不过在自然界数量性状的遗传方式要复杂得多，往往是由多对基因决定的；而且经常受到环境条件的作用，使遗传的和不遗传的变异混在一起，不易区别开来。所以，对于数量性状的研究，一定要采用统计学的分析方法。

数量性状的深入研究进一步丰富和发展了早年提出的多基因假说。近年来，借助于分子标记和数量性状基因位点作图技术，已经可以在分子标记连锁图上标出单个基因位点的位置，并确定其基因效应。对动植物众多的数量性状基因定位和效应分析表明，数量性状可以由少数效应较大的主基因控制，也可由数目较多、效应较小的微效多基因所控制。各个微效基因的遗传效应值不尽相等，效应的类型包括等位基因的加性效应、显性效应，以及非等位基因间的上位性效应，还包括这些基因主效应与环境的互作效应。也有一些性状虽然主要由少数主基因控制，但另外还存在一些效应微小的修饰基因，这些基因的作用是增强或削弱其他主基因对表现型的作用。

在进行植物杂交时，杂种后代往往出现一种超亲遗传的现象。这个现象可用多基因假说予以解释。例如，两个水稻品种，一个早熟，一个晚熟，杂种第一代表现为中间型，生育期介于两亲本之间，但其后代可能出现比早熟亲本更早熟，或比晚熟亲本更晚熟的植株，这就是超亲遗传。假设某作物的生育期由3对独立基因决定，早熟亲本的基因型为$A_2A_2B_2B_2C_1C_1$，晚熟亲本的基因型为$A_1A_1B_1B_1C_2C_2$，则两者杂交的F_1基因型为$A_1A_2B_1B_2C_1C_2$，表现型介于两亲之间，比晚熟的亲本早，比早熟的亲本晚。由于基因的分离和重组，F_2群体的基因型在理论上应有27种。其中基因型为$A_1A_1B_1B_1C_1C_1$的个体，将比晚熟亲本更晚，基因型为如$A_2A_2B_2B_2C_2C_2$的个体，将比早熟亲本更早。

三、遗传率及其在育种中应用

(一)数量性状的遗传参数

生物群体的变异包括表现型变异和遗传变异。数量性状的遗传变异是由群体内各个体间遗传组成的差异所产生的。如果基因的表达不因环境的不同而异，个体的表现型值(以P表示)是基因型值(以G表示)和非遗传的随机误差(以e表示，简称机误)的总和，$P=G+e$。其中，随机机误是个体生长发育过程所处的微环境中的不可预测性的随机效应。在数理统计分析中，通常采用方差度量某个性状的变异程度。因此，遗传群体的表现型方差(以V_P表示)是基因型方差(以V_G表示)和机误方差(以V_e表示)的总和，$V_P=V_G+V_e$。

控制数量性状的基因，具有各种效应，主要包括加性效应(以A表示)和显性效应(以D表示)。加性效应是基因位点内等位基因的累加效应，显性效应则是基因位点内等位基因之间的互作效应。基因型值是各种基因效应的总和，对于加性-显性模型$G=A+D$。表现型值也可相应分解为$P=A+D+e$。群体的表现型方差则可进一步分解为归因于加性效应、显性效应和机误效应的3种方差分量，$V_P=V_A+V_D+V_e$。对于某些性状，不同基因位点的非等位基因之间还可能存在相互作用，即上位性效应(以I表示)。此时，基因型值和表现型值可以分别分解为$G=A+D+I$，和$P=A+D+I+e$，群体表现型变异也可作进一步的分解$V_P=V_A+V_D+V_I+V_e$。

(二)遗传率概念

数量性状在世代间的传递能力，是选择育种经常关心的问题。遗传率或遗传力是指数量性状的遗传方差(V_G在总方差(V_P)中所占比值，可作为杂种后代进行选择的一个指标。遗传率是度量性状的遗传变异占表现型变异相对比率的重要遗传参数。根据所考虑的角度不同，遗传率可分为广义遗传率(用h_B^2或H^2表示)和狭义遗传率(用h_N^2或h^2表示)。

(1)广义遗传率(简称h_B^2)　通常定义为总的遗传方差占表现型方差的比率。简单的数量遗传分析，一般假定遗传效应只包括加性效应和显性效应，而且不存在基因效应×环境效应的互作。

表现型方差简单地分解为：

$$V_P=V_G+V_e=V_A+V_D+V_e$$

$$h_B^2=\frac{V_G}{V_P}=\frac{V_A+V_D}{V_A+V_D+V_e}$$

(2)狭义遗传率(简称h_N^2)　通常定义狭义遗传率为加性遗传方差占表现型方差的比率。

$$h_N^2=\frac{V_A}{V_P}=\frac{V_A}{V_A+V_D+V_e}$$

现已明确，导致群体表现型发生变异的遗传原因主要有两部分：①遗传主效应产生的普通遗传变异，由遗传方差（V_G）来度量；②基因型×环境的互作效应产生的互作遗传变异（GE），由基因型×环境的互作方差（V_{GE}）来度量。因此，遗传率也应该相应地分解为两个分量：普通遗传率和互作遗传率。这种分解适用于广义遗传率（H^2）和狭义遗传率（h^2）。

（1）广义遗传率（H^2）的组成　$H^2=H_G^2+H_{GE}^2$，其中 H_G^2 是普通广义遗传率，定义为遗传方差占表现型方差的比率$\left(H_G^2=\frac{V_G}{V_P}\right)$，$H_{GE}^2$是互作广义遗传率，则定义为基因型×环境互作方差占表现型方差的比率$\left(H_{GE}^2=\frac{V_{GE}}{V_P}\right)$。

（2）狭义遗传率（h^2）的组成　$h^2=h_G^2+h_{GE}^2$，其中 h_G^2 是普通狭义遗传率，定义为累加性遗传主效应的方差占表现型方差的比率；h_{GE}^2是互作狭义遗传率，定义为累加性的基因效应与环境效应互作的方差占表现型方差的比率。累加性的遗传主效应是可以被选择所固定的遗传效应，包括加性效应、加性×加性的上位性效应、母体加性效应等。因此，不同的遗传模型，其两种遗传率的估算就不同。

（1）加性-显性遗传模型中，两种遗传率的估算方式为

广义遗传率

$$H^2=H_G^2+H_{GE}^2=\frac{V_A+V_D}{V_P}+\frac{V_{AE}+V_{DE}}{V_P}$$

狭义遗传率

$$h^2=h_G^2+h_{GE}^2=\frac{V_A}{V_P}+\frac{V_{AE}}{V_P}$$

（2）加性-显性-上位性遗传模型，两种遗传率的估算方式为

广义遗传率

$$H^2=H_G^2+H_{GE}^2=\frac{V_A+V_D+V_{AA}}{V_P}+\frac{V_{AE}+V_{DE}+V_{AAE}}{V_P}$$

狭义遗传率

$$h^2=h_G^2+h_{GE}^2=\frac{V_A+V_{AA}}{V_P}+\frac{V_{AE}+V_{AAE}}{V_P}$$

（三）遗传率与育种选择的关系

根据性状遗传率的大小，容易从表现型鉴别不同的基因型，从而较快地选育出优良的新的类型。狭义遗传率较高的性状，在杂种早期世代进行选择的话，收效比较显著；而狭义遗传率较低的性状，则在杂种后期世代进行选择。

目前，根据多数试验结果，对遗传率在育种上的应用，总结了如下的几项规律：

①不易受环境影响的性状的遗传率比较高，易受环境影响的性状则较低。

②变异系数小的性状的遗传率高，变异系数大的则较低。

③对环境条件变化不灵敏的性状的遗传率较高。

④性状差距大的两个亲本的杂种后代，一般表现较高的遗传率。

⑤遗传率并不是一个固定数值，对自花授粉植物来说，它因杂种世代的增加而有逐渐升高的趋势。

一般来说，凡是遗传率较高的性状，在杂种的早期世代进行选择，收效比较显著；而遗传率较低的性状，则要在杂种后期世代进行选择才能收到较好的结果。

根据遗传性状的遗传传递规律的研究，了解了遗传变异和环境条件影响的相互关系，可以提高选种工作的效率，增加对杂种后代性状表现的预见性。首先，对于杂种后代进行选择时，根据某些性状遗传率的大小，就容易从表现型识别不同的基因型，从而较快地选育出优良的新品种类型。

第四节　细胞质遗传

前面所介绍的遗传性状都是由细胞核内染色体上的基因即核基因所决定的，由核基因所决定的遗传现象和遗传规律称为细胞核遗传或核遗传。随着遗传学研究的不断深入，人们发现细胞核遗传并不是生物唯一的遗传方式。生物的某些遗传现象并不是或者不完全是由核基因所决定的，而是取决于或部分取决于细胞质内的基因。这个领域的深入研究，对于正确认识核质关系，全面地理解生物遗传现象和人工创造新的生物类型具有重要意义。

一、细胞质遗传的概念和特点

(一)细胞质遗传概念及类型

由细胞质内的基因即细胞质基因所决定的遗传现象和遗传规律叫作细胞质遗传，有时又称非染色体遗传、非孟德尔遗传、染色体外遗传、核外遗传、母性遗传等。

研究发现，真核生物的细胞质中的遗传物质主要存在于线粒体、叶绿体(植物)、中心体(动物)等细胞器中。这些细胞器在细胞内执行一定的代谢功能，是细胞生存不可缺少的组成部分。但是，在原核生物和某些真核生物的细胞质中，除了细胞器外，还有另一类称为附加体和共生体的细胞质颗粒，属于细胞的非固定成分，并且也能影响细胞的代谢活动，但它们并不是细胞生存必不可少的组成部分。例如，果蝇的δ粒子、大肠杆菌的F因子以及草履虫的卡巴粒等，这些成分一般都游离在染色体之外，有些颗粒如F因子还能与染色体整合在一起，并进行同步复制。通常把上述所有细胞器和细胞质颗粒中的遗传物质，统称为细胞质基因组。

(二)细胞质遗传的特点

细胞学的研究表明，在真核生物的有性繁殖过程中，卵细胞内除细胞核外，还有大量的细胞质及其所含的各种细胞器；精子内除细胞核外，没有或极少有细胞质，因而也就没有或极少有各种细胞器(图2-13)。所以在受精过程中，卵细胞不仅为子代提供其核基因，也为子代提供其全部或绝大部分细胞质基因;而精子则仅能为子代提供其核基因,不能或极少能为子代提供细胞质基因。因此,一切受细胞质基因所决定的性状,其遗传信息只能通过卵细胞传递给子代,而不能通过精子遗传给子代。因此,细胞质遗传的特点是:

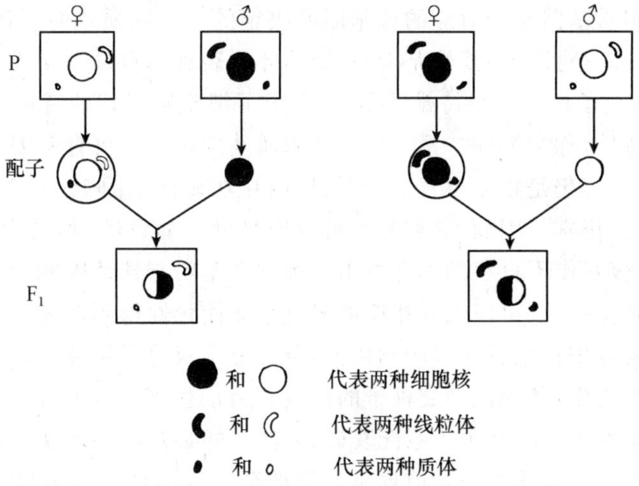

图 2-13 正反交差异形成原因的示意图

①遗传方式是非孟德尔式的,杂交后代一般不表现一定比例的分离。

②正交和反交的遗传表现不同;F_1 通常只表现母本的性状,故细胞质遗传又称为母性遗传。

③通过连续回交能将母本的核基因几乎全部置换掉,但母本的细胞质基因及其所控制的性状仍不消失。

④由附加体或共生体决定的性状,其表现往往类似病毒的转导或感染。

二、雄性核质互作不育的遗传

在细胞质基因所决定的许多性状中,植物育种中十分重要的一个性状就是有花植物的雄性不育性。植物雄性不育的主要特征是雄蕊发育不正常,不能产生有正常功能的花粉,但是它的雌蕊发育正常,能接受正常花粉而受精结实。

雄性不育在植物界是很普遍的,迄今已在 18 个科的 110 多种植物中发现了存在雄性不育的现象。根据雄性不育发生的遗传机制不同,又可分为核不育型和质核不育型等。其中质核互作不育型实用价值较大,它在农作物的杂种优势利用上具有重要的价值。如果杂交的母本具有这种不育性,就可以免除人工去雄,节约人力,降低种子成本,并且可以保证种子纯度。目前水稻、油菜、玉米、高粱、棉花、萝卜、大白菜和甜菜等作物已经利用雄性不育性进行杂交种子的生产。此外,对小麦、大麦、辣椒、珍珠粟和谷子等作物的雄性不育性已进行了广泛的研究,有的已接近生产应用水平。

雄性核质互作不育遗传特点

植物雄性不育的类型较多,可遗传的雄性不育性可分为核不育型和质核互作不育型等多种类型。后者则由细胞质基因和核基因互作控制的不育类型,简称质核互作型。在玉米、小麦和高粱等作物中，这种不育类型花粉的败育多发生在减数分裂以后的雄配子形成期。但是在矮牵牛、胡萝卜等植物中，败育发生在减数分裂过程中或在此之前。就多数情况而言，质核互作不育型不育性的表现型特征比核型不育性要复杂一些。遗传研究证明，质核互作不育型不育性是由不育的细胞质基因和相对应的核基因所决定的。当胞质不育基因 S 存在时，核内必须有相对应的一对(或一对以上)隐性基因 rr，个体才能表现不育。杂交或回交时，只要父本核内没有 R 基因，则杂交子代一直保持雄性不育，表现了细胞质遗传的特征。因此，这类父本可以保持母本的不育特性，称之为保持系。如果细胞质基因是正常可育基因 N(即正常状态)，即使核基因仍然是 rr，个体仍是正常可育的；如果核内存在显性基因 R，不论细胞质基因是 S 还是 N，个体均表现育性正常。因而，这类父本可以恢复母本的育性，称之为恢复系。根据上述的分析可以看出，质核互作不育型的不育性由于细胞质基因与核基因间的互作，既可以找到保持系而使不育性得到保持，又可以找到相应的恢复系而使育性得到恢复。

雄性不育性主要应用在杂种优势的利用上，杂交母本获得了雄性不育性，就可以免去大面积繁育制种时的去雄工作，并保证杂交种子的纯度。目前生产上应用推广的主要是质核互作不育型。应用这种雄性不育时必须三系配套(三系法)，即必须具备雄性不育系(一般称为不育系)、保持系和恢复系。三系法的一般原理是首先把杂交母本转育成不育系。例如，希望优良杂交组合(甲×乙)利用雄性不育性进行制种，则必须先把母本甲转育成甲不育系，常用的做法是利用已有的雄性不育材料与甲杂交，然后连续回交若干次，就得到甲不育系。原来雄性正常的甲即成为甲不育系的同型保持系，它除了具有雄性可育的性状以外，其他性状完全与甲不育系相同，故又称同型系，它能为不育系提供花粉，保证不育系的繁殖留种。父本乙必须是恢复系。如果乙原来就带有恢复基因，经过测定，就可以直接利用配制杂交种，供大田生产用。否则，也要利用带有恢复基因的材料，进行转育工作。转育的方法与转育不育系基本相同。三系法的制种方法见图 2-14。

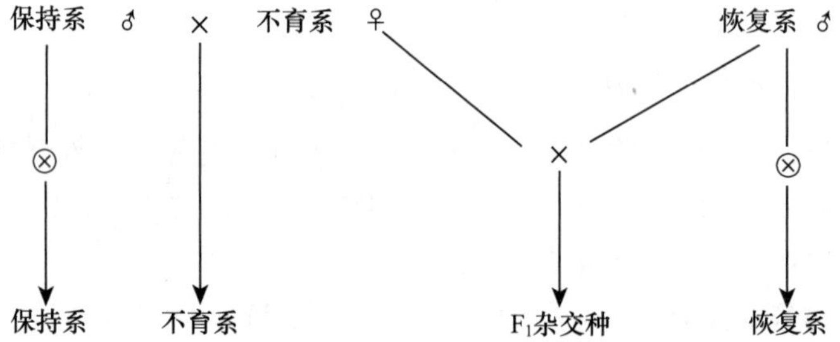

图 2-14 应用三系法配制杂交种示意图

应用案例——植物杂交育种

孟德尔遗传规律在实践中的一个重要应用就是在植物的杂交育种上。在杂交育种的实践中，可以根据品种选育目标，是通过人工杂交，有目的地将两个或多个品种的优良性状结合在一起，再经过自交，并对后代进行多代选择培育、比较鉴定，获得基因型纯合或接近纯合的符合理想要求的新品种。

杂交育种也称组合育种，就是将双亲控制不同性状的优良基因随机结合，通过定向选择，育成集双亲优良性状于一体的新品种。其遗传机理为基因重组和互作。

1. 基因重组(图 2-15):综合双亲优良性状

如:

P	AAbb 早熟不抗病		× ↓		aaBB 晚熟抗病	
F_1			AaBb 早熟抗病 ↓⊗			
F_2	A _B _ 早熟抗病		A _bb 早熟不抗病		aaB _ 晚熟抗病	aabb 晚熟不抗病
	9	:	3	:	3 :	1

↓⊗

……

↓⊗

AABB (基因型纯合的早熟抗病新品种)

图 2-15 利用基因重组实现杂交育种示意图

2. 基因互作(图 2-16):产生新的性状

如:

P	RRss 感病品种	× ↓	rrSS 感病品种	
F_1		RrSs 抗病 ↓⊗		
F_2	R _S _	R _ss	rrS _	rrss
	9 抗病	:	7 感病	

↓⊗

……

↓⊗

RRSS (基因型纯合的抗病新品种)

图 2-16 利用基因互作实现杂交育种示意图

本章小结

孟德尔三大遗传规律包括分离规律、独立分配规律和连锁遗传规律。分离规律现象是显性性状和隐性性状在 F_2 群体植株中同时表现出来,且分离比例大致总是 3∶1。独立分配规律的实质是在控制这两对性状的两对等位基因分别位于不同的同源染色体上,在减数分裂形成配子时,每对同源染色体上的每一对等位基因发生分离,而位于非同源染色体上的基因之间可以自由组合,F_2 在表现型上出现 9∶3∶3∶1 的比例。孟德尔遗传研究发展中发现显隐性关系的相对性、非等位基因间的相互作用以及多因一效和一因多效等作用。连锁遗传规律是指在同一同源染色体上的非等位基因连在一起而遗传的现象。同源染色体的非姊妹染色单体之间的对应片段的交换,从而引起相应基因间的交换与重组。交换值(重组率)就等于交换型配子占总配子数的百分率。可通过测交法和自交法进行测算。三大遗传规律为育种选择和种子生产提供理论依据和指导作用。

数量性状的变异呈连续性，分离世代不能明确分组，采用统计学方法加以分析，容易受环境条件的影响，普遍存在基因型与环境的互作现象。通过数量性状遗传率的估算，来揭示性状在群体中传递能力，从而为育种的选择提供指导。

细胞质基因所决定的遗传现象和遗传规律叫作细胞质遗传，其遗传信息只能通过卵细胞传递给子代。雄性核质互作不育的遗传是细胞质遗传在作物育种中成功的应用。

思考题

1. 小麦毛颖基因(P)为显性，光颖基因(p)为隐性。写出下列各杂交组合的亲本基因型。

(1)毛颖×毛颖，后代全部为毛颖；

(2)毛颖×毛颖，后代3/4毛颖∶1/4光颖；

(3)毛颖×光颖，后代1/2毛颖∶1/2光颖。

2. 小麦无芒基因A为显性，有芒基因a为隐性。写出下列各杂交组合中F_1的基因型和表现型。每一组合的F_1群体中，出现无芒或有芒个体的机会是多少？

(1)AA×aa (2)AA×Aa (3)Aa×Aa (4)Aa×aa (5)aa×aa

3. 芝麻的花有单生型和三生型的相对差异（显性基因用A表示），叶子有正常叶与皱缩叶的相对差异（显性基因用B表示）。现有以下5组杂交试验结果，请据此资料写出各组合最可能的基因型。

组合号	亲本组合	子代的表现型及其个体数			
		单花 正常叶	单花 皱缩叶	三花 正常叶	三花 皱缩叶
(1)	单花、正常×三花、正常	362	113	0	0
(2)	单花、正常×三花、皱缩	211	0	265	0
(3)	单花、皱缩×三花、正常	78	90	84	88
(4)	单花、正常×三花、正常	318	98	328	104
(5)	单花、正常×单花、皱缩	110	113	33	36

4. 在豌豆中，蔓茎(T)对矮茎(t)是显性，绿豆荚(G)对黄豆荚(g)是显性，圆种子(R)对皱种子(r)是显性。现在有下列两种杂交组合，问它们后代的表型如何？

(1)TTGgRr×ttGgrr (2)TtGgrr×ttGgrr

5. 在大麦中，带壳(N)对裸粒(n)为显性，散穗(L)对密穗(l)为显性，现以带壳散穗的纯种大麦与裸粒密穗的纯种大麦杂交，F_1表现如何？让F_1与双隐性纯合体测交，其后代为：带壳散穗201株，裸粒密穗203株，带壳密穗20株，裸粒散穗18株。试问这两对基因是否连锁？为什么？交换值是多少？要使F_2（F_1自交产生的后代）出现纯合的带壳密穗个体的概率是多少？

6. 已知玉米中有两对等位基因L(有叶舌)l(无叶舌)和G(正常叶)g(油光叶)。两对基因杂合体自交，后代中产生了4种表型，其中无叶舌、油光叶的植株占16%。请问这两对基因是独立遗传的，还是连锁遗传？如果这两对基因是连锁遗传，其交换值是多少？

7. 质量性状和数量性状的区别在哪里？这两类性状的分析方法有何异同？
8. 基于对数量性状遗传本质的理解，叙述数量性状的多基因假说的主要内容。
9. 什么是普通遗传率和互作遗传率？它们在育种实践上有何指导意义？
10. 植物雄性不育主要有几种类型？其遗传基础如何？

第三章　遗传物质的变异

知识目标

1. 了解基因突变的机制和一般特征。
2. 了解染色体结构变异的类型、特征和遗传效应。
3. 了解染色体数目变异的类型、特征和遗传效应。

能力目标

1. 掌握基因突变的识别和鉴定方法。
2. 掌握染色体结构变异的细胞学鉴定方法。
3. 掌握植物多倍体的诱导和鉴定方法。

变异是指生物体子代与亲代之间以及子代不同个体之间的相异性，是生物有机体的属性之一。变异分两大类，即可遗传变异与不可遗传变异。现代遗传学表明，不可遗传的变异与进化无关，与进化有关的是可遗传变异，前者是由于环境变化而造成，不会遗传给后代，如由于水肥不足而造成的植株瘦弱矮小；后一变异是由于遗传物质的改变所致，其方式有突变（包括基因突变和染色体变异）与基因重组。可遗传变异是生物进化和育种工作的主要物质基础。

第一节　基因突变

基因是遗传物质的最小功能单位，是 DNA 分子链中具有特定遗传功能的一段核苷酸序列。基因结构的改变可能会导致其功能的变化，从而使生物的性状可能发生改变，产生可遗传变异。在产生可遗传变异的途径中，杂交导致的基因重组、染色体结构和染色体数目变异，都是原有基因重新组合的结果，而遗传物质没有发生本质上的改变。基因突变所产生的可遗传变异是由于基因的结构和功能变化而引起的，在性质上不同于以上所述的遗传变异途径。基因突变不仅是生物进化原材料的主要源泉，也是进行动植物品种遗传改良的基础。

一、基因突变的概念和特征

(一)基因突变的概念

基因突变主要指染色体上某一基因位点发生了分子结构的改变,由原来的某一基因突变为另一等位基因,也称点突变。携带突变基因的细胞或生物体,称为突变体,它是选育品种或新种质的原始材料。所以说基因突变是从一个基因突变为它的等位基因,并且产生一种新的基因型上的差异。例如,小麦的高秆基因 D 突变为矮秆基因 d,水稻的非糯性基因 Wx 突变为糯性基因 wx 等,这些性状的改变都是基因突变的结果。基因突变可以发生在生物生活周期的任何阶段,包括配子体世代和孢子体世代。

(二)基因突变的特征

1. 基因突变的重演性和可逆性

同一突变可以在同种生物的不同个体间多次发生,称为突变的重演性。玉米子粒 6 个基因,在多次试验中都出现过类似的突变,它们突变的频率也极其近似(表 3-1)。

表 3-1 玉米子粒 6 个基因的自然突变率

基因	表型	测定配子数	突变数	每百万个配子中平均突变数
R	子粒色	554 786	273	492.0
I	抑制色素形成	265 391	28	106.0
Pr	紫色	647 102	7	11.0
Su	非甜性	1 678 736	4	2.4
Y	黄胚乳	1 745 280	4	2.2
Sh	饱满粒	2 469 285	3	1.2

基因突变是可逆的。由一个显性基因 A 突变为隐性基因 a 为正突变;反之,由隐性基因 a 突变为显性基因 A 为反突变,或称回复突变。通常野生型基因突变为突变型基因是正向突变,而突变型基因通过突变成为原来的野生型状态,是回复突变。但是真正的回复突变(即回复到野生型的 DNA 序列)是很少发生的。多数所谓回复突变是指突变体所失去的野生型性状可以通过第二次突变而得到恢复,即原来的突变位点依然存在,但它的表型效应被第二位点的突变所抑制。一般情况下回复突变率总是显著低于正向突变率。

2. 基因突变的多方向性和复等位基因

基因突变的方向是不定的,往往可以多方向发生。例如,A 可以突变为 a,也可以突变为 a_1、a_2、a_3 等。a、a_1、a_2、a_3…对 A 基因来说都是隐性基因,同时 a、a_1、a_2 与 a_3 之间的生理功能和性状表现又各不相同。遗传试验表明,这些隐性基因彼此之间以及它们与 A 基因之间都存在对性关系,位于同一基因位点上。这些在基因位点上占有同一位置、但性状与功能各异的等位基因,在遗传学上称为复等位基因。由于复等位基因的存在,更进一步增加了生物的多样性,为生物的适应性和育种工作提供了丰富的种质资源。

人类的 ABO 血型，也是由一系列复等位基因决定的。A、B、O 血型是由 3 个复等位基因，即 I^A、I^B和 i 所控制，I^A、I^B对 i 均为显性，而 I^A和 I^B之间没有显隐性关系，是共显性。因此，它们之间共组成 6 种基因型和 4 种表现型(表 3-2)。

表 3-2 人类血型的表型和基因型

血型(表现型)	O	A	B	AB
基因型	ii	I^AI^A I^Ai	I^BI^B I^Bi	I^AI^B

虽然复等位基因的存在使基因突变具有多方向性，但基因突变受其本身特定化学基础所制约，所以基因突变的多方向性是相对的，即每个基因的突变方向并不是无限制的，而只能在一定的范围内发生。例如，菊花有黄、白、紫和粉红等颜色，但从未发现黑色的突变；水稻的颖壳有红色、深红和紫色等不同的颜色，但从未发现蓝色的突变。了解到突变的一定范围，有利于品种选育工作的进行。

3. 基因突变的有害性和有利性

大多数基因的突变，对生物的生长发育是有害的，因为现存的生物都是经历长期自然选择进化而来的，它们的遗传物质及其所控制下的代谢过程，都已达到相对平衡和协调状态。如果某一基因发生突变，原有的协调关系不可避免地要遭到破坏或削弱，生物赖以正常生活的代谢关系就会被打乱，从而引起程度不同的有害结果，一般表现为某种性状的缺陷或生活力和育性的降低，例如，果蝇的残翅、鸡的卷羽、人的镰刀型红细胞贫血症、色盲、植物的雄性不育等，严重的会导致死亡。这种能使生物体死亡的突变称为致死突变，大多数的致死突变为隐性致死。

植物中最常见的致死突变是隐性的白化突变，由于白化苗不能形成叶绿素，也就不能进行光合作用，因而当幼苗子叶中的养分耗尽时，则会立即死亡。其遗传表现如图 3-1 所示。也有少数为显性致死，显性致死突变在杂合状态下即会死亡。

P　　WW 绿株
　　↓突变发生
子一代　　Ww 绿株
　　↓自交
子二代　　WW 绿株　　Ww 绿株　　ww 白化苗

图 3-1 白化苗突变的遗传

有的基因突变对生物的生长发育也是有利的，例如，作物的抗病性、抗倒伏性、早熟性和耐旱性等，这些突变为生物进化提供了有利条件。例如，水稻从突变不育株中培育选得不育系，为杂交水稻的生产开辟了广阔的前景。

基因突变的有害性和有利性是相对的，在一定条件下可以相互转化。比如植物的高秆突变为矮秆，因其植株矮，受光不足，影响生长发育，表现为有害性；但在多风或高肥水地区却表现为较强的抗倒伏能力，生长更加茁壮，有害反而变为有利。

4. 突变的平行性

亲缘关系相近的物种由于遗传基础比较近似，往往发生相似的基因突变，这种现象称为基因突变的平行性。

根据突变的这个特点，当在某一属内发现某种变异类型时就可以预见与其近缘的其他种、属中也可能存在相似的变异类型。例如，小麦有早熟、晚熟变异类型，属于禾本科的其他作物如燕麦、玉米和高粱等也存在这些变异类型。基因突变平行性的存在，对人类选种或人工诱变育种具有一定的参考意义。

二、诱发基因突变的因素

（一）物理因素

在多种物理诱变因素中，应用最广泛并且行之有效的是射线。用于诱变的射线包括电离射线和非电离射线。

在诱变研究中，X 射线、γ 射线、α 射线、β 射线和中子等都是人们常用的电离射线。最早用于诱变的电离射线是 X 射线，后来人们发现 γ 射线的诱变效果比较好，于是 γ 射线成为人工诱变的首选射线。近年来，人们发现中子的诱变效果也很好，用中子进行诱变的研究日趋增多，但中子照射后的物体带有放射性，人体不能直接接触。α 射线一般不用，电离程度很大，内照射很危险。β 射线一般用于内照射（浸泡或注射）。研究表明，电离辐射诱发基因突变的频率，在一定范围内和辐射剂量成正比；电离辐射有累加效应，小剂量长期照射与大剂量短期照射的诱变效果相同。

紫外线携带的能量很小，穿透力弱，不足以引起物质的电离，属于非电离射线。物质吸收紫外线后，其组成分子由于电子的激发而变成激发分子，结果极易引起分子结构的改变。

（二）化学因素

一些化学物质和辐射一样能够引起生物体发生基因突变。通过对上千种化学物质的诱变作用进行研究，发现从简单的无机物到复杂的有机物，金属离子、生物碱、生长刺激素、抗生素、农药、灭菌剂、色素、染料等都可以诱发突变，但是诱变效果好的种类并不多。根据化学诱变剂对 DNA 作用方式的不同，可以将它们分为以下三类：

1. 碱基类似物

它们的分子结构与 DNA 分子中 4 种碱基的化学结构十分相似。在 DNA 分子复制时，这些碱基类似物能够以假乱真，作为 DNA 的组成成分掺入到 DNA 分子中，引起碱基配对错误，就会造成碱基对的替换，从而产生基因突变。常见的碱基类似物有 5-溴脲嘧啶、2-氨基嘌呤等。

2. 碱基修饰剂

有些化学诱变剂并不是掺入到 DNA 中，而是通过对碱基的化学结构进行修饰使其性质发生改变，从而引起特异性错配，如亚硝酸、羟胺和烷化剂等。

3. 插入突变剂

这类化合物主要是吖啶橙、原黄素、黄素等吖啶类染料，它们可以插入到 DNA 双螺旋双链或单链的两相邻碱基之间，使 DNA 分子在复制或转录时出现差错而导致突变。

（三）生物因素

某些病毒和细菌，一些逆转录病毒，如乙肝病毒将其自身的 DNA 导入到人细胞 DNA 中，引起基因突变。

第二节 染色体结构变异

染色体结构变异主要是因为染色体在断裂后重接过程中出现差错而形成的，所以染色体断裂是结构变异的前提，在细胞学里称为“先断后接”假说。在正常情况下，染色体的形态、结构和数目是相对稳定的，这是保证物种稳定和个体正常生长发育的前提。但是如果外界的自然条件，如营养、温度、生理等出现异常，或人为地用某些射线及化学药剂处理，或生物体的生理生化过程和代谢的失调、衰老等内因的变化及远缘杂交等，都有可能引起遗传物质及染色体结构变异。染色体结构变异有四种类型：缺失、重复、倒位和易位。

一、缺失

（一）缺失的概念及类型

缺失是指染色体本身丢失了某一片段。根据缺失片段的位置可将缺失分为顶端缺失、中间缺失和臂缺失 3 种类型。当染色体缺失的区段是某臂的外端时，称为顶端缺失；当染色体缺失的区段是某臂的内段时，称为中间缺失；染色体缺失有时很小，但有时会是整个臂，从而形成一个顶端着丝点染色体，这就是臂缺失。例如，某染色体各区段的正常直线顺序是 ab・cdef（・代表着丝点），缺失“ef”区段就称为顶端缺失染色体，如图 3-2 所示；缺失“de”就称为中间

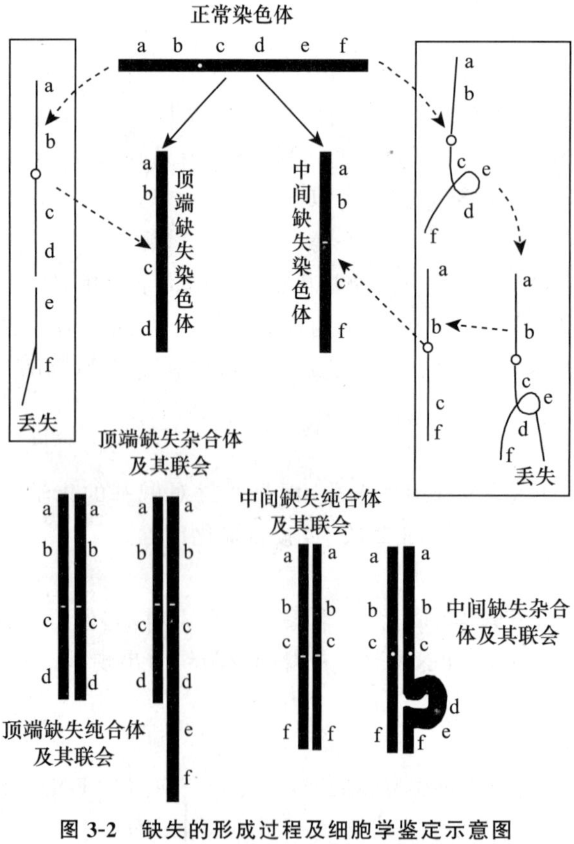

图 3-2 缺失的形成过程及细胞学鉴定示意图

缺失染色体；缺失“ab”区段或“cdef”区段就称为臂缺失。缺失的“ef”、“de”、“ab”或“cdef”区段无着丝点，称为断片。一般顶端缺失的染色体因其断裂端较难愈合，因而比较少见；而中间缺失染色体没有断头外漏，一般比较稳定，因而常见的缺失染色体多是中间缺失染色体。

如果在一个个体的细胞中，一对同源染色体的一条发生了缺失，另一条正常，那么该个体称为缺失杂合体；如果两条染色体发生同样的缺失，则称为缺失纯合体。

（二）缺失的细胞学鉴定

细胞学鉴定顶端缺失和微小的中间缺失是极为困难的。缺失纯合体在减数分裂时能正常联会和分离，二价体在偶线期和粗线期无特殊的构型出现。顶端缺失杂合体在减数分裂联会时，正常染色体某一区段因缺少同源区段不能联会。中间缺失杂合体在联会时，二价体会形成环形或瘤形突出(称为缺失环)(图 3-2)，这是正常染色体未缺失的区段因无法配对而向外突出引起的。

缺失环可以在显微镜下观察到。但是这个判断并不可靠，因为后面讲的重复杂合体联会时二价体也会出现类似的环或瘤，故这一特征不能作为区分中间缺失杂合体的唯一特征，必须参考其他形态指标(如染色体长度、着丝粒的位置等)加以鉴定。

（三）缺失的遗传效应

当染色体缺失一个区段后，该区段上所有的基因也会丢失。这对生物个体或细胞的正常生长发育及代谢是极为有害的，其有害程度取决于所丢失基因的数量及重要程度。缺失纯合体的生活力远较缺失杂合体的生活力低，一般难以成活。因为在缺失纯合体中缺失区段的基因全部丢失，缺失杂合体尚有一条正常的染色体。植物中含缺失染色体的配子体一般是败育的，花粉更是如此，胚囊的活性较花粉略强。因此，缺失染色体一般是通过雌配子传递给后代的。

缺失杂合体常表现假显性现象。这是因为在杂合体中，一条染色体缺失后，另一条同源染色体上的隐性基因就在表型上显现出来。例如在玉米中，与玉米植株颜色有关的一对基因 PL(紫)和 pl(绿)在第 6 染色体长臂的外段，紫株玉米(PLPL)与绿株玉米(plpl)杂交的 F_1 植株(PLpl)应表现为紫色。麦克林托克(B. McClintock，1931)曾用 X 射线照射的紫株玉米的花粉给绿株玉米授粉杂交，结果在子代的 734 株幼苗中出现了 2 株绿苗(图 3-3)。细胞学鉴定表明第 6 染色体上

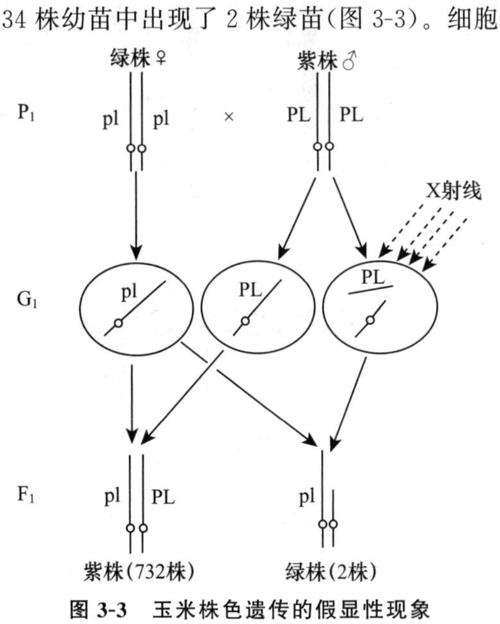

图 3-3　玉米株色遗传的假显性现象

载有 PL 基因的长臂外段发生缺失，而长成绿株是同源染色体上的对应位点 pl 隐性基因发生作用的结果。若不进行细胞学检查，则可能误认为是基因突变所致，即 PL 突变为 pl。

二、重复

(一)重复的概念及类型

重复指某一条染色体增加了与自身相同的某一区段，也是由染色体断裂和错接而产生的。根据重复区段的排列顺序及所处位置，可分为两种类型：顺接重复和反接重复。顺接重复是指重复区段按照自己在染色体上正常的直线顺序重复；反接重复是指重复区段在重复时直线顺序发生 180°颠倒。例如，某染色体的正常直线顺序是 ab · cdef，若“de”区段重复，则顺接重复是 ab · cdedef，反接重复是 ab · cdeedf(图 3-4)。重复和缺失总是伴随出现的，一对同源染色体之间的非对等交换，就能使一条染色体发生重复，而另一条染色体上发生缺失。

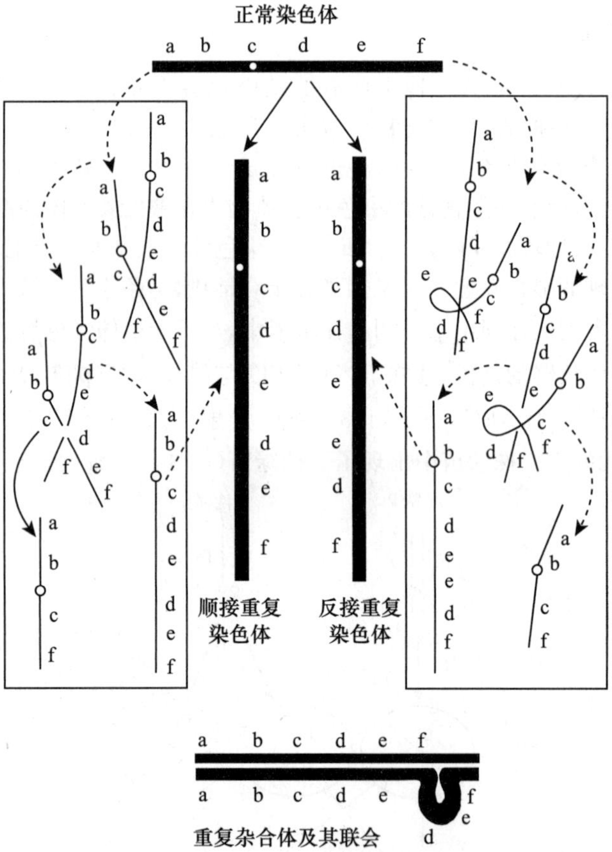

图 3-4 重复的形成过程及其细胞学鉴定

若一对同源染色体中，一条染色体正常，另一条染色体重复，由这种染色体构成的个体为重复杂合体；如果两条染色体双方发生相同的重复，则称为重复纯合体。

（二）重复的细胞学鉴定

可以用检查缺失染色体的方法检查重复染色体。若重复的区段较长，重复杂合体会出现环或瘤（图 3-4）。但要注意不能同缺失杂合体的环或瘤混淆，缺失杂合体的环或瘤发生在正常染色体上，而重复杂合体的环或瘤发生在重复染色体上。若重复的区段较短，联会时重复染色体的重复区段可能收缩一点，正常染色体在相对的区段可能伸长一点，镜检时就很难观察到该现象，因而还需要结合其他细胞学鉴定后才能确定。

（三）重复的遗传效应

生物体对重复的忍受能力比缺失要高，但由于增加了一个额外的染色体片段，也就是增加了一些多余的基因，因而扰乱了基因间固有的平衡关系，重复区段上的基因在重复杂合体的细胞内是 3 个，在重复纯合体内是 4 个。重复对表型的影响主要有剂量效应和位置效应。剂量效应是指同一种基因对表型的作用随基因数目的增多而呈一定的累加增长。位置效应是指由于重复区段排练位置的不同而引起的遗传差异。

重复造成表型变异最典型的例子是果蝇 X 染色体上 16 区 A 段基因决定的棒眼遗传。野生型果蝇的复眼大约由 780 个红色小眼组成，成卵圆形。如果一条 X 染色体的 16 区 A 段重复一次则成为重复杂合体，其红色小眼数降到 358 个左右，这些红色小眼出现在复眼当中，好像一根凹凸不平的粗棍棒，称棒眼；若两条 X 染色体都重复了一次则成为重复纯合体，则红色小眼数减少到 68 个左右，棒眼更为细长。果蝇眼睛的红色小眼数随 X 染色体 16 区 A 段重复的增多而减少，显示了明显的剂量效应。但在总数相同的重复中，重复区段排列位置的不同也会引起表型的差异，当一对同源染色体的每一条都有一次重复时，红色小眼数为 68 个，但当两次重复都集中在一条染色体上时，虽然重复次数相同，但其红色小眼数目减为 45 个，棒眼成为更细的条形，称为重棒眼或加倍棒眼，这就是重复引起的位置效应（图 3-5）。

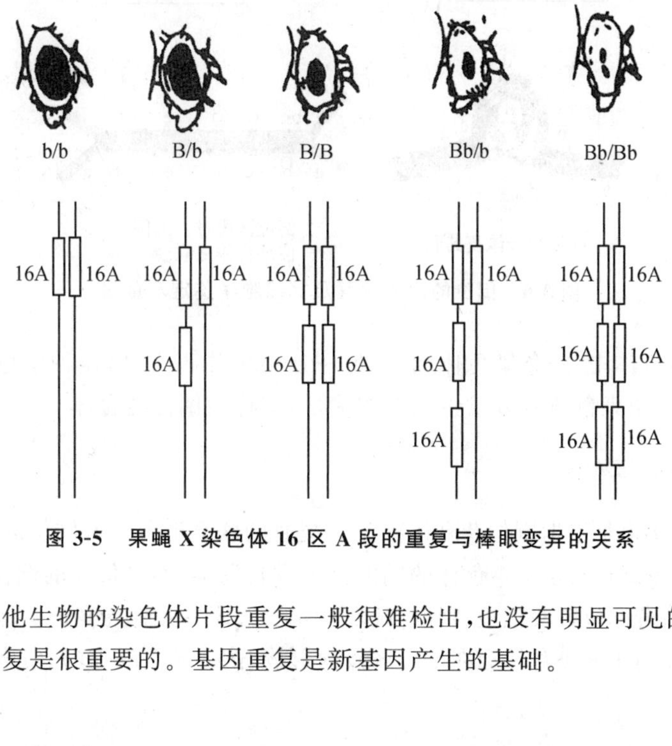

图 3-5 果蝇 X 染色体 16 区 A 段的重复与棒眼变异的关系

除果蝇外，其他生物的染色体片段重复一般很难检出，也没有明显可见的表型效应。但从进化观点来看，重复是很重要的。基因重复是新基因产生的基础。

三、倒位

(一)倒位的概念及类型

倒位是指一个染色体的某一区段发生断裂后,中间的断片反转 180°重新接上的现象。根据倒位的区段是否包含着丝点,可分为臂内倒位和臂间倒位两种类型。前者的倒位区段不包括着丝点,仅在着丝点一侧的臂内发生;后者的倒位区段则包括着丝点在内。如正常的染色体是 abc·defg,则 abc·dfeg 为臂内倒位染色体;而 abde·cfg 为臂间倒位染色体(图 3-6)。

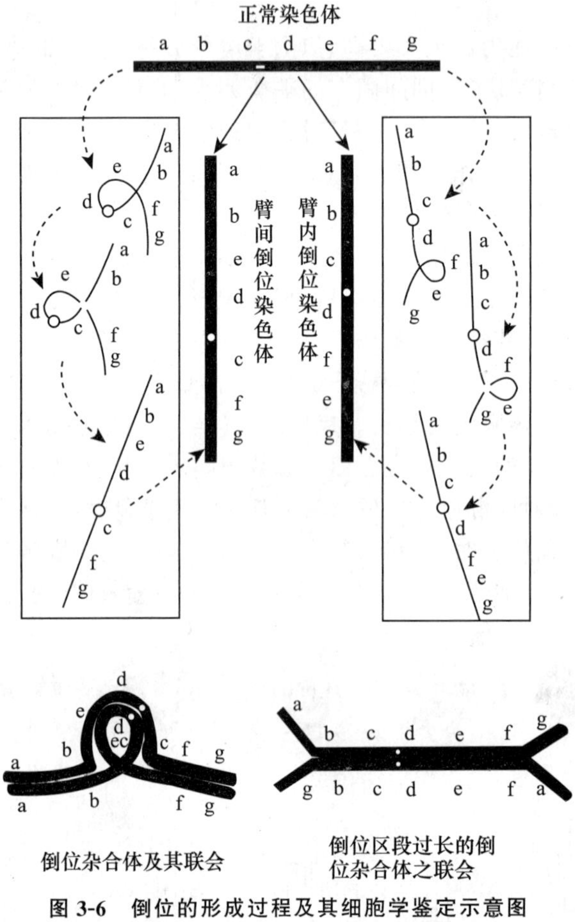

图 3-6 倒位的形成过程及其细胞学鉴定示意图

若一对同源染色体中,一条染色体倒位,另一条染色体正常,由这种染色体构成的个体为倒位杂合体;如果两条染色体双方发生同样的倒位,则称为倒位纯合体。

(二)倒位的细胞学鉴定

鉴别倒位的方法也是根据倒位杂合体减数分裂时的联会形象。若倒位区段过长,则倒位染色体的倒位区段可能反转与正常染色体的同源区段进行联会,而二价体的倒位区段以外的部分只能处于分离状态;若倒位区段很短,则倒位区段不配对,难于从细胞学上鉴别;若倒位区段长度适中,则倒位染色体与正常染色体会在倒位区段内形成“倒位圈”(图 3-6),但该倒位圈与缺失、重复所形成的环或瘤有明显的差异，倒位圈是由一对染色体形成的，而后者是由单个染色体形成的。

（三）倒位的遗传效应

倒位杂合体在减数分裂粗线期，如果在倒位区段范围内发生一次非姊妹染色单体间的交换，最终形成含有缺失染色体或缺失重复染色体的配子，这些配子将是不育的，所以倒位杂合体往往表现为部分不育。虽然染色体倒位并不显著地影响生物体的外部形态和生理功能，但由于倒位可以改变有关连锁基因之间的交换值，改变基因的位置，产生物种之间的差异，因此它在物种进化上具有重要的作用。

四、易位

（一）易位的概念及类型

易位是指一条染色体的某一区段错接到非同源的另一条染色体上的现象。缺失、重复和倒位都是同源染色体结构变异，易位则是一种非同源染色体间交换片段的变异。

由于染色体断片转移方向的不同，易位分为相互易位和简单易位两种类型。如果两条非同源染色体互相交换染色体片段，称为相互易位；如果只有一条染色体的某一区段移接到另一非同源的染色体上，则称为简单易位。假设 ab・cde 和 wx・yz 是两条非同源染色体，则 wx・ydz 是简单易位染色体，而 ab・cz 和 wx・yde 就是两条相互易位染色体（图 3-7）。简单易位比较少见，

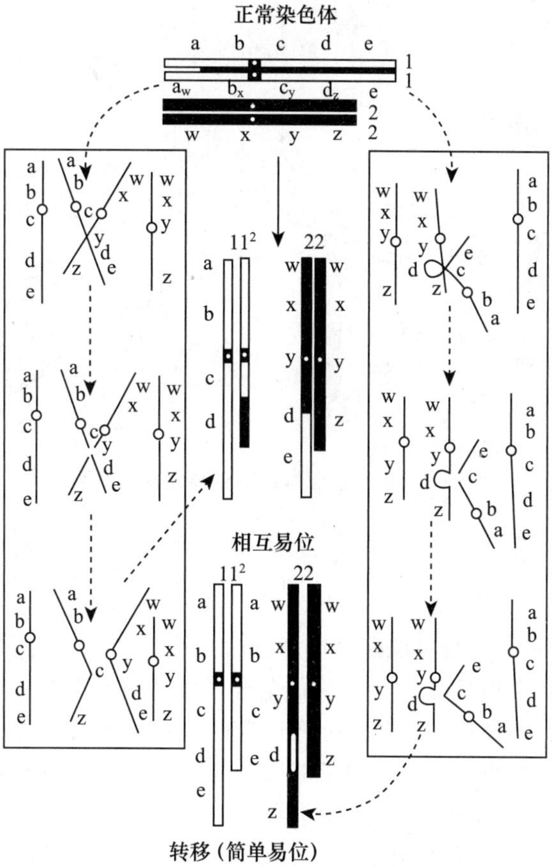

图 3-7 易位的类型及其形成过程示意图

常见的是相互易位。

两对同源染色体中，有两条为正常染色体，另两条为相互易位染色体，称为易位杂合体；如果两对同源染色体都是同样的相互易位染色体，称为相互易位纯合体(图 3-7)。

(二)易位的细胞学鉴定

从细胞学上鉴定易位，仍是根据易位杂合体在细胞减数分裂时染色体的联会现象来判断。易位杂合体在显微镜下容易识别，因为在减数分裂粗线期，涉及相互易位的这两对非同源染色体会形成“十”字形图像(图 3-8)。到了终变期，纺锤丝向两极牵引，由于交叉端化而形成由四条染色体组成的“四环体”。到了中期Ⅰ，“四环体”在赤道板上可排列成“∞”字形或“O”字形，各占 50%。若排列成“∞”字形，后期交替式分离，产生配子是可育的；若排列成“O”字形，后期相邻式分离产生的配子不育。

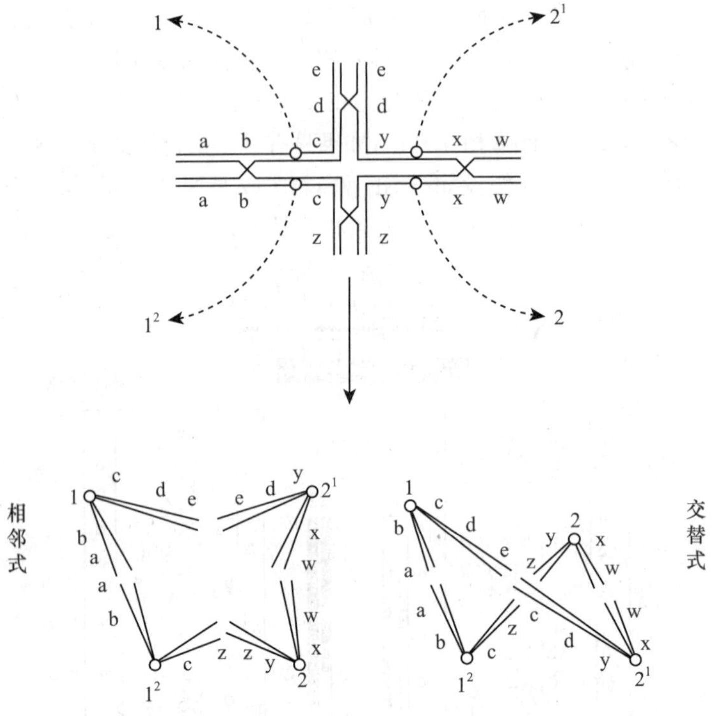

图 3-8　易位杂合体的联会和分离示意图

(三)易位的遗传效应

易位的一个显著遗传效应是易位杂合体植株的半不育性，即有半数花粉是不育的，胚囊也有半数是不育的，所以结实率只有 50%。易位杂合体植株的半不育性是由于减数分裂后期Ⅰ的两种分离方式造成的(图 3-8)。相邻式分离产生的小孢子和大孢子都只能形成不育的花粉和胚囊，交替式分离产生的小孢子和大孢子都可成为可育的花粉和胚囊。由于这两种分离方式发生的概率大致各占 50%，因而导致杂易位植株的半不育性。

易位使易位杂合体邻近易位接合点的一些基因间的重组值有所下降，这是易位杂合体联会不紧密造成的。易位还可导致染色体融合，引起染色体数目变异。易位促进生物进化和导致新物种形成。目前已知道，许多植物的变种或变系就是由于染色体在进化过程中连续发生易位造成的，例如直果曼陀罗的近 100 个变种就是不同染色体易位的结果。

第三节 染色体数目变异

每种生物细胞中的染色体数目一般是恒定的，因为染色体数目的稳定对于保持物种的稳定是十分重要的。然而，生物体染色体数目同基因、染色体结构一样，稳定是相对的，变异是绝对的。在自然因素和人工诱变因素作用下，生物体细胞中的染色体数目也会发生变异，从而导致生物性状、育性、生活力等的一系列变异，甚至产生新的物种。

19 世纪末 20 世纪初，人们从普通月见草中发现了染色体数目加倍的巨型月见草新种，从而启发人们开始认识并研究染色体数目变异。染色体数目变异包括整倍体和非整倍体两类，整倍体包括染色体数目按一定基数成倍地增、减分别产生的多倍体和单倍体，非整倍体包括由个别染色体数目的增、减分别产生的超倍体和亚倍体。

一、染色体倍性变异

在自然界中，大多数真核生物的体细胞中含有两套染色体，我们称之为二倍体。二倍体生物的正常配子中含有的一套染色体称为染色体组，通常以“X”表示；整倍体是体细胞的染色体数为基本染色体组(X)整数倍的个体。同一染色体组的各个染色体的形态、结构和连锁基因群都彼此不同，但它们构成一个完整而协调的遗传体系，缺少其中的任何一个都会造成不育或性状的变异，这就是染色体组的特征。玉米是二倍体($2n=20$)，其染色体组 $X=10$。具有 3 个或 3 个以上染色体组的生物体或细胞，如 $3X$、$4X$、$5X$…分别称为三倍体、四倍体、五倍体等，统称为多倍体。在多倍体中，其染色体组均来自同一物种的称为同源多倍体，其染色体组来自不同物种的称为异源多倍体。

(一)多倍体

1. 同源多倍体

所谓同源多倍体是由同一物种的染色体组加倍而成的多倍体，即体细胞中所有染色体组都来自同一物种。自然发生或诱发产生的同源多倍体主要有同源四倍体和同源三倍体。常见的是同源四倍体。

一般来说，染色体数目加倍会导致细胞生化活动大大增强，因而表现为细胞和器官变大，细胞内含物增加。例如，二倍体的水稻加倍成为同源四倍体之后，比原来的水稻植株要高大，叶片宽，穗子长，子粒大，花粉粒、叶肉细胞、保卫细胞和气孔的体积都显著增加。同源多倍体除了与二倍体相比具有形态上的变化外，生理生化代谢也有明显改变。例如，二倍体的大麦加倍成为同源四倍体之后，子粒的蛋白质含量比二倍体原种增加 10%～12%；玉米同源四倍体子粒中的类胡萝卜素含量比二倍体增加 40%以上；四倍体番茄所含维生素 C 比二倍体多 1 倍。这与同源多倍体基因剂量效应有关。

同源四倍体的每个同源组都含有 4 条同源染色体，在配子形成过程中，4 条同源染色体不是完全平衡分配，而是存在这样那样的不均衡分离，势必造成同源四倍体配子内染色体数和组合成分的不平衡，从而造成同源四倍体的部分不育及其子代染色体数的多样性变化。研究发现，与二倍体相比，同源四倍体玉米的育性一般下降 5%～20%。因而，无论是天然形成的还是人工培育的同源四倍体大多是无性繁殖。

同源三倍体的出现大多是减数分裂不正常，由未经减数分裂的配子($2n$)与正常配子(n)受精形成。同源三倍体的配子染色体组合成分不平衡，使配子中各类染色体固有的比例关系改变。因此，同源三倍体是高度不育的。同源三倍体的高度不育性在生产上有很好的应用价值。人工创造的同源三倍体葡萄和同源三倍体西瓜($2n=33$)、三倍体甜菜已在生产上利用。同源三倍体甜菜含糖量远高于二倍体，三倍体葡萄和西瓜则产生无籽的果实。由于三倍体高度不育，不能留种，故同源三倍体必须年年制种供生产上应用。

2. 异源多倍体

所谓异源多倍体是指来自不同种、属的染色体组构成的多倍体或者说由不同种、属个体杂交得到的 F_1 再经染色体加倍得到的多倍体。在原有的种间杂种中，每一物种的染色体组成单存在，而且表现高度不育。经过加倍，每一物种的染色体组才成双存在，并表现为正常可育。如一粒小麦与拟斯卑尔脱山羊草杂交，将杂种进行染色体加倍，形成新的异源四倍体与二倍体方穗山羊草杂交，将形成的杂种再进行染色体加倍形成异源六倍体种，最终演化成普通小麦。普通小麦的两个染色体组来自一粒小麦，两个染色体组来自拟斯卑尔脱山羊草，两个染色体组来自方穗山羊草，其染色体组是成对存在的，因而正常可育。我国遗传学家鲍文奎将普通小麦(具有 A、B、D 三种基因组)和黑麦(具有 R 基因组)杂交得到的 F_1，经过染色体加倍后，得到具有 A、B、D、R 各两个基因组且正常可育的八倍体小黑麦，国际公认为它是植物分类学上的一个新属，命名为小黑麦属。八倍体小黑麦在农艺性状上兼具普通小麦和黑麦的一些优点。

(二)单倍体

1. 单倍体的类型

单倍体是指体细胞内具有正常配子染色体数(n)的个体。二倍体植物产生的单倍体，体细胞中仅含有一个染色体组，这种单倍体为一倍体(单元单倍体)。由异源多倍体植物产生的单倍体，含有多个不同的染色体组，称为多元单倍体。普通小麦的单倍体含 A、B 和 D 三个染色体组，为多元单倍体。

与正常的二倍体相比，单倍体植株很小，生活力很弱，而且高度不育。不育的原因是由于减数分裂时没有同源染色体的配对，没有配对的染色体只能随机分配到子细胞中，所形成的配子几乎都是染色体不平衡的。例如，一个含有 10 个染色体的单倍体，在第一次减数分裂中产生的每个子细胞中，可以得到从 0～10 的任何染色体数。要得到一个具有 10 条染色体的正常可育配子的概率将是 $(1/2)^{10}=1/1\,024$，而且要使这样两个雌雄配子结合的概率就更小，所以单倍体几乎是完全不育的。但是单倍体在遗传学上的研究和育种实践上都有重要价值。

2. 单倍体的应用

在遗传学上可以利用单倍体进行基因突变、基因与环境互作以及数量遗传的研究，也可以进行物种起源以及基因的性质与作用等研究。在育种实践上一方面可直接通过染色体加倍获得纯合体，从而缩短育种年限；另一方面可以利用单倍体个体进行人工诱变，由于是单基因，诱变后在当代就能发现变异类型，从而提高诱变效果。

二、非整倍体

真核生物在减数分裂过程中受到射线照射时，有些细胞可能发生同源染色体不分离等异常现象，导致染色体分配不平衡，从而形成一部分染色体数目为 $n-1$ 或 $n+1$ 的配子。这些异常配子同染色体数目为 n 的正常配子结合，便有可能产生染色体数目为 $2n-1$ 或 $2n+1$ 的个体，这样一些个体称为非整倍体。正常的 $2n$ 个体称为双体。在非整倍体的范围内，常常把染色体数少于 $2n$ 的个体称为亚倍体，把染色体数多于 $2n$ 的个体称为超倍体。

(一)亚倍体

1. 单体

单体是指在 $2n$ 染色体数目的基础上，缺少一条染色体的个体，用 $2n-1$ 表示。烟草的单体与正常的双体之间，以及不同染色体的单体之间，在花冠、花萼、蒴果、植株大小以及发育速度、叶绿素含量等方面，都表现出了差异。单体有一条成单的染色体，在减数分裂过程中单价体容易被遗弃在细胞质中，从而形成育性很差或没有育性的配子。所以二倍体群体内出现的单体一般都不孕。单体主要存在于异源多倍体植物中。

2. 缺体

缺体是指在 $2n$ 染色体数目的基础上，缺少一对同源染色体的个体，用 $2n-2$ 表示。单体自交能够分离出缺体，与单体一样，只有异源多倍体物种才能分离出缺体，有些物种，如普通烟草的单体后代分离不出缺体，原因是缺体在幼胚阶段死亡。缺体能产生一种 $n-1$ 配子，因此育性更低。可育的缺体一般都各具特征，如小麦的3D染色体同源组缺失，$2n-\text{II}^{3D}$ 的子粒为白色，5A染色体的缺体 $2n-\text{II}^{5A}$ 就发育为斯卑尔脱小麦的穗型等。缺体一般生长势较弱，经常约有半数是不育的。

单体和缺体都是应用于遗传分析上的重要材料。利用小麦单体、缺体材料通过杂交可以鉴定某品种的有关基因所在的染色体。

(二)超倍体

1. 三体

三体是指在 $2n$ 染色体数目的基础上，多出一条染色体的个体，用 $2n+1$ 表示。三体的来源和单体一样，主要是减数分裂异常，三体减数分裂时，理论上应该产生含有 n 和 $n+1$ 两种相同数目染色体的配子，而事实上因为多出来的一条染色体在后期Ⅰ常有落后现象，致使 $n+1$ 型的配子通常少于50%，一般情况下，$n+1$ 型的雄配子不易成活，很少能与雌配子结合，所以，$n+1$ 型配子大多是通过卵细胞遗传的。

2. 四体

四体是指在正常 $2n$ 染色体数目的基础上，增加了和自己相同的一对同源染色体的生物体，用 $2n+2$ 表示。绝大多数四体是在三体的子代群体内找到的。由于四体在减数分裂时，染色体首先联会，然后经过交换进行分离，分离时大多数发生完全均衡分离，故可产生 $n+1$ 的配子，四体自交后代会分离出四体，甚至有的完全是四体，可见，四体比三体稳定的多。四体的基因分离同同源四倍体。

染色体结构变异和数目的变异都是可遗传的，因此对其有利的变异在育种上可以加以利用，甚至人为地诱发生物产生变异，从而选择培育获得新品种。例如诱变育种、单倍体育种、多倍体育种都已在各自领域内取得了许多成就。三倍体无籽西瓜已开始大面积推广，诱导多倍体的产生，也是克服远缘杂交不结实的重要方法。

应用案例——常染色体异常遗传病

染色体异常遗传病在自发性流产、死胎、早夭中占50%以上，新生儿中发病率约为1%，是性发育异常及男女不孕不育症的重要原因，也是先天性心脏病、智能发育不全等的重要原因之一。随着染色体分带技术、PCR技术、DNA检测技术等的发展，对染色体畸变与疾病关系的认识日益加深，染色体病日趋增多。综合许多国家的资料，大约有15%的妊娠发生流产，而其中一半为染色体异常所致，即为5%～8%的胚胎有染色体异常。不过在出生前，90%以上已有自然流产或死产。流产愈早，有染色体异常的频率愈高。

人类正常的染色体是46条，当染色体数目出现异常时常诱发遗传病。先天愚型是最主要的染色体疾病。英国医生 Langdon Down 首先描述，故称为 Down 综合征（唐氏综合征）。1959年，法国细胞遗传学家 Lejeune 证实此病的病因是多了一个小的G组染色体（后来确定为21号），故此病又称为21三体综合征。

新生儿中21三体综合征的发病率约为1/800或1.25%，但男性患儿多于女性。母亲年龄是影响发病率的重要因素。根据国外资料，如果一般人出生时的母亲年龄平均28.2岁，则本病患儿母亲平均年龄为34.4岁，如母龄20岁后为1∶2 000，35岁后为1∶300，40岁后为1∶100，45岁后升至1∶50。

先天愚型患儿出生时体重和身长偏低，肌张力低下，突出的是颅面部畸形，头颅小而圆，枕部扁平，脸圆而扁平，鼻扁平，眼距过宽，内眦赘皮明显，常有斜视，虹膜时有白斑点，常见晶状体混浊，嘴小唇厚，舌大外伸，耳小，耳位低，耳廓畸形，颈背部短而宽，有多余的皮肤，由于软骨发育差，患者四肢较短，手宽而肥，通贯掌，指短，第5指常内弯，短小或缺小指中节，皮纹也有一定的特点，腹肌张力低下而膨胀，故常有腹直肌分离或脐疝，约1/2以上的患者有先天性心脏病，主要是室间隔缺损、房室道连通和运脉导管未闭，消化道畸形如十二指肠狭窄、巨结肠、直肠脱垂及肛门闭锁等也偶尔可见。

本章小结

基因突变和染色体变异是生物产生可遗传变异的主要原因之一。

基因突变是指染色体上某一基因位点发生了分子结构和功能的改变，形成了与原来基因成对性的等位基因。基因突变的特征有重演性和可逆性、多方向性和复等位基因、有害性和有利性以及基因突变的平行性。诱发基因突变的因素包括物理因素、化学因素和生物因素。利用基因突变可以选育出优良品种，还可以应用在病虫害防治方面，有科学研究和生产上的实际意义。

染色体结构变异主要是染色体在断裂后重接的过程中发生错误而形成的。染色体结构变异的4种类型是缺失、重复、倒位和易位。倒位和易位是生物进化的因素之一。

染色体数目变异分为整倍体和非整倍体两大类。整倍体变异的类型有单倍体和多倍体，多倍体又有同源多倍体和异源多倍体。非整倍体的变异类型也很多，本章介绍了单体、缺体、三体和四体。染色体数目变异在育种实践上有较大的应用价值。

思考题

1. 隐性突变与显性突变在性状表现和纯合体的分离速度上有何不同？为什么正突变大于反突变？

2. 某植株是AA显性纯合体，如用隐性aa纯合体的花粉给其授粉，在500株杂种一代中，有2株表现为aa，如何解释和证明这个杂交结果？

3. 小麦有 $2n=6X=42$ 条染色体，试写出下列细胞中染色体组成和数目：

(1)单体　(2)单倍体　(3)四体　(4)缺体

4. 易位和其他3种类型结构变异有何不同？一对同源染色体的对等交换，染色体会发生变化吗？

5. 自然界导致生物染色体数目变异的原因有哪些？

6. 染色体数目变异在生物进化研究中有何意义？

7. 同源多倍体在作物育种上有何应用价值？

第四章　作物种质资源和引种

知识目标

1. 了解种质资源和引种在作物育种中的意义和重要性。
2. 掌握种质资源的概念、种质资源的类别和特点。
3. 掌握种质资源的保存方式。
4. 掌握作物引种的基本原理和引种规律。

能力目标

1. 能够分析不同地区间引种的可行性。
2. 学会收集和保存种质资源。

第一节　作物种质资源

一、作物种质资源的概念及类型

作物种质资源，是指选育作物新品种的基础材料，包括作物的栽培种、野生种和濒危稀有种的繁殖材料，以及利用上述繁殖材料人工创造的各种遗传材料，其形态包括果实、子粒、苗、根、茎、叶、芽、花、组织、细胞和DNA、DNA片段及基因等有生命的物质材料。

作物种质资源一般可按其来源、生态类型、亲缘关系、育种实用价值进行分类。从遗传和育种的角度，按亲缘关系与育种实用价值进行划分较为合理。

(一)按亲缘关系分类

Harlan和Dewet(1971)按亲缘关系，即彼此间的可交配性与转移基因的难易程度，将种质资源分为三级基因库：

1. 初级基因库

库内的各资源材料间能相互杂交，正常结实，无生殖隔离，杂种可育，染色体配对良好，基因转移容易。

2. 次级基因库

此类资源间的基因转移是可能的，但存在一定的生殖隔离，杂交不结实或杂种不育，必须借助特殊的育种手段才能实现基因转移。如大麦与球茎大麦。

3. 三级基因库

亲缘关系更远的类型。彼此间杂交不结实、杂种不育现象更明显，基因转移困难。如水稻与大麦、水稻与油菜。

(二)按育种实用价值分类

1. 地方品种

一般指在局部地区栽培的品种，多数未经过现代育种技术的遗传修饰，所以又称农家品种。其中有些材料虽有明显的缺点但具有稀有可利用特性，如特别抗某种病虫害、特别的生态环境适应性、特别的品质性状以及一些目前看来尚不重要但以后可能特别有利用价值的特殊性状。

2. 育成品种

指那些经现代育种技术改良或选育而成的品种，包括自育或引进的品种。由于其具有较好的丰产性与较广的适应性，一般被用作育种的基本材料。

3. 原始栽培类型

指具有原始农业性状的类型，大多为现代栽培作物的原始种或参与种。多有其独得的特点，且其不良性状表现明显。现在存在的已很少，多与杂草共生，如小麦的二粒系原始栽培种、一年生野生大麦等。

4. 野生近缘种

指现代作物的野生近缘种及与作物近缘的杂草，包括介于栽培类型和野生类型之间的过渡类型。这类种质资源通常具有作物所缺少的某些抗逆性，可通过远缘杂交及现代生物技术导入作物中。

5. 人工创造的种质资源

杂交后代、突变体、远缘杂种及其后代、合成种等。这些材料多具有某些缺点而不能成为新品种，但其有一些明显的优良性状。

二、种质资源的作用

种质是亲代传给子代的遗传物质，是控制生物本身遗传和变异的内在因子。种质资源是经过长期自然演化和人工创制而形成的一种重要自然资源，它在漫长的生物进化过程中不断充实和发展，积累了由自然选择和人工选择所引起的极其丰富的遗传变异，蕴藏着控制各种性状的基因，形成了各类优良的遗传性状及生物类型。长期的育种实践已让种质资源在作物育种中的物质基础作用与决定性作用表现得非常明显。农业生产上，突破性品种的培育成功往往与某一新的种质资源的发现有关，例如，我国杂交水稻培育成功就与野败不育株的发现密不可分。

种质资源在作物育种中的作用主要表现在以下几方面：

(一)种质资源是现代育种的物质基础

作物品种是在漫长的生物进化与人类文明过程中形成的。在这个过程中，野生植物先被驯化成多样化的原始作物，经种植选育变为各色各样的地方品种，再通过不断的自然选择与人工选择而育成符合人类需求的各类新品种。正是由于已有种质资源具有满足不同育种目标所需要的多样化基因，才使得人类的不同育种目标得以实现。

在作物育种中，提供育种目标性状基因的作物类型、品种和野生植物，仅是种质资源的一小部分。从实质上看，作物育种工作就是按照人类的意图对多种多样的种质资源进行各种形式的加工改造，而且育种工作越向高级阶段发展，种质资源的重要性就越加突出。现代育种工作之所以取得显著的成就，除了育种途径的发展和采用新技术外，关键还在于广泛地搜集和较深入研究、利用优良的种质资源。育种工作者拥有种质资源的数量与质量，以及对其研究的深度和广度是决定育种成效的主要条件，也是衡量其育种水平的重要标志。

（二）稀有特异种质对育种成效具有决定性的作用

作物育种成效的大小，在很大程度取决于所掌握的种质资源数量和对其性状表现及遗传规律的研究深度。从世界范围内近代作物育种的显著成就来看，突破性品种的育成及育种上大的突破性成就几乎都决定于关键性优异种质资源的发现与利用。如水稻籼稻矮源低脚乌尖、小麦矮源农林 10 号与世界范围的“绿色革命”；抗根结线虫的北京小黑豆与美国大豆生产；水稻矮源矮脚南特和矮子粘与我国水稻的矮秆育种等事实说明，这些特异种质资源对新品种选育和社会发展起到了不可替代的作用。

（三）新的育种目标能否实现决定于所拥有的种质资源

作物育种目标不是一成不变的，人类文明进程的加快和社会上物质生活水平的不断提高对作物育种不断提出新的目标。新的育种目标能否实现决定于育种者所拥有的种质资源。如人类特殊需求的新作物、适于农业可持续发展的作物新品种等能否实现就决定于育种者所拥有的种质资源。种质资源还是不断发展新作物的主要来源，现有的作物都是在不同历史时期由野生植物驯化而来的。从野生植物到栽培作物，就是人类改造和利用植物资源的过程。随着生产和科学的发展，现在和将来都会继续不断地从野生植物资源中驯化出更多的作物，以满足生产和生活日益增长的需要。如在油料、麻类、饲料和药用等植物方面，常常可以从野生植物中直接选出一些优良类型，进而培育出具有经济价值的新作物或新品种，没有这些种质资源，新作物将无从获得。

（四）种质资源是生物学理论研究的重要基础材料

种质资源不但是选育新作物、新品种的基础，也是生物学研究必不可少的重要材料。不同的种质资源，各具有不同的生理和遗传特性，以及不同的生态特点，对其进行深入研究，有助于阐明作物的起源、演变、分类、形态、生态、生理和遗传等方面的问题，并为育种工作提供理论依据，从而克服盲目性，增强预见性，提高育种成效。

三、种质资源的收集、保存和利用

种质资源的研究内容包括收集、保存、鉴定、创新和利用，在相当长的时期内我国农作物品种资源研究工作重点仍将是 20 字方针，即“广泛收集、妥善保存、深入研究、积极创新、充分利用”。

(一)种质资源的收集

收集种质资源的方法主要有 4 种,即考察收集、征集、交换和转引。由于采取了各种方式搜集种质资源,到 2013 年,中国农业科学院国家种质库中保存的主要作物种质资源总数已逾 42 万份。

考察收集是指到野外实地考察收集,多用于收集野生近缘种、原始栽培类型与地方品种。考察收集是获取种质资源的最基本的途径,常用的方法是有计划的在国内外进行考察收集。除了到作物起源中心和各种作物野生近缘种众多的地区去考察采集外,还可以到本国不同生态地区考察收集。为了尽可能全面地搜集到客观存在的遗传多样性类型,在考察路线的选择上要注意:①作物本身表现不同的地方,如熟期、抗性等;②地理生态环境不同的地方,如地形、地势、气候、土壤类型等;③农业技术条件不同的地方,如灌溉、施肥、耕作、栽培、收获、脱粒方面的习惯不同;④社会条件,如务农、游牧等不同。

为了能充分代表收集地的遗传变异性,收集的资源样本要求有一定的群体大小。如自交草本植物至少要从 50 株上采取 100 粒种子;而异交的草本植物至少要从 200～300 株上各取几粒种子。收集的样本应包括植株、种子和无性繁殖器官。采集样本时,必须详细记录品种或类型名称,产地的自然、耕作、栽培条件,样本的来源(如荒野、农田、农家庭院、乡镇集市等),主要形态特征、生物学特性和经济性状、群众反映及采集的时间、地点等。

征集是指通过通讯方式向外地或外国有偿或无偿索求所需要的种质资源,征集是获取种质资源花费最少、见效最快的途径。交换是指育种工作者彼此互通各自所需的种质资源。转引一般指通过第三方获取所需要的种质资源,如我国小麦 T 形不育系就是通过转引方式获得的。由于国情不同,各国收集种质资源的途径和着重点也有异。资源丰富的国家多注重本国种质资源收集,资源贫乏的国家多注重外国种质资源征集、交换与转引。美国原产的作物种质资源很少,所以从一开始就把国外引种作为主要途径。

(二)收集材料的整理

收集到的种质资源,应及时整理。首先应将样本对照现场记录,进行初步整理、归类,将同种异名者合并,以减少重复;将同名异种者予以订正,进行科学的登记和编号。如美国是将国外引进的种子材料由植物引种办公室负责登记,统一编为 P. I. 号(plant introduction)。中国农业科学院国家种质库对种质资源的编号办法如下:①将作物划分成若干大类。Ⅰ代表农作物;Ⅱ代表蔬菜;Ⅲ代表绿肥、牧草;Ⅳ代表园林、花卉。②各大类作物又分成若干类。1 代表禾谷类作物;2 代表豆类作物;3 代表纤维作物;4 代表油料作物;5 代表烟草作物;6 代表糖料作物。③具体作物编号。1A 代表水稻;1B 代表小麦;1C 代表黑麦;2A 代表大豆等。④品种编号。1A00001 代表水稻某个品种,1B00001 代表小麦某个品种,1C00001 代表黑麦某个品种等。此外,还要进行简单的分类,确定每份材料所属的植物分类学地位和生态类型,以便对收集材料的亲缘关系、适应性和基本的生育特性有概括的认识和了解,为保存和进一步研究提供依据。

(三)种质资源的保存

保存种质资源的目的是维持样本的一定数量与保持各样本的生活力及原有的遗传变异

性。从狭义上讲,保存主要采用自然(原生境保存)保存和种质库保存相结合的办法。原生境保存是指在原来的生态环境中,就地进行繁殖保存种质,如建立自然保护区或天然公园等途径保护野生及近缘植物物种。非原生境保存是指种质保存于该植物原生态生长地以外的地方,如低温种质库的种子保存,田间种质库的植株保存,以及试管苗种质库的组织培养物保存等。我国已初步建成了种质库保存体系,即国家在中国农科院品种资源研究所建成的国家长期库和青海复份长期库。此外,还有中国农科院专业所的 7 个特定作物中期库及分布在全国各地的 15 座地方中期库,加上 32 个无性繁殖作物、野生作物种质圃,初步形成了我国作物种质资源长期保存与分发体系。

我国作物种质资源由农业部统一管理,由中国农业科学院品种资源研究所统一种植入库、保存、并供应。各省农业科学院保存本省材料的复份。各地研究单位与院校,根据需要与条件,保留一定量的种质资源。国家农作物种质资源平台完成了农作物种质资源的整合与规范建设。国家农作物种质资源平台由 1 个国家种质库、1 个青海国家复份库、10 个国家中期库、23 个省级中期库和 39 个国家种质圃等 74 个库圃组成,已整合包括粮食作物、纤维作物、油料作物、蔬菜、果树、糖烟茶桑、牧草绿肥等 200 种作物 41 万份种质资源,种质信息 200 GB,通过中国作物种质信息网向用户提供农作物种质资源信息和实物共享服务。研制了 110 种农作物描述规范、数据规范和数据质量控制规范 336 个,实现了农作物种质资源科学分类、统一编目、统一描述的技术规范建设和全程质量控制,建立了农作物种质资源持续保存的制度,构建了科学合理的农作物种质资源保存体系。拥有完整的种质资源中长期保存设施、良好的网络通信条件和足量的种质实物,具备了开放共享的良好条件。

1. 种植保存

为了保持种质资源的种子或无性繁殖器官的生活力,并不断补充其数量,种质资源材料必须每隔一定时间(如 1～5 年)播种一次,即种植保存。种植保存一般可分为就地种植保存和迁地种植保存。就地保存是种质资源在原来所处的生态环境中,不经迁移,采取措施加以保护,如划定自然保护区、国家公园、人工圈保护稀有的良种单株及历史上遗留下来的古树名木。稀有种、濒危种的保护一般也采用就地保存的方法。自然保护区是保存某些野生种质资源的最好方式,它保留了种质资源的原有生态环境,使它们不致随着自然栖息地的消失而灭绝。迁地保存即种质圃保存,是将种质材料迁出其自然生长地,集中改种在植物园、树木园、品种资源圃、种质资源圃等处保存,主要适用于多年生植物,例如,我国在海南省建立了棉花种植园,在广西壮族自治区南宁市建立了金茶花种质圃,在武汉梅花研究中心建成了中国梅花品种资源圃。

在种植保存时,每种作物或品种类型的种植条件,应尽可能与原产地相似,以减少由于生态条件的改变而引起的变异和自然选择的影响。在种植过程中应尽可能避免或减少天然杂交和人为混杂的机会,以保持原品种或类型的遗传特点和群体结构。

2. 贮藏保存

对于数目众多的种质资源,如果年年都要种植保存,不但在土地、人力、物力上有很大负担;而且往往由于人为差错、天然杂交、生态条件的改变和世代交替等原因,易引起遗传变异或导致某些材料原有基因的丢失。因而,近年来各国对种质资源的贮藏保存,极为重视。贮藏保存主要是用控制贮藏时的温、湿条件的方法,来保持种质资源种子的生活力。种子保存的一个发展方向是用液氮保存种子,它的优点是温度更低(－196℃),保存期限可以更长,保存费用也可望低于机械制冷的种质库,但前期投资很大。

为了有效地保存好众多的种质资源,世界各国都十分重视现代化种质库的建立。新建的种质资源库大都采用先进的技术与装备,创造适合种质资源长期贮藏的环境条件,并尽可能提高运行管理的自动化程度。如国际水稻研究所的稻种资源库分为3级:①短期库:温度20℃,相对湿度45%。稻种盛于布袋或纸袋内,可保持生活力2~5年。每年贮放10万多个纸袋的种子;②中期库:温度4℃,相对湿度45%。稻种盛放在密封的铝盆或玻璃瓶内,密封,瓶底内放硅胶。可保持种子生活力25年;③长期库:温度-10℃,相对湿度30%,稻种放入真空、密封的小铝盒内,可保持种子生活力75年。

3. 离体保存

离体保存是在适宜条件下,用离体的分生组织、花粉、休眠枝条等保存种质资源。利用这种方法保存种质资源,可以解决用常规的种子贮藏法不易保存的某些资源材料,如具有高度杂合性的、不能异地保存的、不能产生种子的多倍体材料和无性繁殖植物等,可以大大缩小种质资源保存的空间,节省土地和劳力。另外,用这种方法保存的种质,繁殖速度快,还可避免病虫的危害等。目前,作为种质资源保存的细胞或组织培养物有愈伤组织、悬浮细胞、幼芽生长点、花粉、花药、体细胞、原生质体、幼胚、组织块等。

对组织和细胞培养物采用一般的试管保存时,要保持一个细胞系,必须作定期的继代培养和重复转移,这不仅增加了工作量,而且会产生无性系变异。因此,近年来发展了培养物的超低温(-196℃)长期保存法。如英国的 Withers 已用30多种植物的细胞愈伤组织在液氮(-196℃)下保存后,能再生成植株。

4. 基因文库技术

自然界每年都有一些珍贵的动植物死亡灭绝,这些遗传资源就可能会消失。建立和发展基因文库技术,对抢救和安全保存种质资源具有重要意义。利用 DNA 重组技术,将种质材料的总 DNA 或染色体所有片段随机连接到载体(如质粒、病毒等)上,然后转移到寄主细胞(如大肠杆菌、农杆菌)中,通过细胞增殖,构成各个 DNA 片段的克隆系。在超低温下保存各无性繁殖系的生命,即可保存该种质的 DNA。

因此,建立某一物种的基因文库,不仅可以长期保存该物种遗传资源,而且还可以通过反复的培养繁殖筛选,获得各种目的基因。种质资源的保存还应包括保存种质资源的各种资料,每一份种质资源应有一份档案。档案中记录有编号、名称、来源、研究鉴定年度和结果。档案按材料的永久编号顺序排列存放,并随时将有关该材料的试验结果及文献资料登记在档案中,档案资料贮存入计算机,建立数据库。

(四)种质资源的创新和利用

种质资源的研究内容包括性状、特性的鉴定与评价及细胞学鉴定等。所谓鉴定就是对资源材料做出客观的科学评价。鉴定是种质资源研究的主要工作,鉴定的内容因作物不同而异。一般包括农艺性状,如生育期、形态特征和产量因素;生理生化特性,抗逆性,抗病性,抗虫性,对某些元素的过量或缺失的抗耐性;产品品质,如营养价值、食用价值及其他实用价值。鉴定方法依性状、鉴定条件和场所分为直接鉴定和间接鉴定,自然鉴定和控制条件鉴定(诱发鉴定),当地鉴定和异地鉴定。为了提高鉴定结果的可靠性,供试材料应来自同一年份、同一地点和相同的栽培条件,取样要合理准确,尽量减少由环境因子的差异所造成的误差。由于种质资源鉴定内容的范围比较广，涉及的学科比较多，因此，种质资源鉴定必须十分注意多学科、多单位的分工协作。

根据目标性状的表现进行鉴定称之直接鉴定。对抗逆性和抗病虫害能力的鉴定，不但要进行自然鉴定与诱发鉴定，而且要在不同地区进行异地鉴定，以评价其对不同病虫生物型及不同生态条件的反应，如对小麦条锈病的不同生理小种的抗性和小麦的冬春性确定。对重点材料广泛布点，检验其在不同环境下的抗性、适应性和稳定性已成为国际上通用的做法。如国际性的小麦产量、锈病、白粉病、纹枯病和叶枯病的联合鉴定。根据与目标性状高度相关性状的表现来评定该目标性状谓之间接鉴定，如小麦的面包品质的鉴评。

能否成功地鉴定出具有优异性状的种质材料用于育种，在很大程度上取决于对材料本身目标性状遗传特点的认识。因此，现代育种工作要求种质资源的研究不能局限于形态特征、特性的观察鉴定，而要深入研究其主要目标性状的遗传特点，这样才能有的放矢地选用种质资源。资源利用另一方面是用已有种质资源通过杂交、诱变及其他手段创造新的种质资源，如国际玉米小麦改良中心的种质资源工作者通过不同资源间杂交，创造出了集长穗、分枝穗、多小穗于一体的小麦新类型和抗不同生理小种的抗锈性集中于一体的小麦新类型。

种质创新的途径有 3 种，包括自然选择与突变、常规杂交与远缘杂交、生物技术方法。育种过程中产生的新品种、新品系和新的种植材料。不断产生的自然变异，包括自然突变和天然杂交产生的新类型和新物种。通过远缘杂交、细胞工程、染色体工程、基因工程、组织培养等手段，综合不同种属间优良性状形成新的种质资源，这一方面成果最为显著。如通过雄性不育的萝卜和芜菁甘蓝杂交，获得甘蓝的胞质不育材料。

第二节　作物引种

广义的引种泛指从外地或外国引进各种植物、作物、品种、品系以及供研究使用的各种遗传资源材料。从生产的角度来讲，引种指从外地引进作物新品种，通过适应性试验，直接在本地推广种植。引种材料可以是繁殖器官（如种子）、营养器官（如果树枝条）或染色体片段（如含有目的基因的质粒）。虽然它并不创造新品种，但是迅速解决生产上迫切需要新品种的有效途径。

引进适宜栽培的作物，能丰富我国的作物种类及种质资源类型。引进综合性状好、适应性强的作物优良品种，经试验示范后，可直接在生产中利用，有效地提高我国的作物产量和品质，并迅速产生巨大经济效益。据佟大香和朱志华（2001）统计，目前我国的主要栽培植物大约有 600 种，其中粮食、经济作物约 100 种，果树、蔬菜作物约 250 种，牧草、绿肥作物约 70 种，花卉、药用作物 180 余种。玉米原产美洲，目前在我国是仅次于水稻、小麦的重要粮食作物；棉花是我国最重要的经济作物之一，而我国目前栽培面积最大、产量高、纤维品质又好的陆地棉就是从国外引进的。甜菜和甘蔗是我国最主要的糖料作物，花生、芝麻当属我国极其重要的油料作物，而它们都是从国外引进的。我国目前栽培的主要果树如苹果、葡萄、甜橙、番木瓜、芒果、石榴、核桃、香蕉、菠萝、草莓等都是从国外引进的。在日常生活中，我们非常熟悉的甘薯、马铃薯、蚕豆、黄瓜、番茄、向日葵、可可、咖啡、烟等都是因为历史上的国外引种，才有今天的广泛栽培。

一、引种的基本原理

为了减少盲目性，增强预见性，地理上远距离引种，包括不同地区和国家之间引种，应重视原产地区与引进地区之间的生态环境，特别是气候因素相似性。

（一）引种的气候相似性原则

理论要点是：原产地区与引进地区之间，影响作物生产的主要因素应尽可能地相似，以保证品种相互引种成功的可能性。比如美国的棉花品种和意大利的小麦品种引种到长江流域或黄河流域比较适合，容易成功。当然，有些作物品种并不完全受气候因素的约束。

（二）引种的生态条件和生态型相似性原则

作物优良品种的形态特征和生物学特性都是自然选择和人工选择的产物，因而它们都适应于一定的自然条件和栽培条件，这些与作物品种形成与生长发育有密切关系的环境条件即为生态条件。任何作物的正常生长，都需要有与它们相应的生态条件。一般来说，生态条件相似的地区之间引种易于成功。生态条件可分为气候生态因子、土壤生态因子等，其中气候生态因子是首要的。因此，研究由温度、日照、雨量等组成的气候生态因子对生物体的影响至关重要。

二、影响引种成功的主要因素

（一）温度

作物品种对温度的要求不同，同一品种在各个生育期要求的最适温度也不同。一般来说，温度升高能促进生长发育，提早成熟；温度降低，会延长生育期。但是作物的生长和发育是两个不同的概念，生长和发育所需的温度条件是不同的。温度因纬度、海拔、地形和地理位置等条件而不同。温度对引种的影响表现在有些作物一定要经过低温过程才能满足其发育条件，否则会阻碍其发育的进行，不能抽穗或延迟成熟。例如，小麦一定要经过低温完成其春化阶段，才能正常抽穗成熟。

（二）光照

光照充足，有利于作物的生长，但在发育上，不同作物、不同品种对光照的反应不同。有的对光照长短和强弱反应比较敏感，有的比较迟钝。日照条件因纬度和季节而变化。光照对引种的影响表现在有些作物一定要经过短日照过程才能满足发育的要求，否则会阻碍其发育进程，不能抽穗或延迟成熟，这类作物通常被称为短日照作物，如水稻、大豆等；另一类作物一定要经过长日照过程才能较好的抽穗成熟，通常称为长日照作物，如冬小麦、大麦等。

（三）纬度

在纬度相同或相近的地区间引种，由于地区间日照长度和气温条件相近，相互引种一般在生育期和经济性状上不会有多大的变化，所以引种容易成功。例如，在江苏栽培的水稻晚粳农垦58品种引至长江流域，均取得了较好的效果。纬度不同的地区间引种时，由于处于不同纬度的地区间在日照、气温和雨量上差异很大，因此引种就很难成功。纬度不同的地区间引种，一定要了解所引品种对温度和光照的要求。

(四)海拔

海拔每升高100 m，日平均气温要降低0.6℃左右。因此，原高海拔地区的品种引至低海拔地区，植株比原产地高大；相反，植株会比原产地矮小，生育期延长。同一纬度不同海拔高度地区间引种要注意温度生态因子。

三、不同类型作物的一般引种规律

(一)低温长日照作物的一般引种规律

1. 原产高纬度地区的品种，引至低纬度地区种植

往往因为低纬度地区冬季温度高于高纬度地区，春季日照短于高纬度地区，因此感温阶段对低温的要求和感光阶段对光长的要求不能满足，经常表现为生育期延长，甚至不能抽穗开花。

2. 原产低纬度地区的品种，引至高纬度地区

由于温度、日照条件都能很快满足，表现生长期缩短。但由于高纬度地区冬季寒冷，春季霜冻严重，所以容易遭受冻害，植株可能缩小，不易获得较高的产量。

3. 低温长日照作物

如冬播区的春性品种引至春播区作春播用，有的可以适应，而且因为春播区的日照长或强，往往表现早熟，粒重提高，甚至比原产地生长好。低温长日照作物如春播区的春性品种引到冬播区冬播，有的因春季的光照不能满足，从而表现迟熟，结实不良，有的易受冻害。

4. 高海拔地区的冬作物品种

往往偏冬性，引到平原地区往往不能适应。而平原地区的冬作物品种引至高海拔春播，则有适应的可能性。

(二)高温短日照作物的一般引种规律

1. 原产高纬度地区的高温短日照作物

多数是春播的，属于早熟春播作物，其感光性弱、感温性强，引至低温度地区种植，往往因为低纬度地区冬季温度高于高纬度地区，会缩短生育期，提早成熟，但株、穗、粒变小，存在一个能否高产的问题。

2. 原产低纬度地区的高温短日照品种

有春播、夏播之分，有的还有秋播。如水稻品种有早、中、晚之分。一般，这类作物的春播品种感温性较强而感光性较弱，引至高纬度地区，常表现为迟熟，营养器官增大；夏秋播品种，感光性强而感温性弱，引至高纬度地区种植，不能满足对光照的要求，株、穗可能较大，生育期推迟，存在能否安全成熟的问题。

3. 高海拔地区的品种

感温性较强，引至平原地区往往早熟，存在能否高产的问题。而平原地区的品种引至高海

拔地区往往由于温度较低而延迟成熟，有能否安全成熟的问题。

(三)水稻、小麦、大豆等作物的引种规律

1. 水稻引种

水稻起源于南方，要求高温短日照条件。但南方早稻对日照反应迟钝，因此，早稻品种从南方引至北方，因遇长日照和低温，生育期延长，植株变高，穗增大，粒增多，配以适宜的栽培措施，可成为晚熟高产品种，引种较易成功。如广陆矮 4 号，由广东省农科院于 1967 年育成，之后引入到上海、江苏、浙江、安徽、江西、湖南、湖北等地种植，曾经是 20 世纪 80 年代长江流域双季稻主推品种；又如从菲律宾引进的中籼 IR24、IR26 和 IR661 等，从广东引进的桂朝 2 号、特青等，在江苏表现良好。晚稻品种一般分布在北纬 32°以南，对短日照反应敏感，向北引至长日照条件下，往往不能抽穗，即使能抽穗，后期低温也会影响结实。如江苏的晚稻品种“老来青”引至淮北地区则不能抽穗成熟，引种失败。

2. 小麦引种

原产于北方的冬小麦，感温阶段要求长日照，满足低温长日照条件后，方能抽穗和结实。因此，如果将北方的冬小麦引至南方，由于气温偏高日照变短，往往不能顺利完成感温阶段，导致成熟期延长，甚至不能抽穗结实。例如，在 20 世纪 50 年代初期，广东省东部地区将河南省的冬小麦品种“定县 72”引入种植，结果不能抽穗。如果将南方的弱冬性小麦品种引种到华北大平原地区，因越冬前就通过了感温阶段，抗寒性降低，易发生冻害，不能安全越冬。春小麦品种的感温阶段短且要求范围较宽，适应性强，引种范围较广，因此我国北方的春小麦向南引至广东、海南岛和西藏高原等地，均获得了成功。

3. 大豆引种

大豆是短日性作物，在 8 h 光照条件下，各地区品种生育期均缩短。南方大豆引至北方，由于日照增长而延迟开花，但能正常成熟，所以饲料大豆南种北引易成功。北方大豆引至南方，由于日照缩短而促其生长发育加快，植株变小，成熟提早，产量降低，引种价值不大。

玉米、高粱、麻类作物均属短日性作物，它们和水稻、大豆一样，由北向南引种，会提早成熟，但株、穗、粒变小；由南向北引，则延迟成熟，但株、穗、粒增大。因此，南北引种时，必须考虑由日照长短和温度高低这两大生态条件所引起的变化趋势。对无性繁殖作物来说，可利用的部分是营养器官，所以只要给以良好的生长条件，引种就能成功，因而引种范围很广。

四、引种的程序

为确保引种成功，必须按照引种的基本原则，明确引种目标和任务，并按一定的程序进行。

(一)引种计划的制定和引种材料收集

引入品种材料时，首先应从生育期上估计哪些品种类型能适应本地自然条件和生产要求，而后确定从哪些地区引种和引入哪些品种。引入品种材料尽量多一些，每一品种的种子量能满足初步试验需要即可。科研人员搜集引种材料的方式包括：到引种地去亲自搜集、邮购、相互交换、网上运作等。

(二)引种材料的检疫

引种往往是传播病、虫、草的一个主要途径。棉花的枯、黄萎病，都是随国外的引种而传入的，对生产造成严重威胁。为避免引入新的病、虫、草，凡引进的植物材料，都要严格检疫。对检疫对象及时用药处理，清除杂草杂物。引入后要在检疫圃隔离种植，一旦发现新的病、虫、杂草要彻底清除，以防蔓延。

(三)引种材料的试验鉴定和评价

引进品种能否直接用于生产，必须通过引种试验鉴定。只有对引入品种进行试验鉴定，了解该品种的生长发育特性，对其实用价值做出正确的判断后，再决定推广，不可盲目利用，以免造成损失。例如，山西雁北地区曾盲目利用引入的玉米品种“金皇后”，因不能及时成熟而造成严重减产。引种一般要进行以下试验：

1. 观察试验

将引入的少量种子按品种单行或双行(小区)种植，以当地推广的优良品种为对照进行比较，初步观察它们对本地生态条件的适应性、丰产性和抗逆性等，选择表现好、符合要求的材料留种，供进一步比较试验用。对于适合当地栽培的作物种类、品种和类型通过进一步的生产试验后，大面积推广；不符合当地栽培的种类、品种和类型，又没有什么利用价值，则应淘汰，并作记载；但个别优点突出，可以作为育种材料或待利用资源保存起来，或改造后再利用。

2. 品种比较试验和区域试验

对于在观察试验中获得初步肯定的品种，进行品种比较试验和区域试验，了解它们在不同自然条件、耕作条件下的反应，以确定最优品种及其推广范围，同时加速种子繁殖。

3. 栽培试验

对已确定利用的引入品种要进行栽培试验、以摸清品种特性，制订适宜的栽培措施，发挥引进品种的生产潜力，以达到高产、优质的目的。

应用案例——正确处理引种与生物入侵的关系

近年来生物入侵加剧。据不完全统计，我国的外来入侵物种有 488 种，其中植物 265 种、动物 171 种、菌类微生物 26 种。我国每年因外来物种入侵损失可能达到 1 200 亿元。2003 年国家环保总局和中国科学院联合发布中国第一批外来入侵物种名单：紫茎泽兰、薇甘菊、空心莲子草、豚草、毒麦、互花米草、飞机草、凤眼莲(水葫芦)、假高粱、蔗扁蛾、湿地松粉蚧、强大小蠹、美国白蛾、非洲大蜗牛、福寿螺等 16 种动植物。2010 年发布中国第二批外来入侵物种名单：马缨丹、三裂叶豚草、大薸、加拿大一枝黄花、蒺藜草、银胶菊、黄顶菊、土荆芥、刺苋、落葵薯、桉树枝瘿姬小蜂、稻水象甲、红火蚁、克氏原螯虾、苹果蠹蛾、三叶草斑潜蝇、松材线虫、松突圆蚧、椰心叶甲等 19 种动植物，表 4-1 中列出 4 种影响较大的外来入侵植物物种信息。

引种之所以会造成这么多的生物入侵，很大程度上是由于人类未能正确处理引种与生物入侵二者间的关系。一方面说明我国在引种方面缺乏相关法规和条例对引种工作进行管理；同时也说明在入境检查上检疫部门工作做得不够细致；引种单位或引种者缺乏必要的植物学和生态学知识，对所引植物对新的栖息地原有生态环境可能造成的影响认识不够；也存在着一些专业人员生态安全意识淡薄，片面追求经济利益；还有一些不可控的人为因素，如旅游者的带入、观赏植物爱好者之间的交换和一些私人苗木经营者的非法引入等，都是造成生物入侵的因素。

在处理引种与生物入侵的关系上，我们需要以科学态度对待。在引种前，对引种对象要进行申报，有关部门要组织专家对其进行评估和预测。在引种过程中，对引种材料进行科学而严格的检疫，避免无意间带入有害生物；引入后，要对引种材料先进行观测，观测引进植物当前的生态学表现、预测将来可能出现的各种变化。只有当确定不会引发生态灾害后，才能应用和推广。

表 4-1 人们比较熟悉的几种外来入侵植物物种情况表

名称	原产地	入侵时间及原因	对本地的危害
空心莲子草	南美洲	1892 年在上海附近岛屿出现，20 世纪 50 年代作猪饲料推广栽培	全球性入侵物种
互花米草	美国东南部海岸	1979 年作为经济作物引入	威胁本土海岸生态系统，致使大片红树林消失
凤眼莲（又名水葫芦）	巴西东北部	1901 年从日本引入中国台湾作花卉，20 世纪 50 年代作为猪饲料推广	大量逸生，堵塞河道，破坏水生生态系统，威胁本地生物多样性
加拿大一枝黄花	北美	1935 年作为观赏植物引进，20 世纪 80 年代扩散蔓延成为杂草	全球性入侵物种导致 30 多种本地原生植物物种的消失

本章小结

作物种质资源，是指选育作物新品种的基础材料，包括作物的栽培种、野生种和濒危稀有种的繁殖材料，以及利用上述繁殖材料人工创造的各种遗传材料，其形态包括果实、子粒、苗、根、茎、叶、芽、花、组织、细胞和 DNA、DNA 片段及基因等有生命的物质材料。种质资源在作物育种中的物质基础作用与决定性作用表现得非常明显。我国农作物品种资源研究工作重点是广泛收集、妥善保存、深入研究、积极创新、充分利用。

引种指从外地引进作物新品种，通过适应性试验，直接在本地推广种植。引种主要注重气候相似性原则，即原产地区与引进地区之间，影响作物生产的主要因素（包括温度、光照、纬度、海拔等）应尽可能地相似，引种容易成功。低温长日照作物（如小麦）北种南引经常表现为生育期延长，甚至不能抽穗开花，南种北引表现生长期缩短，但容易遭受冻害，植株可能缩小，不易获得较高的产量。高温短日照作物（如水稻等）北种南引会缩短生育期，提早成熟，但株、穗、粒变小，不利高产，南种北引表现株、穗可能较大，生育期推迟，注意成熟安全。为确保引种成功，必须按照一定的程序进行。

思考题

1. 种质资源在作物育种中有哪些作用？
2. 简述发掘、收集、保存种质资源的必要性与意义。
3. 保存种质资源有哪些方法？各具有什么特点？
4. 简述引种的概念及基本原理。
5. 简述引种成功的影响因素及引种一般规律。
6. 如何科学合理地从异地引入一个作物品种？
7. 以水稻、小麦等为例，阐述高温短日照和低温长日照作物的引种规律。

第五章　作物选择育种

知识目标

1. 了解作物选择育种的基本原理及特点。
2. 掌握对自然变异进行性状鉴定和选择的方法步骤。
3. 掌握作物选择育种的基本流程。

能力目标

1. 学会各种性状鉴定方法的操作技能，从而对自然变异进行筛选。
2. 能利用单株选择和混合选择相结合的方法进行作物的选择育种。
3. 学会综合利用选择育种途径与其他育种途径相结合的方法，以培育出符合育种目标的优良品种。

第一节　选择育种概念及基本原理

一、选择育种概念及特点

选择育种是指根据育种目标对现有品种群体中出现的自然变异进行性状鉴定、选择并通过品系比较试验、区域试验和生产试验培育新品种的育种方法。它是一种传统的育种方法，在人类进行有性杂交育种之前，几乎所有栽培作物的品种都是通过选择育种这一途径创造出来的。选择育种也是改良现有品种的一种有效方法，是育种工作中最基本的方法之一。

基本特点：简单有效，育种年限短，能保持原品种对当地条件的适应性。选择育种是利用自然变异材料，无须人工创造变异。由于是在原品种的基础上进行优中选优，所得到的优系一般只是在个别性状上有改进和提高，其他性状（如适应性等）常保持原品种的优点。

局限性：不能有目的地创造变异，改进提高的潜力有限。

二、选择育种基本原理

(一)纯系学说

在自花授粉作物原始品种群体中，通过单株选择繁殖，可以分离出若干个不同的纯系。表明原始品种为各个纯系的混合群体，通过选择可以分离出这些纯系，这样的选择是有效的。继续从同一纯系内选择单株是无效的，因为纯系不同个体的基因型是相同的，它们之间的差异由环境因素引起，是不能遗传的。

(二)自然变异现象

任何一个植物品种，不论是农家品种还是育成品种，最初在大田生产上推广种植时，品种群体中各个个体的主要生物学性状及经济学性状，如株形、株高、叶形、抗性等都表现整齐一致，并在一定时期内保持下去，这是品种的遗传性，就是纯种。但是品种推广利用多年后，由于种种原因，品种群体内个体间的性状会表现出差异，发生多种多样的变化，形成一个混杂的群体，这是品种的变异性。因此，品种的稳定性是相对的、变异则是绝对的，这就为选育新品种提供了选择的可能性。对符合育种目标的变异，通过选择和试验，则可省去人工创造变异这样繁重的工作环节，而直接进入育种试验程序。

1.品种自然变异产生的原因

(1)自然异交而引起基因重组　作物品种在繁殖推广和引种过程中，不可避免地会发生异交，即使是自花授粉作物，其异交率也有1%～4%，常异花作物和异花授粉作物的异交率则更高。一个品种接受了其他品种或类型的花粉后，必然引起基因重组，产生新的变异。

(2)基因突变　作物品种在繁殖和种植过程中，由于环境条件的作用，如受营养、温度、天然辐射、化学物质等不同因素的影响，引起基因突变或染色体畸变，使品种群体内出现新的类型。虽然自然突变率远小于人工诱发的突变率，但这些自然突变体有时具有较大的育种利用价值。

(3)品种本身剩余变异的存在　许多性状属于数量性状，受多基因控制。有些新品种在育成推广时，有的性状并未达到真正的纯合程度，个体间存在若干微小差异。在长期种植过程中，微小差异逐渐积累，发展为明显的变异，进而引起性状发生变化。

2.自然变异在育种上的利用

作物品种群体的自然变异，特别是在适应本地区条件、综合性状良好的品种群体中的自然变异和原有地方品种中所蕴藏的大量有利变异，在育种上往往都有较高的利用价值。因为在良好的遗传基础上如出现某些优良的变异类型，进一步进行选育，往往能很快地育成符合生产发展所需要的新良种。当然，在品种群体中出现了个别特殊优异的变异，如其综合性状不够理想或其他性状欠佳，也可提供杂交育种所需要的亲本材料。前者可以说是自然变异在育种上的直接利用，后者属于间接利用。

利用作物品种的自然变异进行选择育种，是所有作物育种最基本的简易、快速而有效的途径。国内外在开展作物育种的初期大都通过这种育种途径而取得实效。随着其他育种途径的开拓，依靠这种育种途径所育成和推广的品种数相对减少，但只要出现有利的自然变异，就应该不失时机地采用这种简易有效的方法，快速地育成新品种。

第二节 性状选择与鉴定

对选择育种来说对自然变异进行性状鉴定和选择是其主要步骤。

一、性状的选择

选择就是对育种材料选优去劣,对自然产生的变异个体,根据育种目标的要求和表现型选择优良的基因型,固定优良性状。实际应用中的选择方法虽然很多,但基本的方法只有两种,即单株选择法和混合选择法。

(一)单株选择

单株选择法是个体选择和后代鉴定相结合的选择方法,又称系谱选择法或基因型选择法。它是按照选择标准从原始群体中选出一些优良的单株,分别编号,分别留种,下一代单独种植成行或小区形成株系(一个单株的后代),根据各株系的表现,鉴定各入选单株基因型优劣的选择方法。根据选择次数的多少,可分为一次单株选择法(图 5-1)和多次单株选择法(图 5-2)。

单株选择法的优点:可根据当选植株后代(株系)的表现对当选植株基因型优劣进行鉴定,消除环境影响,提高选择效率;多次单株选择可定向累加变异,因此有可能选出超过原始群体内最优良单株的新品种。缺点:工作程序比较繁杂,需要土地多,异花授粉植物需进行套袋隔离,成本较高;对异花授粉植物多代近亲交配易引起后代生活力衰退;单株选择一次可留种子数量有限,难以迅速应用于生产。此方法应用于自花授粉作物效果较明显,应用于常异花授粉和异花授粉作物品种群体,反而会在一定程度上破坏品种的群体结构。

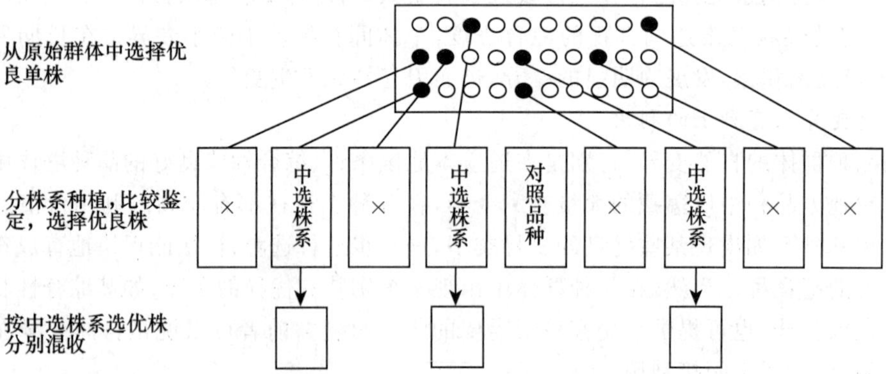

图 5-1 一次单株选择法示意图

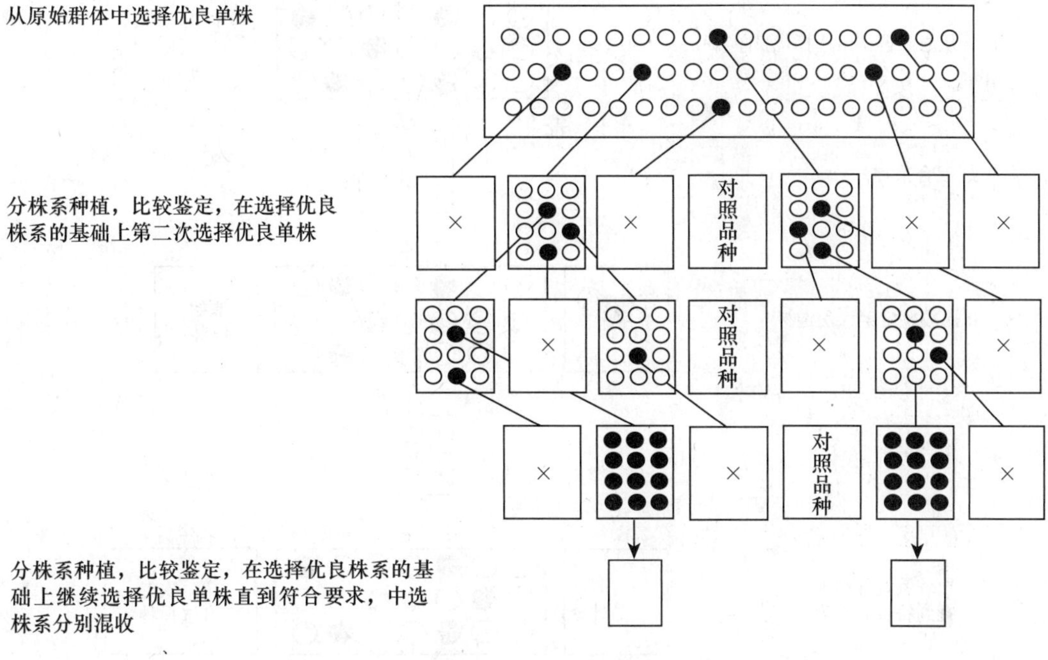

图 5-2 多次单株选择法示意图

(二)混合选择

混合选择法又称表现型选择法，是根据植株的表现型性状，如株高、抗病性、花色、果实品质、生育期或产量等，从原始群体中选取符合选择标准要求的优良单株混合留种，下一代混播，与对照品种或原始品种进行比较鉴定的选择法。根据被选材料的遗传稳定性可进行一次混合选择(图 5-3)和多次混合选择(图 5-4)。

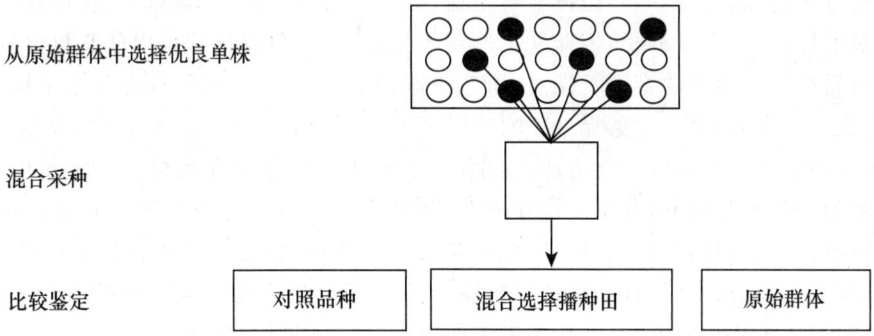

图 5-3 一次混合选择法示意图

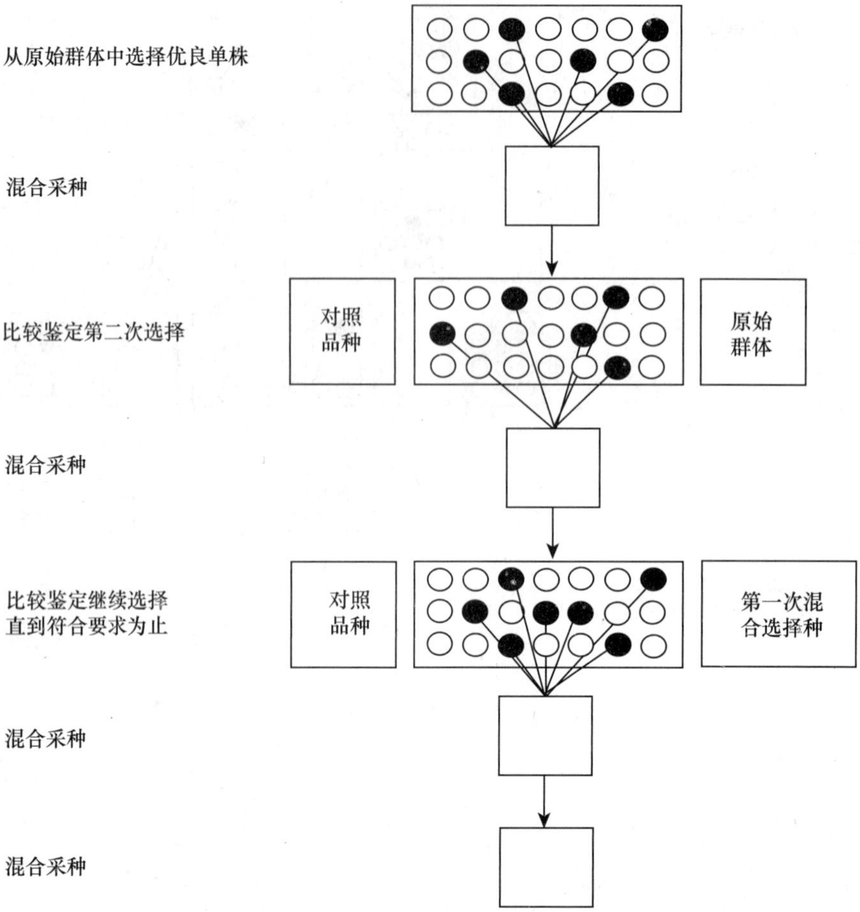

图 5-4 多次混合选择法示意图

混合选择法的优点：简单易行，可节省土地、劳力及设备，便于普遍采用；快速省时，一次可以选出较多植株，获得大量种子，因此能迅速用于生产；异花授粉植物可以任其自由授粉，不会因近亲繁殖而产生生活力的衰退。缺点：所选单株种子混合在一起，不能对每个单株的基因型进行鉴定，无法消除由环境改变所引起的选择误差。因此，通过混合选择所能取得的进展缓慢，选择效果不如单株选择法。此方法主要应用于提高和纯化地方品种。因地方品种群体中往往含有多种多样的基因型，分别表现在成熟期、株型、抗病性、生产性能等方面的性状差异，使其生产应用价值受到限制。通过对目标性状的混合选择，使所改良群体的这些性状达到优化而一致，就可以作为改良品种很快地取代原始品种。早期的地方品种大都采用这种方法加以改良，并取得了成效。此外，在良种繁育工作中，经常采用混合选择法。

单株选择法和混合选择法各有优缺点，在实际工作中为取长补短要将这两种基本选择方法综合利用，以提高选择效率和加速育种进程。

二、性状的鉴定

鉴定是指按照规定的方法对植物品种、品系或其他种质特征、特性进行测定和做出评价，如形态特征、生育期、农艺性状、抗病虫性、抗逆性、产量和品质性状等。鉴定是进行有效选择的依据，是保证和提高育种质量的基础。

性状鉴定方法，按所根据的性状、鉴定的条件、手段及场所，分为以下几类：

（一）直接鉴定和间接鉴定

根据目标性状本身的表现进行鉴定为直接鉴定，如一般形态特征、特性都可进行直接鉴定。根据与目标性状高度相关性状的表现来评定该目标性状为间接鉴定。对一些生理、生化特性或品质性状，往往不易进行直接鉴定或鉴定方法较麻烦，可根据与目标性状高度相关的性状表现来鉴定该目标性状。如可根据叶片蜡质层的有无和厚薄、气孔的数目和大小、茸毛的有无和多少等间接鉴定品种的抗旱性。直接鉴定的结果当然最可靠，但是有些性状的直接鉴定需要较大的样本，或鉴定条件不容易创造，或鉴定程序复杂、鉴定费时费工本等，则需要采用间接鉴定以适当代替直接鉴定。间接鉴定的性状必须与目标性状有密切而稳定的相关性或因果关系，而且其鉴定方法、技术必须具备微量、简便、快速、精确的特点，适于对大量育种材料进行早期选择。

（二）田间鉴定和实验室鉴定

对需要在生产条件下才能表现的性状，如生育期、生长习性、株型、产量及其构成因素等，则应在具有一定代表性的地块上进行鉴定，只有田间鉴定才能得到确切结果。品质性状以及其他生理生化性状则需要在实验室内借助于专门的仪器设备才能得到精确的鉴定。如千粒重、纤维长度、蛋白质、氨基酸、油分和有害物的含量以及品种对低温或水分胁迫处理的反应等，都需要在实验室、温室或生长箱内进行鉴定。田间鉴定和实验室鉴定形成互补，有些性状需要田间鉴定与实验室鉴定结合进行。

（三）自然鉴定和诱发鉴定

对病虫害和环境胁迫因素的抗性或耐性，如危害因素在试验田地上经常充分出现，则可就地直接鉴定试验材料的抗耐性，这就是自然鉴定；否则就需要人工模拟危害条件，使试验材料能够及时、充分地表现其抗耐性，而获得鉴定结果，这就是诱发鉴定。如在人工造成的淹水条件下进行抗涝性鉴定、人工接种病菌诱发病害进行抗病性鉴定。在利用诱发鉴定时，必须适当掌握所诱发的危害程度、一致性及危害的时期，以免发生偏差。

（四）当地鉴定和异地鉴定

当一种灾害在当地试验地上常年以相当的程度发生时，则可以在当地鉴定其抗耐性；如果这种灾害在当地年份间或田区间有较大差异，而且在当地又不易或不便人工诱发，则可以将试验材料送到这种灾害常年严重发生地区进行鉴定其抗耐性，这就是异地鉴定。异地鉴定对个别灾害的抗耐性往往是有效的，但不易同时鉴定其他目标性状。

在选择育种过程中，根据条件和需要，需采用合适的鉴定方法，或者同时兼用两种或三种鉴定方法，以提高选择效率。

第三节 选择育种的程序

选择育种从搜集材料、选择优良单株到育成新品种的过程要经历选择、淘汰、鉴定等一系列工作环节。这种按照一定的先后顺序依次进行的工作环节称之为选种程序。选择育种因采用的方法不同,选种程序也有所不同。

一、系统选择育种程序

系统育种又称为纯系育种,是通过单株选择、株行试验和品系比较试验到新品种育成的一系列过程(图 5-5)。

系统选择育种的基本工作环节如下:

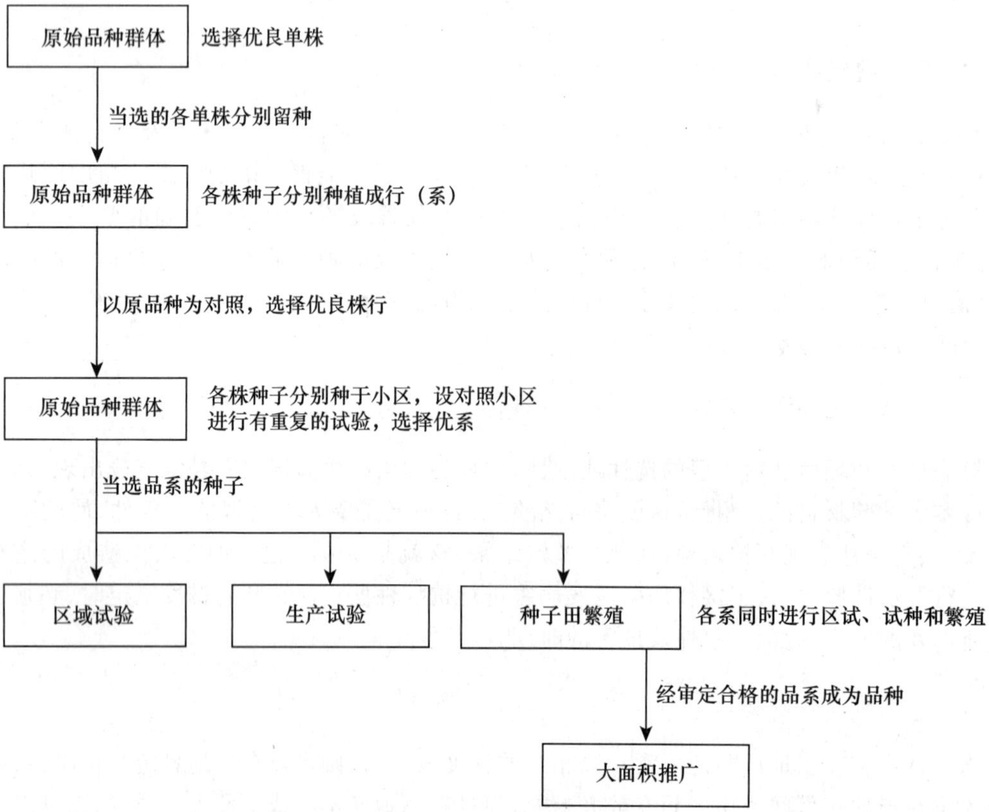

图 5-5 系统选择育种程序

(一)优良变异个体的选择

从选择对象的大田中,选择符合育种目标的变异单株,经室内复选,淘汰不良单株,保留优良单株分别留种,并记录其特点和编号,以备对其后代进行检验。田间选择应在具有相对较多变异类型的大田中进行，选择单株数量的多少应依这些变异类型的真实遗传程度而定。受主基因控制或不易受环境影响的变异其选择数量可从少；而受多基因控制或易受环境影响的变异其选择数量可从多。

（二）株行比较试验

将入选的优良单株的种子，分系单独种植，每隔一定数量的株行设置对照品种以便对比。通过田间和室内鉴定，从中选择优良的株系。当系内植株间目标性状表现整齐一致时，即可进入品系比较试验；若系内植株间目标性状还存在分离，根据情况还可再进行一次单株选择。

（三）品系比较试验

当选品系种成小区，并设置重复，提高试验的精确性。试验环境应接近生产大田的条件，保证试验的代表性。品系比较试验要连续进行两年，并根据田间观察评定和室内鉴定，选出比对照品种优越的品系1～2个参加区域试验。

（四）区域试验和生产试验

在不同的自然区域进行区域试验，测定新品种的适应性和稳定性。并在较大范围内进行生产试验，以确定其生产表现及适宜推广的地区。

（五）品种审定与推广

经过上述程序后，综合表现优良的新品种，可报请品种审定委员会审定，审定合格并批准后定名推广。对表现优异的品系，从品系比较试验阶段开始，就应加速繁殖种子，以便及时大面积推广。

二、混合选择育种程序

混合选择育种，是指从原始品种群体中，按育种目标的统一要求，选择一批单株，混合留种，所得的种子下季与原始品种的种子成对种植，从而进行比较鉴定。如经混合选择的群体确比原始品种优越，就可以取代原始品种，作为改良品种加以繁殖和推广（图5-6）。混合选择育种的基本工作环节如下。

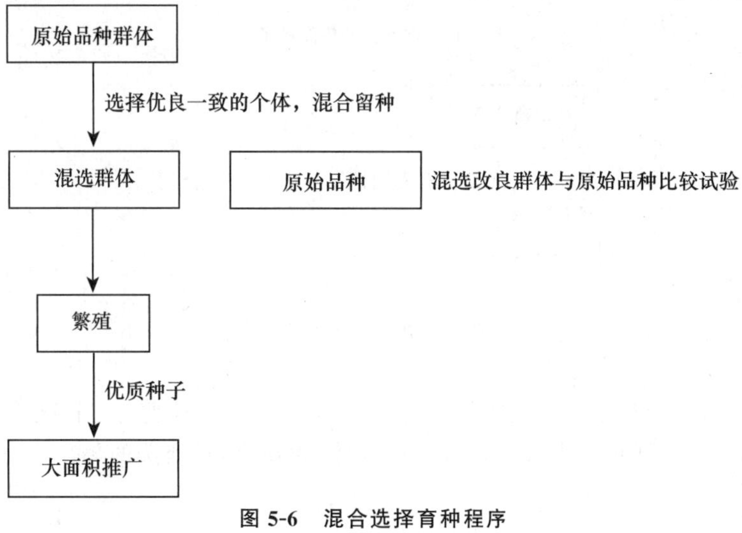

图5-6　混合选择育种程序

（一）从原始品种群体中进行混合选择

按性状改良的标准，在田间选择一批与该性状一致的单株，经室内鉴定，淘汰其中的一些不合格的，然后将选留的各株混合留种，以供比较试验。

（二）比较试验

将选留的种子与原始品种的种子分别种植于相邻的试验小区中，通过比较试验，证明其确比原品种优越，则将其收获、繁殖。

（三）繁殖和推广

经混合选择而改良的群体，加以繁殖，以供大面积推广。首先用于原品种推广的地区范围。

三、集团混合选择育种程序

集团混合选择育种是上述单株选择和混合选择育种的一种中间方法。就是当原始品种群体中有几种基本上符合育种要求而分别具有优点的不同类型时，为了鉴定类型间在生产应用上的潜力，则需要按类型分别混合选择留种，即分别组成集团，然后各集团之间及其与原始品种之间进行比较试验，从而选择其中最优的集团进行繁殖，作为一种新品种加以推广（图 5-7）。

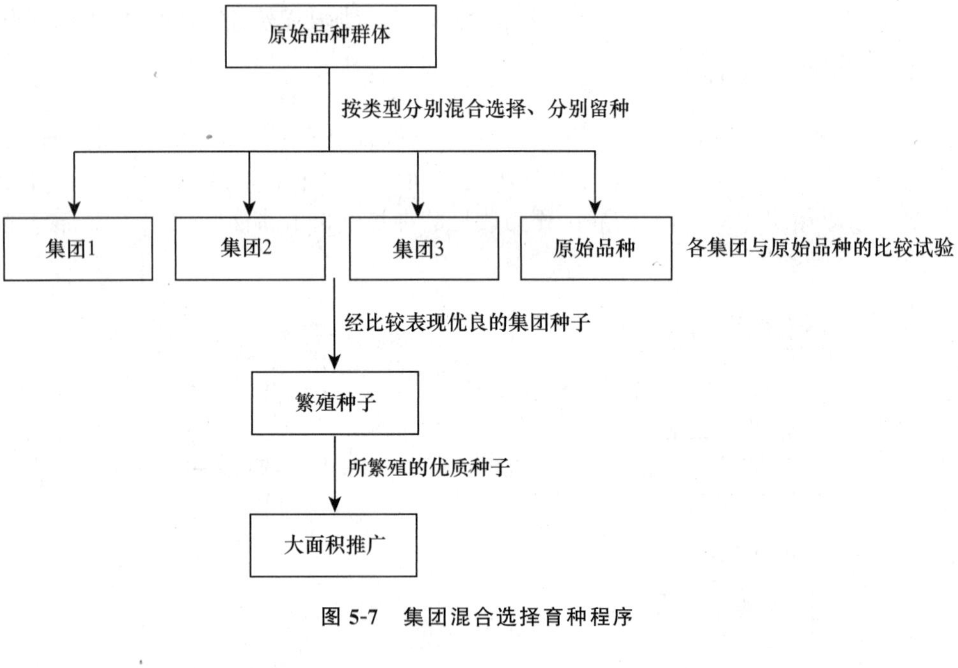

图 5-7 集团混合选择育种程序

当这种育种方法应用于异花授粉作物时，在各集团与原品种进行比较试验的同时，各集团应分别隔离留种，在集团内自由授粉，以避免集团间的互交，对当选的集团则以隔离留种的种子进行繁殖。

四、改良混合选择育种程序

改良混合选择育种，是通过单株选择和分系鉴定，淘汰一些伪劣的系统，然后将选留的各系混合留种，再通过与原品种的比较试验，表现确有优越性时，则加以繁殖推广（图 5-8）。简言之，改良混合选择育种是通过单株选择及其后代鉴定的混合选择育种。

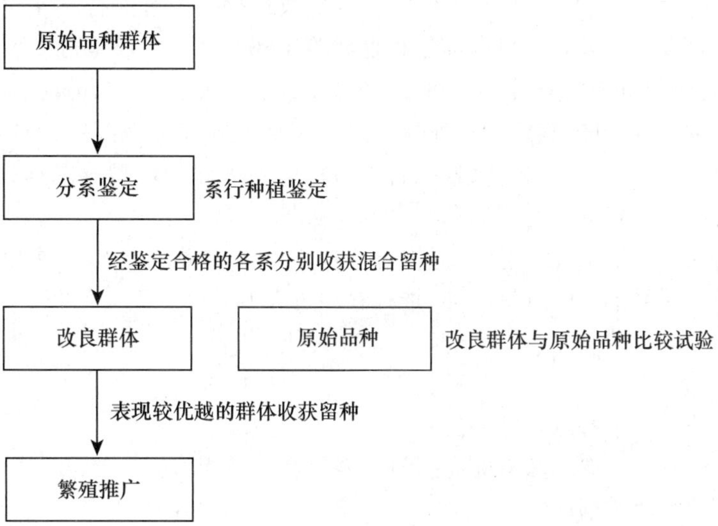

图 5-8 改良混合选择育种程序

改良混合选择法广泛应用于自花授粉作物和常异花授粉作物良种繁育中的原种生产。在玉米中所用的穗行法、半分法，有些异花授粉作物中的母系选择法与此法类似。

应用案例——蓝花虞美人的选育

布尔班克和 W. Wiks 对虞美人进行了多代定向选择实验。他们在一块开满猩红色花的虞美人地里发现了一朵有很窄白边的花，他们保留了这朵花的种子，第二年从 200 多株后代中找到了 4～5 株花瓣有白色的植株。在以后的若干年中，大部分花增加了白色的成分，个别花色变成很浅的粉红色，最后获得了开纯白色花的类型。以后布尔班克从 Shirtey 植株群中发现 1 株在白花中似乎有一种若隐若现的蓝色烟雾，留种繁殖，经过多代选择后终于获得了开蓝

花的珍稀类型。

本章小结

选择育种是指根据育种目标对现有品种群体中出现的自然变异进行性状鉴定、选择培育新品种的育种途径。其基本原理为纯系学说和自然变异。该方法具有简单有效、育种年限短、适应性强的特点，但也存在不能有目的地创造变异、改进提高的潜力有限等局限性。

选择育种主要步骤就是对自然变异进行性状鉴定和选择。鉴定是指按照规定的方法对植物品种、品系或其他种质特征、特性进行测定和做出评价。鉴定方法有直接鉴定和间接鉴定、田间鉴定和实验室鉴定、自然鉴定和诱发鉴定以及当地鉴定和异地鉴定。选择就是对育种材料选优去劣，对自然产生的变异群体，根据育种目标的要求和表现型选择优良的基因型，固定优良性状。基本的方法有单株选择法和混合选择法。

选择育种的程序包括系统选择育种、混合选择育种、集团混合选择育种和改良混合选择育种等程序。选择育种因采用的方法不同，选种程序也有所不同。

思考题

1. 选择育种的概念和特点是什么？
2. 单株选择法和混合选择法有哪些区别？各有什么特点？
3. 性状鉴定的方法有哪些？
4. 系统选择育种的工作程序有哪些？
5. 分别详细描述系统选择育种和混合选择育种的程序。

第六章　作物杂交育种

知识目标

1. 了解杂交育种的概念及特点。
2. 了解杂交育种的杂交方式。
3. 掌握杂交育种亲本选择选配的原则与方法。
4. 掌握杂交后代的选择及培育方法。
5. 掌握杂交育种程序及应用。
6. 了解回交育种的概念及其育种程序。
7. 了解远缘杂交育种的概念，远缘杂交的困难及其克服方法。

能力目标

1. 能熟练进行杂种后代的选择。
2. 能够综合利用各种方法进行杂交育种。

杂交育种也称组合育种，是根据品种选育目标，通过人工杂交，组合不同亲本的优良性状到杂交后代中，并对后代进行多代选择培育、比较鉴定，获得基因型纯合或接近纯合的新品种的育种途径。

根据杂交亲本亲缘关系的远近，可分为近缘杂交和远缘杂交。近缘杂交是同一物种内的类型或品种间的杂交，杂交亲和性高，容易成功，是各种作物杂交育种最常用的方法。远缘杂交则是物种范围以外的种间、属间或地理位置相距很远的不同生态型间的杂交，杂交亲和性低，不易成功。一般通过人工杂交，以拥有某一优良性状的近缘种或野生种为组合育种和杂种优势利用的亲本，培育新的种质。

第一节　杂交育种

一、杂交亲本选配原则

亲本选配是指依据育种目标，在掌握原始材料主要性状和特性及其遗传规律的基础上，选用恰当的亲本，进行合理配组，使杂种后代出现优良的重组类型并选出优良的品种。亲本选配是杂交育种成败的关键，因为杂种后代的性状是亲本性状的继承与发展，只有亲本选配得当，才能为杂种后代奠定优良的遗传基础，为选择优良的变异类型创造条件，从而选育出优良品种。根据育种理论与各育种单位的经验，选配亲本的原则可总结如下：

1. 双亲具有较多的优点，无明显缺点，在主要性状上优缺点尽可能互补

由于一个地区育种目标所要求的优良性状总是多方面的，如果双亲都是优点多、缺点少，则杂种后代通过基因重组，出现综合性状较好的概率就大，就有可能选出优良的品种。同时，作物的许多经济性状，如产量、成熟期等大多表现为数量遗传，杂种后代的表现与双亲平均值有密切的关系。就主要数量性状而言，选用双亲均具有较多优点的材料，或在某一数量性状上一方稍差、另一方很好，能予以弥补，则双亲性状总和表现就较好，后代表现总趋势也较好，容易从中选得优异材料。

双亲主要性状优缺点尽可能互补是选配亲本的一条重要基本原则，其理论依据是基因的分离和自由组合。性状互补要根据育种目标抓住主要矛盾，特别是注重限制产量和品质进一步提高的主要性状。一般来说，首先要考虑产量构成因素的互补，当育种目标要求的产量因素结构是穗重、穗数并重类型，可采用大穗类型与多穗类型相互杂交。其次要考虑影响稳产的性状如抗病性、抗旱性、抗寒性，以及品质性状的互补。但是，双亲优、缺点的互补是有一定限度的，双亲之一不能有缺点太严重的性状，特别是在重要性状上，更不能存在难以克服的缺点。而且亲本间的互补性状也不宜过多，以免造成杂种后代分离严重、分离世代增加，延长育种的年限。

2. 注意亲本间的遗传差异，选用生态类型差异较大，亲缘关系较远的亲本材料杂交

不同生态类型、不同地理来源和不同亲缘关系的品种，由于亲本间的遗传基础差异大，杂交后代的分离比较广，易于选出性状超越亲本和适应性较强的新品种。在许多作物的杂交育种实践中都得到了广泛的证明。一般情况下，利用外地不同生态类型的品种作为亲本，容易引进新种质，克服以当地推广品种作亲本的某些局限性或缺点，增加成功的机会。但是双亲的亲缘关系太远，遗传差异太大，也会造成杂交后代性状分离大、分离世代延长的现象，影响育种的效率。一般以超亲育种为主要目的而选配亲本时，大多要求双亲的遗传差距尽可能大些，如果不以大幅度超亲为目标，并希望在短期内育成新品种时，则以选择遗传差距不太大的亲本进行杂交为宜。

3. 重视选用地方品种和当地推广的优良品种

地方品种是当地长期自然选择和人工选择的产物，而大面积推广的优良品种经历了长时间的种植考验。这两类品种资源对当地的自然条件和栽培条件都有良好的适应性，综合性状一般也比较好，也适应当地的消费习惯。用它们作亲本选育的品种对当地的适应性强，容易推广。

4. 选用一般配合力高的材料作亲本

一般配合力是指某一亲本品种或品系与其他品种或品系杂交的全部组合的平均表现。一般配合力高的亲本材料与其他亲本杂交往往能获得较好的效果，容易得到优良性状结合较好的后代，进而选育出好的品种。所以在实际育种工作中，应该优先考虑。

二、杂交方式

杂交方式是指一个杂交组合涉及的亲本数目，以及各亲本间配组的方式及顺序。它是影

响杂交育种成效的重要因素之一，并决定杂种后代的变异程度。杂交方式一般须根据育种目标和亲本的特点确定。

(一)单交

两个亲本进行一次杂交称为单交，又称为成对杂交，以符号 A×B 表示，一般母本写前面，亲本 A 为母本，提供雌配子，亲本 B 为父本，提供雄配子，A 和 B 的遗传组成各占 50%。单交只进行一次杂交，简单易行，育种时间短，杂种后代群体的规模也相对较小，是杂交育种的主要方式。当 A、B 两个亲本的性状基本上能符合育种目标，优缺点可以相互弥补时，可以采用单交方式。

两亲本杂交可以互为父、母本，因此有正交和反交之分。如果 A×B 为正交，则 B×A 为反交。育种实践证明，如果亲本主要性状的遗传不受细胞质控制，正反交性状差异不大时，无须同时进行正交和反交，习惯上以对当地条件最适应的亲本作为母本，以便于杂交操作的进行。

如晋麦 3×运 85-24→晋麦 74(山西省农科院小麦所，2002 年育成的小麦品种)；自交不亲和 10383-1×二环系 26-5-4-5→早熟 5 号(浙江省农科院园艺所，1989 年育成的大白菜品种)。

(二)复交

参加杂交的亲本是 3 个或 3 个以上，要进行 2 次或 2 次以上的杂交叫复交，又称为复合杂交或多亲杂交。一般先将一些亲本配成单交组合，再在组合之间或组合与品种之间进行 2 次乃至更多次的杂交。复交和单交相比，产生的杂种能提供较多的变异类型，并能出现较多的超亲类型，但性状稳定较慢，所需育种年限较长。复交杂种的遗传基础比较复杂，杂交亲本至少有一个是杂种，F_1群体就表现出性状分离，因此需要较大的群体进行选择，复交当代的杂交工作量要比单交大得多。一般情况下，当单交杂种后代不能完全符合育种目标，而在现有亲本中还找不到一个亲本能对其缺点完全弥补时；或某亲本有非常突出的优点，但缺点也很明显，一次杂交对其缺点难以完全克服时，宜采用复交方式。复交方式又因亲本数目及杂交方式不同分为：

1. 三交

三交就是 3 个品种间的杂交，以单交的 F_1杂种再与另一品种杂交，用(A×B)×C 表示，A 和 B 的遗传比重各占 25%，C 的遗传比重占 50%。一般用综合性状优良或具有重要目标性状的品种作为最后一次杂交的亲本，以增加该亲本性状在杂种后代遗传组成中所占的比重。

如新疆农业科学院选用棉纤维较长的长绒 3 号和成熟较早的杂种 4 号杂交，获得的杂种再和大铃、高衣分的 C-4757 杂交，在杂种后代中选育出具有 3 个亲本综合优良性状的棉花品种新陆 201；沈阳农业大学选用早熟、直立、矮生性的克罗特科斯塔基和果实发育快、矮生、果型好的矮红金杂交，获得的杂种再和早花、矮生性的比松杂交，在杂种后代中选育出具有早熟、丰产、矮秧、大果的沈农 2 号番茄。

2. 双交

双交是指两个单交的 F_1再进行杂交，参加杂交的可以是 3 个或 4 个亲本。三亲本双交是指先将一个亲本同其他两个亲本分别进行单交，再将这两个单交的 F_1进行杂交，用(B×A)×(C×B)表示。A 和 C 的遗传比重各占 25%，B 的遗传比重占 50%。小麦良种北京 10 号就是利用华北 672、辛石麦和早熟 1 号 3 个品种采用双交方式育成，其杂交方式为：(华北 672×辛石麦)×(早熟 1 号×华北 672)。四亲本双交包括 4 个亲本，分别先两两进行单交，再把这两个单交获得的 F_1进行杂交，即(A×B)×(C×D)。A、B、C 和 D 的遗传组成各占 25%。北京地区大面积推广的高产小麦品种“农大 139”即是通过(农大 183×维尔)×(燕大 1817×30983)的双交组合的方式获得的。

此外，还可以采用 4 个亲本顺序杂交，即四交[(A×B)×C]×D，这时 A 和 B 的遗传比重各占 12.5%，C 占 25%，而最后一个亲本 D 占 50%。

五交、六交……，依此类推。

三、杂种后代选择

通过正确选配亲本，并运用适当的杂交方式，获得杂种以后，需在良好而一致的试验条件下种植杂种种子，并保证有足够数量的杂种分离群体。在此基础上，根据育种目标，按照不同世代特点，对杂种进行正确处理，以及严格的选择、鉴定和评比，最后育成符合育种目标的新品种。至于对某些特定性状，还需要给予相应的培育、选择和鉴定的条件。

杂种后代的处理方法中，应用较广的有系谱法和混合法，还有从这两者派生出来的其他方法。

(一)系谱法

系谱法是指自杂种第一次分离世代(单交 F_2、复交 F_1)开始选株，分别种植成株行即系统(简称株系)，以后各世代继续单株选择，直至最后确定性状优良一致的品系，并进行产量试验的方法，常用于自花授粉作物新品种选育和常异花授粉作物自交系选育。在选择过程中，各世代以系统编号，以便考查株系历史和亲缘关系，故称系谱法(图 6-1)。现在我国推广的许多杂交育成品种，绝大多数是用此法育成的。现以单交组合为例，具体说明杂种各世代的选育过程。

1. 杂种一代(F_1)

将杂种种子按杂交组合排列，点播或移栽，同时种植对照品种及亲本以便比较。每一组合的种植株数应按照预期 F_2群体的大小及该作物的繁殖系数而定，约数株到数十株。

用两个纯系品种杂交所得的 F_1杂种在性状上是一致的，一般不选单株，主要根据育种目标淘汰有严重缺点的杂交组合，并参照亲本淘汰假杂种。收获时按组合混合采收种子，写明行号或组合号。每一当选组合所留的种子数量，应能保证 F_2有一定的群体株数。如稻麦等小株作物，每一杂交组合一般应种植 1 000～3 000 株，棉花至少应有 500 株。

2. 杂种二代(F_2)

按照杂交组合点播。F_2群体应尽可能大，以种植 F_2植株数量必须确保获得育种目标所要求的基因重组和性状为原则。实际上群体的大小应该根据育种目标、亲本遗传差异的大小、亲本数目多少、组合优劣和目标性状遗传的特点而定。F_2应注意株间距离一致，尽可能减少株间竞争，使每一单株的遗传潜力都能充分表现，加强选择的可靠性。

在田间均匀布置对照行，并种植亲本行，以便根据最邻近的对照行的表现选择单株，并参照亲本性状在 F_2的表现情况，了解亲本性状的遗传特点，为以后选配亲本积累经验。F_2是性状开始分离的世代，工作重点是确定优良组合，淘汰不良组合，在好的优良组合中选择优良单株。

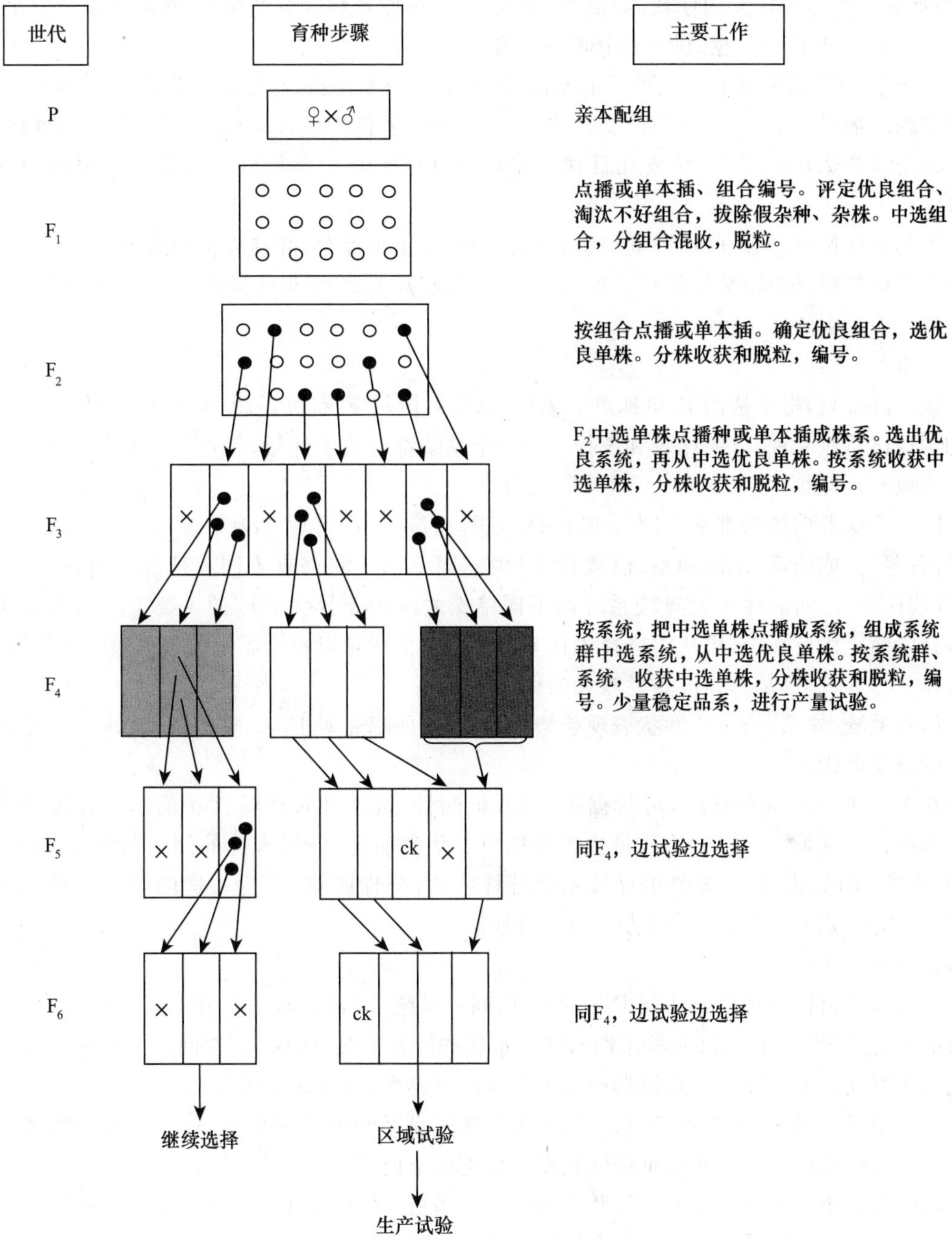

图 6-1 系谱法示意图

F_2所选单株的优劣在很大程度上决定其后代表现。因为来自同一 F_2单株的后期，其世代的一些株系大多具有共同的优点及相似的产量水平。F_2单株是否选得准在很大程度上决定了育种工作的成败。因此，F_2是选育新品种的关键世代。

选择单株时，必须考虑不同性状遗传力的大小。受环境影响较小的性状和由主效基因所控制的性状，如开花期、成熟期、株高、株型、抗病性等，在早期世代遗传力较大，可以在 F_2进行选择；而受环境影响较大的性状，如穗数、果穗长度、每株荚数以及产量等，在早代遗传力小，不宜作为 F_2 的主要选择依据，进行选择时只供参考。

由于 F_2 当选的单株是后继世代的基础，选择单株是否得当，影响后继世代的选择及效果。选择单株的数量也依育种目标、杂交方式、目标性状的遗传特点，以及杂交组合优劣程度而定，每个杂交组合选几株、几十株或几百株。在育种目标要求广和综合性状良好的组合中选株宜多。

入选植株按组合分株收获，同一组合的各个单株单独保存，并挂牌标明组合编号。每个单株分别考种脱粒、编号、装袋保存。如“13(8)-10”，表示在 2013 年所做的第 8 个杂交组合的第二代群体中选中的第 10 株。

3. 杂种三代(F_3)

按组合排列，将入选的 F_2 单株点播成行(株行)，即从 F_3 起按系统(株系)进行种植。在田间均匀种植对照品种，以便比较和选择。每一个系统都要给予标号，并在生育期内记载生育状况及其他各种性状。

F_3 一个株行内各株都来自同一 F_2 植株，从其血统上看，可称之为系统(或株系)。一般来说，F_3 各系统(或株系)之间和系统(或株系)内不同单株之间仍有不同程度的分离，然而不同系统(或株系)之间的性状差异较系统内不同单株之间的差异大。F_3 的主要工作内容是从优良组合中确定优良系统，再从中选择优良单株。这一世代是以每个系统的整体表现为依据，从中选择单株，因而也是选择可靠性较大的世代。

F_3 各系统(株系)的主要性状表现趋势已较明显，所以是对 F_2 入选单株优劣进一步鉴定和选择的重要世代。

在 F_3 选择株系和单株时，可根据生育期、抗病性、抗逆性及产量性状的综合表现进行选择。各组合入选系统(株系)的数量主要根据组合优劣而定，一般入选的每一系统可选择 5～10 株或更多的单株，将入选的单株按系统分株收获，分株脱粒，并为入选的单株编号，如“13(8)-10-5”，F_4 及以后世代依同样方法继续编号。

4. 杂种四代(F_4)

F_4 及以后世代的种植方法同 F_3。来自 F_3 同一系统(即属于同一 F_2 单株的后代)的各单株种成的 F_4 系统称为系统群(或株系群)，同一系统群内各系统(或株系)之间互为姊妹系。一般不同系统群间的差异较同一系统群内各系统间的差异大，而姊妹系统间的丰产性、性状的总体表现往往相近。因此，在杂种四代，应该首先选择优良系统群中的优良系统，并从中选拔优良单株。F_4 选择系统和选株所依据的性状要求应更加全面。

F_4 的工作重点开始转向选拔性状一致的优良系统(株系)，第二年升入鉴定圃进行产量试验。参加产量试验的系统可改称品系。F_4 性状表现优良但尚存在分离的系统，一般只进一步选株，以便使其性状进一步纯化稳定。其中少数表现优异的系统，也可以提早升级，以便及早进行产量试验，在升级品系中仍可继续选株，以便进一步观察性状分离情况和综合性状表现。

5. 杂种五代及以后世代

F_5 及其以后世代的工作与 F_4 相同。收获时，应将准备升级系统中的当选单株先按行收获，然后再按系统混收。如果系统群表现整齐和相对一致，也可按系统群混合收获，以保持相对多的异质性和获得较多的种子，这样有利于将材料分发到不同地点进行多点试验。一般从 F_7 开始进行两年的品系鉴定试验和两年的品系(种)比较试验，对所选品系各主要性状进行较为全面的比较鉴定。

在应用系谱法处理杂种后代的整个过程中，为了提高选择的准确性和效率，要注意试验地的选择和培养。试验地不但要均匀一致，而且要有和育种目标相适应的地力水平。注意加强田间记载工作，积累资料，作为育种材料取舍的重要参考。现以番茄品种"中蔬5号"为例，介绍杂交育种的系谱法选择过程（图6-2）。

1979年秋 P　强丰（792-16-16）×Ohio MR-9（792-10）

↓

1980年春 F_1　801-37（选单株801-37-24……）

↓

1981年春 F_2　811-22，811-23……2个株系（株选811-22-18……）

↓

1981年秋 F_3　812-20（株选812-20-13……）

↓

1982年春 F_4　821-27，821-28……26个株系（株选821-27-25……）

↓

1983年春 F_5　831-30，831-31，831-32……78个株系（选单株831-32-8……）

↓

1984年春 F_6　841-29，841-30，841-33……20个株系（株选841-33-18……）

↓

1985年春 F_7　851-7，851-8，851-9（中蔬5号）

图6-2　中蔬5号选育系谱图

（引自李树德，1995）

（二）混合法

1. 混合法的工作要点

在自花授粉作物的杂种分离世代，按杂交组合混合种植，不加选择，直到杂种后代纯合率达到80%以上时（F_5～F_8），进行一次单株选择，下一代成为系统（株系），然后选拔优良系统进行升级试验（图6-3）。

2. 混合法的理论依据

作物的许多重要经济性状都是由微效多基因控制的数量性状，容易受环境条件的影响，在杂种早代遗传力低，选择的可靠性差。同时，杂种早代纯合个体很少，随着自交代数的增加，杂种后代群体中，杂合的个体迅速减少，而纯合个体的百分率逐渐地增加，到F_7～F_8时，群体中纯合体的百分率已达80%～90%，这时进行选择可以提高选择优良基因型的准确性。

3. 混合法操作应注意的事项

混合法要求混播群体比较大，同时代表性要广泛，即每世代收获和播种的群体应该尽可能包括各种类型的植株。到了选择世代，纯合体频率高、类型广，入选的株数应尽可能多些，可达数百乃至上千，选择无须太严格，主要依靠下一代的系统表现予以严格淘汰。

4. 混合法与系谱法的比较

(1)选择方法的比较　系谱法从第一次分离世代开始选择单株，直至外部性状基本稳定一

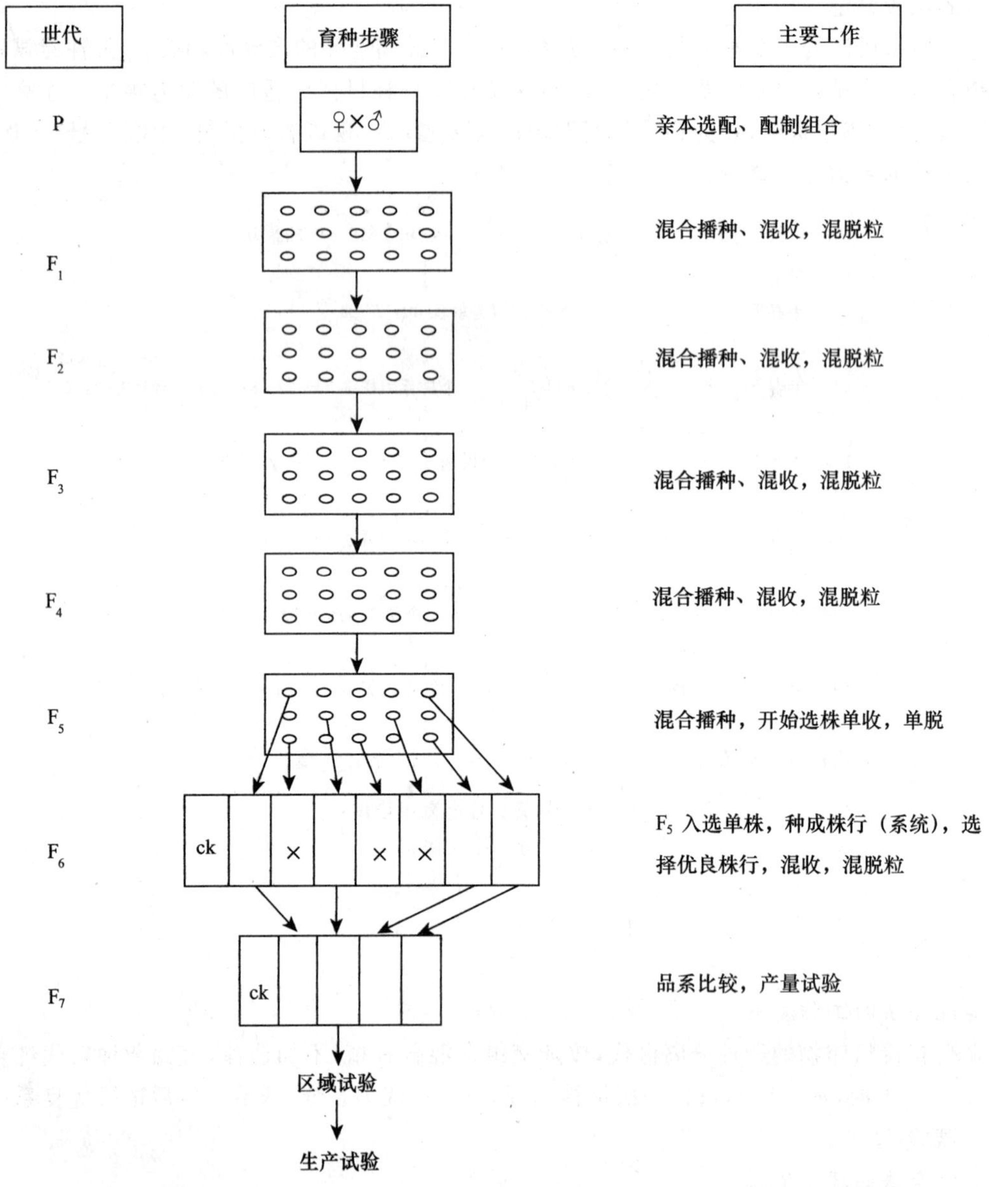

图 6-3　混合法示意图

致。混合法在分离的早期世代不进行单株选择，而按组合混合种植，直到群体中纯合体频率达80%左右时选择一次单株。在获得稳定系统（或株系）后，两种方法在处理品系方面采用的手段相同或相似。

(2)系谱法的优缺点

优点：①杂种后代有详细的系谱记载，能了解育成品种的亲缘关系；②对当代所作的选择结果，能以后代测定所积累的资料为依据，得到较可靠的最终评价；③在早期针对成熟期、株高、抗病性等遗传力较高的材料进行有效的选择，淘汰一部分未过关的材料后，能及早掌握一批此类性状优良的材料，减少后期需要评价的品系数量，而针对产量、品质等遗传力较低的性状延迟到纯合度高的后期世代进行选择，既可加速选择进程又能收到较好的效果；④经多次单株选择的后代，纯度较高，便于及时繁殖推广；⑤不同株系分开种植，可清除不同类型株间的竞争性干扰。

缺点：①在早代进行单株选择，不可避免地丢失了一部分多基因支配的优良基因型；②早代选择耗用的人力和物力大，限制了所能选择的杂交组合数和植株数，从而丢失了一些变异类型。

(3)混合法的优缺点

优点：①早代不对数量性状进行选择，直到晚代遗传力提高后才进行选择，效果较好；②杂种群体经受自然选择，有利于加强育成品种的适应性和抗逆性；③混合种植简单易行，可以节省大量人力、物力；④由于群体规模较大，能保持较多的变异类型。

缺点：①缺乏系统的系谱观察资料；②杂种早代在自然选择作用下，会使一些对植株本身有利但不符合育种目标的性状得以发展；③混合种植条件下由于群体内株间或类型间竞争，削弱了一些竞争力较弱但在农艺上重要的性状；④在晚代保留了许多不需要的变异类型；⑤在进行一次单株选择后，有的株系还在分离，往往需要进一步选单株，从而延长了育种年限。

(三)衍生系统法和单粒传法

为了利用系谱法和混合法的优点，克服其缺点，在这两种方法的基础上，又衍生出许多方法，主要根据育种目标、技术才能作具体安排，在各种方法中，主要介绍衍生系统法和单子传法。

1. 衍生系统法

由 F_2 或 F_3 一个单株所繁衍的后代群体分别称之为 F_2 或 F_3 衍生系统。这一方法是在 F_2 或 F_3 进行一次株选，以后各代分别按衍生系统混合种植，而不加选择。对衍生系统进行测产，测定结果只作参考，淘汰明显不良的衍生系统，逐代明确优良的衍生系统，直到产量及其他有关性状趋于稳定的世代(F_5～F_8)，再从优良衍生系统内选择单株，下一年种成株系，从中选择优良系统，进行产量比较试验，直至育成品种。在 F_2(或 F_3)选株时，可针对遗传力高的性状进行，遗传力较低的性状可在晚代选择。由于 F_3 系统(即 F_2 的衍生系统)产量及其他性状的优劣在很大程度上决定了其后继世代的优劣，所以根据衍生系统的表现进行选拔与淘汰，可靠性较高。

2. 单粒传法

用两个亲本杂交得到组合杂交 F_1，经自交得到 F_2，在 F_2 群体的每一株上或大量选株上各取一粒种子升级到 F_3，在 F_3 每个植株仍取一粒种子升级到 F_4，再用同法升级至 F_5、F_6，直到所需要的性状出现。一般升级到 F_6 时便可进行单株收获，F_7 种成株系。在 F_7 株系间要认真选择，中选株系分别混收，进行产量比较试验。

四、作物杂交育种程序及加速育种进程方法

(一)杂交育种程序

1. 原始材料圃和亲本圃

原始材料圃种植从国内外搜集来的原始材料，分类型种植，每份种几十株。应该不断引入

新的种质，丰富育种材料的基因库。有目的地引进具有丰产、抗倒伏、抗病虫害和其他优质特性的材料。要严防不同材料间发生机械混杂和生物学混杂，保持原始材料的典型性和一致性。对所有材料定期进行观察记载，根据育种目标，选择材料进行重点研究，以便选作杂交亲本。重点材料连年种植，一般材料可以室内保存种子，分年轮流种植，这样不但可以减少工作量，并且可以减少混杂的机会。

从原始材料圃中每年选出符合杂交育种目的的材料作为亲本，种于亲本圃。杂交亲本应分期播种，以便花期相遇；并适当加大行株距，便于进行杂交。

2. 选种圃

种植杂交组合及杂种各世代群体的地块称选种圃。选种圃的主要工作是从性状分离的杂种后代中选育出整齐一致的优良株系，即品系。杂种后代在选种圃的种植年限因其外观性状稳定所需的世代而定。所选材料性状一旦稳定，便出圃升级进行比较鉴定。

3. 鉴定圃

种植从选种圃升级的新品系及上年鉴定圃留级品系的地块叫鉴定圃。其主要任务是对所种植品系的产量、品质、抗性、生育期及其他重要农艺性状进行初步的综合性鉴定。有些性状，如抗病虫害、抗旱性等，在自然条件下不能充分表现时，应进行人工诱发鉴定。根据田间表现和室内考种结果、自然鉴定和人工诱发鉴定结果，从参试的大量品系中选择优良的品系。

从选种圃送来的品系，除进行上述鉴定外，还应继续观察其一致性表现。在个别品系中若发现有分离现象，下年应将其重新种植在选种圃继续纯化。

一般升入鉴定圃的品系较多，各品系的种子数量又相对较少，所以，鉴定圃的小区面积较小，设置 2～4 次重复，采取顺序排列或随机区组排列方式，试验条件接近大田生产条件。

4. 品种比较试验圃

种植由鉴定圃升级的品系和上年品种比较试验圃中留级品系的地块称为品种比较试验圃，简称品比圃。品比圃的中心工作是在较大面积上进行更精细、更有代表性的产量比较试验，同时兼顾观察评定其他重要农艺性状的综合表现。

品比圃的小区面积一般在 13 m^2 以上，设置 3 次以上重复，采用随机区组设计，连续进行 2～3 年的品比试验。

从品比圃择优选出的新品系，可提交进行地区级、省级、国家级的区域试验。在进行品比试验的同时，应安排一定规模的种子繁殖。从鉴定圃升级的有些品系，若种子不足，可进行一年的品种预备试验。预备试验的要求同于品比试验，但小区面积略小。

5. 各级区域试验、品种审定与推广

对若干表现突出的优异品种，可在品种比较试验的同时，将品种送到服务地区内，在不同地点进行生产试验，以便使品种经受不同地点和不同生产条件的考验，并起示范和繁殖作用。

在区域试验和生产试验中表现优异，符合推广条件的新品种，可报请品种审定委员会审定，审定合格并批准后，定名推广。育种工作由以上几个育种环节（原始材料圃和亲本圃、选种圃、鉴定圃、品种比较试验圃、各级区域试验、品种审定与推广）组成，并通过育种家的安排，经过一定的程序而完成。

另外，杂交育种经历年限长，在杂交育种全过程要注意一些事项，如在选种圃中随杂种世代的进展，选择的注意力也从单株进而扩大到系统以至系统群和衍生系统的评定。试验条件一致性对提高选择效果十分重要。在鉴定圃中，必须设对照区，并采取科学和客观的方法进行鉴定。在品种比较试验圃和区域试验中，同组试验须安排在同一田块进行，以确保土壤肥力一致。

(二)加速育种进程的方法

由于杂交育种一般需要7～9年时间才可育成优良品种，现代育种往往采取一些措施以缩短育种年限。

1. 加速世代进程的方法

利用温室、异地、异季等条件进行加代，以缩短杂种世代年限。结合单倍体育种技术，缩短杂种世代。

2. 加速试验进程的方法

可进行早期测产，对于优异材料可提早升级和越级试验等。及时并加快繁殖种子。

第二节 回交育种

一、回交育种的概念及特点

(一)回交育种的概念

杂种后代及其以后世代与亲本之一多次杂交称为回交。用于回交的亲本叫轮回亲本或受体，只参加一次杂交的亲本称为非轮回亲本或供体。轮回亲本综合性状(也称背景性状)优良，但尚欠缺一两个有利性状，非轮回亲本则具有这一两个有利性状，称之为目标性状。这种把供体的目标性状通过回交导入受体的育种方式称为回交育种。回交的表达方式如：[(A×B)×A]×A 或 A^3×B 等，式内表明 A 为轮回亲本，在第一次杂交时使用一次、回交使用二次。此外，BC_1 或 BC_2 分别表示回交一次或两次，以 BC_1F_1、BC_1F_2 分别表示回交一次的一代和回交一次自交的二代。

(二)回交育种的特点

1. 回交育种的优点

①性状的遗传变异易于定向控制。在各种育种方法中，回交育种的预见性最强。

②一方面，只要回交后代的目标性状能充分表现，在任何环境条件下都可开展回交育种，这为利用温室及异地异季加代提供了便利条件。另一方面，回交后代群体所包含的基因型种类远远小于普通杂交后代群体中的基因型种类，所以回交后代所需群体的容量较小，从而有利于缩短育种年限。

③目标性状的选择易于操作。回交育种一般需将农艺性状与轮回亲本比较，目标性状与非轮回亲本比较，鉴定所需的时间较短。育成品种的特征特性一经肯定，即可在生产上推广应用。

④育成品种易于推广。

2. 回交育种的局限性

①只能改良个别性状。

②限于主基因控制的目标性状。如果控制目标性状的基因数较多，在回交后代中选株回交的难度较大。

③目标性状的遗传力较低时，难以鉴定识别，不易获得较好的改良效果。

④回交的每一世代都要进行较大数量的杂交，工作量大。

⑤回交育种的速度可能赶不上其他育种方法的选育速度，等回交转育成功时利用其他方法育成更好的品种已经在生产上推广。

二、回交育种技术

(一)亲本选择

轮回亲本必须是各方面性状都很好、预见在生产上仍有较长时间可以利用，且仅有个别性状需要改良的品种。另外，轮回亲本在选择时，要确保经过改造以后的轮回亲本即新选育的品种，在生产上有继续利用的价值。如果轮回亲本选得不准，经过几次回交后，选育的新品种已不能满足市场要求，就将前功尽弃。所以，轮回亲本最好是在当地适应性强、产量高、综合性状较好、经数年改良后仍有发展前途的推广品种。

非轮回亲本(供体)的选择也是很重要的，它必须具有改进轮回亲本缺点所必需的基因，要求所输出的性状经数次回交后，仍能保持足够的强度，同时其他性状也不能有严重的缺陷。非轮回亲本综合性状的好坏，也影响轮回亲本性状的回复程度和回交的次数，非轮回亲本的目标性状最好不与某一不利性状基因连锁，否则，为了打破这种不利连锁，实现有利基因的重组和转育，必须增加回交的次数。

非轮回亲本的目标性状最好是简单的显性基因控制的，或者是有较高遗传力的性状，这样便于识别选择。因为在回交过程中，每一轮回交，对正在被转移的目标性状都必须进行选择，性状的遗传力强，选择的效果明显。而且这一性状最好能通过目测加以鉴定，这样在回交育种应用上就比较方便。

(二)目标性状的回交导入法

若目标性状为显性时，可从 F_1 和每次回交后代中选择具有输出性状的个体，直接与轮回亲本回交(图 6-4)。

若目标性状为隐性时，则 F_1 和每次回交后代分别自交一次，使其隐性的输出性状表现出来，然后选择具有目标性状的个体继续回交(图 6-5)。

由此可见，输出性状为隐性时，回交育种所需时间延长近一倍(亲本杂交和 F_1 的进度一样)。无论输出性状是显性还是隐性，回交过程中必须选择输出性状表现突出的个体，再从这些个体内选择那些具有较高轮回亲本性状水平的个体作为回交亲本用。

当目标性状来自多个供体时，可将欲改良品种与多个供体同时分别回交几代，然后再进行聚合杂交，选育出兼具各供体亲本特有优良性状的改良品种。

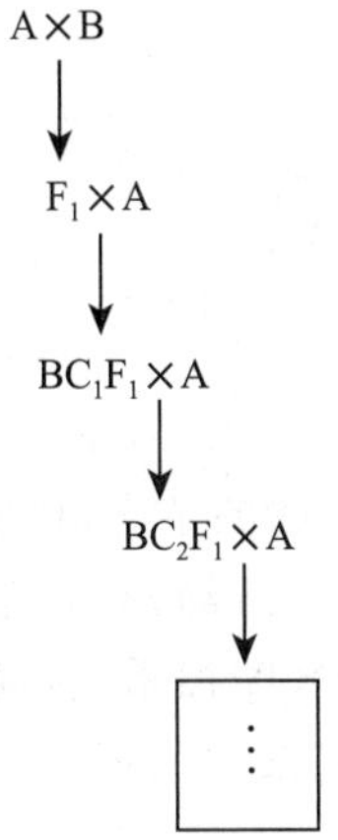

图 6-4　输出性状为完全显性时的回交程序

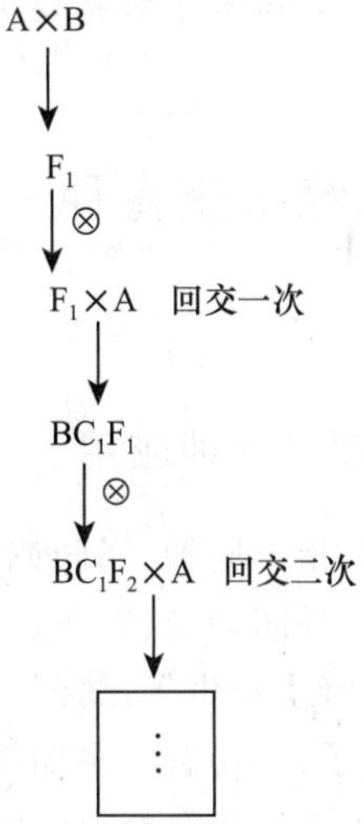

图 6-5　输出性状为隐性时的回交程序

(三)回交育种程序及水稻三系不育系转育

1. 回交育种程序

(1)杂交　将选出的轮回亲本与非轮回亲本进行杂交。

(2)回交　从 F_1 或回交后代中选出具有目标性状的植株与轮回亲本回交。

(3)自交　在回交到适宜世代后，最后还必须自交 1～2 代。因为回交后代的背景性状大致纯合，但目标性状仍处于杂合状态，需要自交纯化才能获得一个性状稳定的品系。

(4)比较鉴定　回交育成的新品系，其丰产性、适应性等性状与轮回亲本相似。因此在比较鉴定时，一般不需要像其他方法育成的品种那样，需要经过多年的鉴定和比较试验，只要用较短的时间与原品种进行比较鉴定，评判新品系是否保持着原品种的主要优点以及重要缺陷性状是否得到改良。

2. 水稻三系不育系转育

质核互作雄性不育是通过三系法利用杂种优势的，这是目前各种作物利用杂种优势的主要途径。水稻上这种利用杂种优势的方法需要不育系、保持系和恢复系配套，故称为三系法杂种优势利用。水稻三系不育系一般采用回交转育法。雄性不育系回交转育的基本原理就是细胞核置换，也就是染色体代换过程，常用做法是测交筛选与连续成对回交，不育系的完全核置换与同型保持系的稳定同步完成。

(1)测交筛选　选用性状符合育种目标的常规品种(系)或人工制保材料为父本，与已有的不育材料或不育系杂交，测定它们对不育性的保持能力。

(2)成对回交　在测交 F_1 出现的不育株中，选择不育度高、花粉典败或圆败为主的单株作母本，再与父本连续回交数代，即可转育成新的不育系。轮回亲本就是其相应的保持系。回交选育不育系的群体大小依据使用的轮回亲本不同而有所区别。大多数情况下回交一代一般要求 50～100 株；回交二代建立 5～10 个株系，每个株系种植 20～30 株；在回交三代群体中选择综合性状最好的株系扩大回交四代群体至 1 000 株左右，并对各性状的整齐度和育性进行鉴定。如各项指标均符合不育系要求，即可投入生产试验。

第三节 远缘杂交育种

一、远缘杂交育种应用

远缘杂交是指不同种、属间或亲缘关系较远的植物类型间的杂交，也包括栽培植物与野生植物间的杂交。种间杂交，如普通小麦×硬粒小麦、陆地棉×海岛棉、甘蓝型油菜×白菜型油菜、栽培花生×野生花生等；属间杂交，如玉米×高粱、玉米×摩擦禾、普通小麦×山羊草或偃麦草、水稻×竹子、马铃薯×番茄等。也有不同科、纲植物间杂交的报道。种内不同类型或亚种间的杂交称为亚远缘杂交，如籼稻×粳稻等。

(一)远缘杂交的育种意义

1. 提高植物抗逆、抗病性

由于长期自然选择的结果，野生种往往具有栽培种所欠缺的优异种质资源，通过远缘杂交可以引入有利基因。如现代月季与东北月季杂交提高抗寒性，栽培牡丹与黄牡丹提高抗病性。

2. 改变现有品种性状，提高和改进品质

3. 创造植物新类型

远缘杂交在一定程度上能够打破物种之间的界限，促使不同物种的基因交流，从而形成新物种。现已发现很多物种都是通过天然的远缘杂交和染色体加倍演化而来的，如普通小麦、陆地棉、普通烟草、甘蔗等。

4. 创造雄性不育的新类型

5. 诱导孤雌生殖

6. 利用杂种优势

如二球悬铃木(多球悬铃木×一球悬铃木)是长江流域主要的行道树种。

(二)远缘杂交的特点

1. 亲本选择、选配难度大

远缘杂交的亲本选择和选配除了遵循一般的原则外，还必须研究不同类群植物种间、属间杂交亲和性的问题。

2. 远缘杂交存在障碍

远缘杂交的难交配性　由于双亲的亲缘关系较远，遗传差异大，存在生殖隔离机制而导致杂交中雌、雄配子不能正常受精形成合子。

远缘杂种的难育性　雌、雄配子虽然能够交配或通过克服杂交难交配性产生了受精卵，但这种受精卵与胚乳或与母体的生理机能不协调，不能发育成健全的种子，有时种子在形态上虽已形成但不能发芽或发芽后不能发育成正常的植株。

远缘杂种的育性低　远缘杂种虽能形成植株，但由于生理上的不协调不能形成正常的生殖器官；或虽能开花，但由于形成配子时减数分裂过程中染色体不能正常联会产生正常的配子，导致不能繁衍后代。

3. 远缘杂种异常分离

远缘杂交由于亲本间的基因组成存在较大差异，杂种的染色体组型也往往有所不同，因而造成杂种后代不规则的分离。

4. 远缘杂种的优势

虽然远缘杂种常常由于遗传上或生理上的不协调而表现生活力的衰退，且上下代之间的性状关系难于预测和估计，但有些远缘杂种能表现出非常明显的优势，特别是在生活力、抗性、品质等特性方面尤为明显。

二、远缘杂交的困难及克服方法

(一)远缘杂交育种的困难

(1)杂交不亲和，即交配不易成功。

(2)杂种生活力弱、易夭亡，即使长成植株，结实率低甚至不育。

(3)杂种后代剧烈分离。

(二)原因

1. 表面原因

花期不遇、花粉爆裂、不萌发、花粉管不能进入胚囊和双受精不完全。

2. 生理上差异

由物种间存在的生殖隔离和遗传差异引起，是实质原因。

3. 遗传上差异

(三)克服方法

1. 选择适当的亲本，并注意正反交

除遵循一般原则外，还要考虑到不亲和性，正反交往往亲和性不同。实践证明：在种属间杂交范围内，采用栽培种、染色体数较多或染色体倍数性高的种质母本较易杂交成功。

2. 桥梁法

利用亲缘关系与双亲较近的第三个物种作桥梁种，这个“桥梁种”起了有性媒介的作用。

3. 重复授粉法

利用雌蕊发育程度和生理状况的差异，多次授粉，促进结籽。

4. 混合授粉

5. 柱头移植或截柱法

柱头移植：父本花授粉到同种植物柱头上，然后在花粉管尚未完全生长之前切下柱头，移植到母本花柱上；或先进行父母本柱头嫁接，待 1～2 d 愈合后授粉。

花柱短截：将母本花柱切除或剪短，直接授上父本花粉；或将花粉的悬浮液直接注入子房(人工授精)，不需要花柱直接胚珠受精(对蒴果型的子房较方便)。

6. 理化因素刺激

射线处理：比如 γ 射线照射花粉再授粉；化学处理：喷 GA、萘乙酸、硼酸、吲哚乙酸等。如梅花若用 50～100 mg/LGA 处理柱头，结实率高 3～10 倍；中棉×陆地棉杂交时，用萘乙酸滴入苞叶内，结铃率高、种子数多。

7. 试管授精与雌蕊培养

试管授精：从母本花中取出胚珠，置于试管中培养和人工授精。此法已在烟草属、石竹属、芸薹属等植物远缘杂交中获得成功。

雌蕊培养：为避免受精后子房早期脱落，在母本未开裂前取出雌蕊接种在培养基上培养。

应用案例——桥梁法远缘杂交选育抗叶锈中国春小麦

远缘杂交作为一种育种手段，可将不同种、亚种、属、科甚至血缘关系更远的物种进行杂交，利用不同种、属的有用基因，提高现有品种的抗病性、抗逆性和适应性等，还可以通过远缘杂交与诱变育种、倍性育种等相结合，进一步发挥它在育种中的作用。虽然远缘杂交育种在培育新物种、新品种和遗传学上都有很重要的意义，但存在杂交不易成功、杂种生活力弱、容易夭亡、育性低等局限性。克服远缘杂交需选择适当的亲本，并注意正反交方式。桥梁法、重复授粉、混合授粉等也有利于克服远缘杂交。

小麦叶锈病是世界性的小麦病害之一，其分布范围比条锈、秆锈病更广，我国各地均有发生，对小麦危害很大。具有小伞山羊草抗叶锈基因的“中国春”品种，是利用桥梁法克服杂交障碍，同时结合倍性育种、诱变育种、回交育种等各种育种手段选育而成的。小伞山羊草的染色体携带抗叶锈病的基因，普通小麦和小伞山羊草难以直接杂交，只能与其亲缘关系相近的二粒小麦杂交。育种家通过小伞山羊草先与野生二粒小麦(作桥梁种)远缘杂交，F_1 加倍后再与普通“中国春”小麦杂交，把小伞山羊草 1R 染色体上的抗叶锈基因转移到“中国春”小麦染色体上，之后通过回交、辐射、自交等一系列方法，把抗叶锈基因易位到 6B 染色体上，从而育成带小伞山羊草抗叶锈基因的“中国春”小麦，如图 6-6 所示。

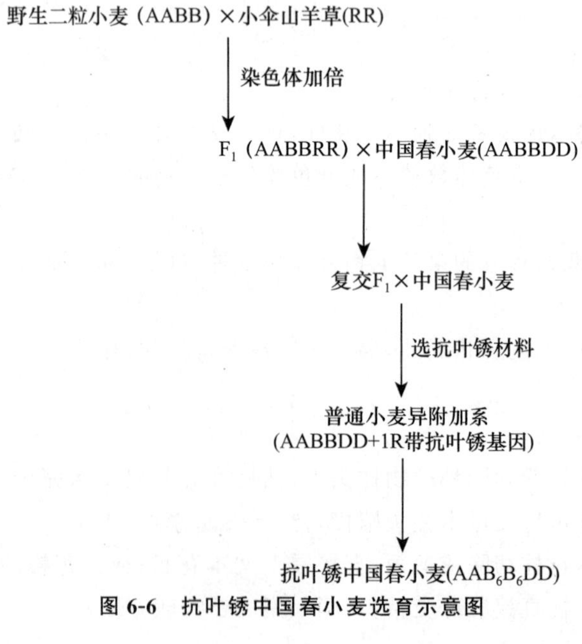

图 6-6 抗叶锈中国春小麦选育示意图

本章小结

杂交育种也称组合育种，是根据品种选育目标，通过人工杂交，组合不同亲本上的优良性状到杂交后代中，并对其后代进行多代培育选择、比较鉴定，获得基因型纯合或接近纯合的新品种的育种途径；杂交方式根据亲本的数目、组配方式及顺序分为单交和复交，复交又分为双交、三交、四交等；杂种后代的主要选择方法有系谱法和混合法；杂交育种程序是：原始材料圃和亲本圃──→选种圃──→鉴定圃──→品种比较试验──→各级区域试验、品种审定与推广。

回交育种的作用主要改良现有品种的个别缺点，转育三系不育系，要注意亲本选择、回交育种程序等。远缘杂交育种创造新物种、新类型，选育新品种，实践中注意远缘杂交的困难及其克服方法等。

思考题

1. 杂交育种亲本选配的原则是什么？
2. 杂交育种的杂交方式有哪些？
3. 以单交杂种为例，试述系谱法对杂种后代进行处理的方法步骤。
4. 杂交育种程序是什么？
5. 回交育种的特点有哪些？
6. 远缘杂交育种的意义是什么？
7. 简述远缘杂交的困难及其克服方法。

第七章　作物诱变育种

知识目标

1. 了解诱变育种的发展、意义及特点。

2. 掌握常用物理诱变剂及其处理方法、化学诱变剂及其处理方法。

3. 掌握诱变育种的程序及诱变后代的种植和选择。

能力目标

1. 能结合生产实际，根据作物种类、处理时期、处理部位等的不同，选用合适的物理或化学诱变处理方法。

2. 能根据不同诱变剂的特点，针对具体作物或品种确定最适的物理或化学诱变剂使用剂量。

3. 能熟练掌握诱变育种技术的一般程序，诱变后代的种植和优良株系选择。

诱变育种是利用理化因素诱发生物体发生变异，再通过选择培育新品种的方法。其目标是改变或增加一个品种的某一特性，而其他方面特性保持不变。根据诱导因素的不同，诱变育种可分为物理诱变育种和化学诱变育种。

诱变育种由于方法简便，效果明显，已在国内外广泛开展。早在 1927 年 Muller 在第三次国际遗传学大会上提出诱发突变改良植物，之后 Stadler 在玉米和大麦上首次证明 X 射线可以诱发突变。Muller 和 Stadler 先后报道了射线可诱导生物发生突变，但还没有有目的地进行品种改良工作。随后 X 射线被广泛应用于动植物和微生物的诱变。1934 年，Tollenear 利用 X 射线育成了第一个烟草突变品种 Chlorina，并在生产上得到推广。

20 世纪 40 年代后期进入原子时代，原子能的和平利用推动了诱变育种的发展，在美国、意大利、法国、苏联、荷兰和日本先后建立了^{60}Co-γ 射线或中子的核研究中心。1957 年中国农业科学院成立了我国第一个原子能农业利用研究室。进入 20 世纪 50～60 年代，国内外开始了关于空间环境对植物影响的研究，我国进行了较全面的研究和应用，航天育种已经达到世界先进水平。

第一节 诱变育种的成就及特点

一、诱变育种的成就

近年来,诱变育种对农业生产已经做出了巨大的贡献,主要表现在两个方面:一是大量植物新品种诱变成功;二是提供了大量优异的种质资源。

我国的诱变育种工作始于1958年,发展速度很快。据2011年的不完全统计,全世界通过辐射育种培育和推广了3 218个品种,我国利用辐射育成的品种达810个,约占世界总数的1/4。

据统计,近年来我国利用诱变或与其他方法相结合,育成了水稻、棉花、小麦、玉米、大豆、油菜和绿肥等作物新品种近百个。其中42个已推广333万hm^2。我国诱变育成的作物品种数量已居世界首位,种植面积也不断扩大。诱变品种的种植面积1985年以来基本稳定在900万hm^2左右,其中有6个品种的种植面积均在70万hm^2以上,20个品种为20万～70万hm^2,有9个辐射诱变品种获国家发明奖,它们是水稻原丰早和浙辐802、棉花鲁棉1号、大豆铁丰18和黑农26、小麦山农辐63和川辐麦1号、桑树激7681、玉米自交系原武02,以及早熟沙打旺。水稻原丰早具有早熟、适应性广等特点,由于它比亲本早熟45 d,因而在解决我国南方水稻多熟制栽培中发挥了重要作用,最大年种植面积超过110万hm^2。鲁棉1号年最大种植面积曾高达200万hm^2以上,是我国自己育成的棉花品种中种植面积最大的品种之一。水稻品种浙辐802具有早熟、抗病性强、适应性广、增产潜力大等特点,1984—1992年累计种植面积已达1 060万hm^2,是我国除杂交水稻外种植面积最大的一个水稻品种。小麦突变品种山农辐63是我国辐射诱变育成的小麦品种中推广面积最大的一个品种,最大年种植面积也曾达120万hm^2。由此可见,辐射诱变育种在农业增产中做出了重要贡献。

国外成功报道的也很多,如原苏联的小麦诱变品种新西伯利亚67的种植面积达300万hm^2。意大利在20世纪70年代育成的硬粒小麦品种Greso等,约占全国硬粒小麦面积的1/3。法国则诱变成功少粉行道树优良品种“无粉法国梧桐”,大大降低了游人的花粉过敏综合征。澳大利亚育成不含多种异黄酮配糖体三叶草品种,使食草类牲畜的繁殖率大大提高。

另外,辐射诱变可使作物产生很多变异,这些变异就是新的种质资源,近年来,我国收集了24种植物的突变资源1 700余份,对其进行鉴定和研究。其中性状优异被广泛利用的遗传资源34份,如水稻原丰早、浙辐802、辐竹二、辐709、小麦辐66、辐矮1号、玉米原武02、原辐17等。20世纪90年代以来利用突变遗传资源作杂交亲本已育成50多个优良品种(或杂交种),累计种植面积在700万hm^2以上。例如水稻辐709被用作杂交亲本,育成了9个秀水系列新品种,得到了大面积推广。

二、诱变育种的特点

(一)扩大突变谱,提高突变率

在自然界虽然有自发的突变,但频率极低,完全满足不了人类的需要。有研究指出,作物经诱变处理后，一般诱变率在0.1%左右，但利用多种诱变因素可使突变率(即突变体占处理个体的百分率)提高3%，比自然突变高出100倍以上，甚至达1 000倍。不仅突变率增加，而且突变谱(各种突变型组成突变谱)同时有了很大的差异。杂交基本是原有基因的重组，而人工诱发的变异范围较大，往往超出一般的变异范围，甚至是自然界尚未出现或很难出现的新基因源。

(二)能有效改良作物的单一性状，同时改良多个性状较困难

一般点突变都是使某一个基因发生改变，所以可以在保持原有遗传背景的前提下改良推广品种的个别缺点，但同时改良多个性状较困难。如改良品种的早熟、矮秆、提高抗病能力和优质等单一性状有效。用γ射线处理晚熟水稻品种二九矮7号，获得了比原品种早熟15 d的辐育1号新品种，而原丰早比原品种科字6号要早熟45 d，但其他性状与原品种相仿。小麦有芒红8号的抗条锈病比原品种农大311号显著地增强了。鲁棉1号是由中棉所2号与1195杂交后代选育的一个优异品系，再经γ射线处理后获得的中早熟品种，其生育期较原品系明显缩短。

通过诱变育种要想同时改良多个性状的难度很大。例如对抗病品种的选育，期望从诱变处理感病品种的后代中，选得明显的高抗两种以上病害类型还有一定的困难。

(三)诱变后代分离少，性状稳定快，育种年限短

人工诱发的变异大多是一个主效基因控制的隐性突变，且多属于简单遗传，因此稳定较快，育种周期短，一般经2～4代即可基本稳定。隐性突变在第一代(M_1)一般不表现，只有到第二代(M_2)隐性突变基因纯合时才表现出来，而一旦表现即可稳定。如矮秆水稻辐莲矮是在M_2一次选择育成的，而山东农业大学经4代选育，于1978年育成山农辐63小麦品种，1980—1983年累计种植120万hm^2。

(四)能改变作物的育性，而诱发突变的方向和性质尚难掌握

辐射诱变可使自交不孕的植物产生自交可孕的类型，也可使自交可孕的植物产生雄性不育类型。但诱变育种很难预见变异的类型及突变频率，难以控制诱变的方向。虽然早熟性、矮秆、抗病、优质等性状的突变频率较高，但其他有益的变异很少，难以在一次辐射后代中，出现多种性状均理想的突变体。因此，必须扩大诱变后代群体，以增加选择机会，这样就比较费人力和物力。

第二节　诱变剂的类别及其处理方法

一、物理诱变剂及其处理方法

(一)物理诱变剂的类别

很多因素都可以诱发植物发生突变，这些因素统称为诱变剂。典型的物理诱变剂是不同

种类的射线(图 7-1)。育种工作者常用的是紫外线、X 射线、γ 射线和中子等。

- 辐射线
  - 能量较低的电磁辐射
    - 激光
    - 紫外线
  - 电离辐射
    - 电磁辐射
      - X 射线
      - γ 射线
    - 粒子辐射
      - 带电粒子
        - α 射线
        - β 射线
        - 质子
      - 不带电粒子：中子

图 7-1 辐射诱变常用的射线种类

1. 能量较低的电磁辐射

(1)激光　通过受激辐射产生的一种新型光源,它具有亮度高,单色性、方向性和相干性好的特点。它也是一种低能的电磁辐射,在辐射诱变中主要利用波长为 200～1 000 nm 的激光。目前常用的激光器有二氧化碳激光器、氮分子激光器、红宝石激光器和氦氖激光器等。

(2)紫外线　紫外线是一种波长为 200～390 nm 能量较低的非电离辐射线。其能量较低,对组织穿透力弱,只适用于照射花粉、孢子等,多用于微生物诱变研究。其诱变作用视发射的光子波长而异,250～290 nm 区段相当于核酸的吸收光谱区,诱变作用最强。

2. 电磁辐射

(1)X 射线是由 X 光机产生的高能电磁波,是原子中的电子从能级较高的激发状态跃迁到能级较低状态时发出的射线。X 射线发射出的光子波长 0.005～1 nm,能量为 50～300 kev。X 射线的波长能量,对组织的穿透力和电离能力决定于 X 光机的工作电压和靶材料(如钨、钼)的金属性质。

(2)γ 射线是由放射性元素(^{60}Co 和^{137}Cs)产生的波长与 X 射线相比更短、能量更高、穿透力更强的电磁辐射线。γ 光子波长$<$0.001 nm,能量可达几百万电子伏,可穿入组织,防护要求用铅或水泥墙。γ 射线是目前辐射育种中最常用的诱变剂。

3. 粒子辐射

(1)带电粒子　α 射线是由天然或人工的放射性同位素衰变产生。是失去电子层的氦核,由两个质子和两个中子组成,它是带正电的粒子束,穿透力弱,电离密度大。所以 α 射线作为外照射源并不重要,但如作为内照射源时,对有机体内产生严重的损伤,诱发染色体断裂的能力很强。由于 α 射线电离程度很大,内照射很危险,使用时特别要注意安全。

β 射线是由电子或正电子的射线束,与 α 粒子相比,β 粒子的穿透力较大,而电离密度较小。在作物育种中往往用能产生 β 射线的放射性同位素溶液来浸泡处理材料,这就是内照射。常用于进行内照射处理的同位素是^{32}P、^{35}S、^{14}C 和^{131}I,它们能产生和 X、γ 射线相仿的生物学效应。

(2)不带电粒子——中子　中子是不带电的粒子,常用的中子源有反应堆中子源、加速器中子源和同位素中子源,按其能量可分为热中子、慢中子、中能中子、快中子和超快中子。在诱变育种中热中子和快中子应用较多。但中子照射后的物体带有放射性,人体不能直接接触,使用时也要特别注意安全。

(二)物理诱变剂的处理方法

1. 辐射处理材料及选择原则

诱变处理材料最常用的是种子、植株、花粉、子房、无性繁殖器官以及愈伤组织等。

辐射的效果常受到一系列复杂的内因和外因制约,因此要想诱发定向突变还有一定的难度。为了提高辐射育种的效果,辐射诱变处理材料的正确选择是诱变育种成功的基础,具体应遵循以下原则:

①亲本综合性优良,个别性状有待改善。

②杂合子材料。

③易产生不定芽。

④对辐射较为敏感的植物。

2. 作物对辐射的敏感性

作物对辐射的敏感性是指植物体对电离辐射作用的敏感程度。衡量作物敏感性的指标因作物种类、照射方法和研究目的不同而不同。最常用的指标有出苗率、结实率、存活率、细胞染色体畸变率和生长受抑制程度等。

(1)不同的作物和品种对辐射敏感性不同　一般来说植物之间分类差异越大,敏感性差异也越大。大豆、蚕豆和豌豆等豆科类作物最敏感,禾本科次之,十字花科最不敏感。科内属间敏感性也有差异,如豆科种子粒大的比粒小的属要敏感。同属的不同种间也有差异,如粳稻比籼稻品种更敏感。

(2)同种作物的不同组织器官、发育阶段和生理状况对辐射敏感性不同　幼苗较成株敏感,分生组织较其他组织敏感,性细胞比体细胞敏感,分蘖前期特别敏感,未成熟的种子较成熟的种子敏感。

(3)处理前后的环境条件也影响诱变效果　在种子辐射处理时,种子含水量是影响诱变效果的主要因素之一,水稻种子含水量高于17%或低于10%时照射敏感。种子照射后储存时间的长短也会影响种子的活力,一般处理后要尽早播种。另外在较高的含氧水平条件下照射,会增加幼苗损伤和提高染色体畸变频率。

3. 辐射处理的方法

(1)外照射　指被照射的种子或植株所受的辐射来自外部某一辐射源,如钴照射源、X射线源和中子源等。这种方法操作简便安全,处理量大,是最常用的处理方法。

外照射方法又可分为急性照射与慢性照射,以及连续照射和分次照射等各种方式。急性照射与慢性照射的区别主要在剂量率的差异,连续照射是在一段时间内一次照射完毕,而分次照射则需间隔多次照射才能完成。

外照射按处理的方法和部位不同,又分以下几种。

①种子照射　有性繁殖植物最常用的处理材料是种子。其外照射方法多种多样,可以是干、湿种子或萌动的种子。此方法的优点是操作方便、且可大量处理、便于运输和贮藏。但缺点是所需剂量较大,要求强度大的放射源。另外,种子生理状态、环境条件以及处理后的贮存时间对诱变效应都有一定影响,须注意控制。

②植株照射　可以在整个生育过程连续照射,也可以在植株的一定发育阶段进行。另外,也可以进行整体照射或局部照射,整体照射一般在γ圃、γ温室或有屏蔽的人工气候室内进行

室内处理。局部照射一般照射花序、花芽或生长点等，

③营养器官照射 无性繁殖植物常用繁殖器官(如各种类型的芽和接穗、块茎、块根、鳞茎、球茎、匍匐茎、枝条等)进行处理。如果产生的突变在表型上一经显现，可用无性繁殖方式加以繁殖即可推广。

④花粉照射 处理花粉的优点是不会形成嵌合体，花粉受处理后一旦发生突变，所得后代由于携带杂合的突变基因，便可分离出许多突变体供进一步筛选。有些作物花粉量较少不易采集，花粉存活时间较短，因此处理花粉时要求采粉、诱变处理、授粉在较短时间内完成，否则难以达到预期目的。

⑤子房照射 与花粉照射一样不易出现嵌合体。照射子房可以引起卵细胞突变，还可以诱发孤雌性细胞变异，此法对自花授粉植物进行子房照射时应进行人工去雄，对雄性不育植株更为简便。

⑥ 合子、胚细胞及其他器官组织的照射 合子和胚细胞处于旺盛的生命活动中，辐射诱变效果较好，特别是照射第一次有丝分裂前的合子，可以避免形成嵌合体，提高突变频率。

将诱发突变与组织培养结合起来进行研究越来越多，这是近年发展起来的新方法，已取得了一定成效。例如浙江农业大学用 γ 射线处理小麦幼胚愈伤组织，育成了小麦新品种核组 8 号。

(2)内照射 将辐射源引入生物体组织和细胞内进行照射的一种方法。此方法的优点是不需建造成本很高的设施，处理剂量低，持续时间长，大多数植物都可以在生育阶段处理等特点。但不足是需要一定的防护条件，易造成污染和提高环境的“本底”，而且处理剂量不易掌握，故应用受到一定的限制。内照射的主要方法有：

①浸泡法 将种子或嫁接的枝条放入放射性同位素溶液内浸泡。要求先对浸种种子在一定时间内的吸水量进行大致测定，以确定所需放射性溶液的用量，以便种子在吸胀时将放射性溶液全部吸干。

②注射法 用注射器将放射性溶液注入作物的茎秆、嫩枝、幼芽、花芽或子房内。

③施入法 将放射性同位素化合物以无机肥(如用^{32}P标记磷肥)施入土壤中，通过作物根部施肥引入植物体内或将^{14}C的化合物$^{14}CO_2$进行光合部位的施喂，使作物通过光合作用将放射性的^{14}C同化到代谢产物中引起变异。

④涂抹法 将放射性同位素溶于羊毛脂、琼脂、凡士林等黏性剂中，取适量涂抹在植物体上或浸泡叶片、嫩梢，通过根外吸收将放射性元素引入植物体内。

4. 辐射处理的剂量单位和剂量率

在照射处理时所应用的照射剂量因作物种类、处理材料(种子、植株或花粉等)均有所不同。照射单位有几种概念：

(1)放射性强度 是指放射性物质在单位时间内发生的核衰变数目。即 1 Bq 以毫居里(mCi)或微居里(μCi)表示。现在为了统一标准，便于国际上互相比较，采用了新的国际单位贝可(Bq)，其定义为放射性核每秒衰变一次为 1 Bq。即 1 Bq/sec≈2.703×10^{-11} Ci。

(2)剂量强度 是指受照射的物质每单位质量所吸收的能量，即物质所吸收的能量/物质的质量(erg/g)。照射的剂量单位有：

①照射剂量 以伦(即伦琴，R)表示，是 X 和 γ 射线的剂量单位，照射剂量的单位是 Coulomb/kg，相当于 3.876×10^{3} R。

②吸收剂量以拉特(Rad)表示，即组织伦琴，吸收剂量单位为戈瑞(Gray)，相当于 100 Rad

③中子流量以单位(cm^2)的中子数(n/cm^2)表示，中子的单位也可用 Rad 来表示。

在照射处理时，处理材料在单位时间内所受到的剂量过大，可以显著影响幼苗成活率和生长速度。所以用剂量率作为单位来衡量，即单位时间内所吸收的剂量。一般情况下突变与剂量率关系不是很大，通常干种子的剂量率为 60～100 R/min，花粉为 10 R/min 左右，剂量率不应超过 160 R/min。

诱变效果是与剂量成比例的，因为各种诱变处理都是有害的，适宜的诱变剂量诱变处理成败的关键，如果选用的剂量太低，虽然植株损伤小，但突变率很低；剂量过高会杀死大量细胞或生物体，或产生较多的染色体畸变。诱变育种时，常以半致死剂量(LD_{50}，即照射处理后，植株能开花结实存活一半的剂量)和临界剂量(即照射处理后植株成活率约 40%的剂量)来确定各处理品种的最适剂量。各种作物对 γ 射线和快中子处理适宜剂量列于表 7-1。

表 7-1 几种作物 γ 射线和快中子处理适宜剂量(蔡旭，1988)

作物种类	处理状态	适宜 γ 射线/10^{-2}Gy	处理状态	应用较多的中子流量/(n/cm^2)
水稻	干种子(粳)	20～40	干种子	$4\times10^{11}\sim6\times10^{12}$
	干种子(籼)	25～45	催芽种子	$1\times10^{11}\sim1\times10^{13}$
	浸种 48 h	15～20		
	萌动种子			
小麦	干种子	20～30	干种子	$1\times10^{11}\sim1\times10^{12}$
	花粉	2～4	萌动种子	$1\times10^{10}\sim5\times10^{19}$
玉米	干种子(杂交种)	20～35	干种子	$5\times10^{11}\sim1\times10^{12}$
	干种子(自交种)	15～25		—
	花粉	1.5～3		—
高粱	干种子(杂交种)	20～30		$10^{10}\sim5\times10^{11}$
	干种子(品种)	15～24		
粟	干种子	30～35		$10^{11}\sim5\times10^{13}$
大豆	干种子	15～25	干种子	$10^{11}\sim5\times10^{12}$
棉花	干种子(陆地棉)	15～25		$10^{11}\sim5\times10^{12}$
	花粉	0.5～0.8		—
油菜	干种子(甘蓝型)	120～130	干种子	$5\times10^{11}\sim1\times10^{12}$
甘蔗	干种子(杂种)	10～15	茎芽	$10^{10}\sim10^{11}$
	干种子(自交系)	20～25		—
甘薯	块根	10～30		—
	幼苗	5～15		—
马铃薯	休眠块茎	3～4		—
	萌动块茎	0.6～3		—

(三)航天育种

航天育种又称空间诱变育种或航天搭载育种。是利用返回式卫星或高空气球将农作物种子带到太空,利用太空特殊的环境(空间宇宙射线、微重力、高真空、缺氧和交变磁场等)使作物种子产生变化,引起生物体遗传变异,经地面种植选育新种质、新材料、培育新品种的作物育种新技术。

航天育种起步于20世纪60年代,但只有中国、俄罗斯和美国三国进行该项研究。我国于1987年开始进行航天搭载育种。到目前为止,我国利用航天诱变技术已培育出许多新品种(系)。已育成了水稻、小麦、玉米、大豆、棉花、高粱等大田作物和青椒、黄瓜、番茄、丝瓜、胡萝卜、花菜等蔬菜和花卉作物高产优质突变体,开辟了作物优良品种选育的新途径。

空间环境的显著特征是辐射强烈、微重力(失重)、高能粒子辐射、高真空、低氧、超洁净工作环境等,这些都能引起染色体的损伤和对损伤后的恢复性产生影响,虽然目前还没有弄清楚引起变异的确切原因,但一般认为是多因素综合作用的结果。与传统辐射育种相比,航天搭载育种具有诱变作用强、变异广、变异易稳定和有益变异多等优点,可从中获得传统育种方法难以获得罕见的种质材料。如航天搭载后育成的甜椒87-2,是果实大、品质优良的甜椒品种,较原品种增产30%~50%,最大果实达750 g,维生素C含量提高了20%。"特籼占13"经卫星搭载从变异株系第四代中选育出早晚季适用的"华航一号"是品质优、结实率高、不早衰的新品系,较原种增产5%~15%,产量为7 500~8 250 kg/hm^2。

目前,航天育种尚处在起步阶段,研究工作大多为大田突变体的直接筛选。因航天搭载育种费用较贵,进行航天搭载育种的国家和单位不多,进行该方面的基础研究更少。

二、化学诱变剂及其处理方法

(一)化学诱变剂的类别

早在1948年,Gustafsson等曾用芥子气处理大麦获得突变体。1967年Nilan用硫酸二乙酯处理大麦种子育成了矮秆、高产品种Luther。此后化学诱变剂的研究和应用就逐步发展起来。一些常用化学诱变剂的主要特性见表7-2,目前发现较公认的最有效和应用较多的是烷化剂和叠氮化物两大类。烷化剂中仍以甲基磺酸乙酯(EMS)、硫酸二乙酯(DES)和乙烯亚胺(EI)、亚硝基乙基脲(NEH)等类型的化合物应用较多,叠氮化物则以叠氮化钠(NaN_3)研究和应用较多。

表7-2 常用化学诱变剂的主要特性及浓度范围

诱变剂	相对分子质量	理化性质		浓度范围	
		水溶性	性质	M	%
EMS	124	约8%	无色液体	0.05~0.3	0.3~1.5
DES	154	不溶	无色液体	0.15	0.1~0.6
EI	43	溶于水	无色液体	0.85~0.90	0.05~0.15
NEH	117	微溶	黄色固体	0.02	0.01~0.05
NaN_3	65	溶于水	白色固体	0.001~0.004	

1. 烷化剂

是指具有烷化功能的化合物。它带有一个或多个活性烷基，如 CH_1、C_2H_5，该烷基转移到一个电子密度较高的分子上，可置换碱基中的氧原子，这种作用称为烷化作用。烷化剂可以将 DNA 的磷酸烷化。常用的烷化剂为硫酸二乙酯（DES）、甲基磺酸乙酯（EMS）、乙烯亚铵（EI）、亚硝基乙基脲（NEH）、芥子气类。

2. 叠氮化钠（NaN_3）

是一种动植物的呼吸抑制剂，等电点 PI4.8，在酸性条件下产生 NH_3，可使复制中的 DNA 碱基发生替换，是目前诱变率高而安全的一种诱变剂。可以诱导大麦基因突变而极少出现染色体断裂。这对大麦、豆类和二倍体小麦的诱变有一定的效果，但对多倍体的小麦或燕麦则无效。

3. 碱基类似物

与 DNA 中碱基（A、G、C、T）的化学结构相类似的一些物质。它们能渗入 DNA 取代原有碱基，又不妨碍 DNA 复制。与 DNA 结合时或结合后，DNA 再进行复制时它们的分子结构有了改变，从而导致碱基配对错误，发生碱基置换，产生突变。最常用的类似物有类似胸腺嘧啶（T）的 5-溴脲嘧啶（5-BU）和 5-溴脱氧核苷（5-BUdR），以及类似腺嘌呤（A）的 2-氨基嘌呤（2-AP）。

4. 其他化学诱变剂

其他一些化学诱变剂，如抗生素、吖啶类物质、亚硝酸、羟胺等虽也能引起一定的基因突变，但在诱变育种中的实用价值较低。

（二）化学诱变剂的处理方法

1. 药剂配制

由于各种化学诱变剂的理化性质不同，使用浓度范围不同，配制溶液时应区别对待。易溶于水者可直接按所需浓度稀释配制，而不溶于水者一般应先用少量酒精溶解后加水配制成所需浓度。另外选用适宜 pH 的磷酸缓冲液是确保诱变效果的重要条件。在 0.01 mol/L 的磷酸缓冲液中几种常用诱变剂最适 pH 不同，如硫酸二乙酯（DES）最适 pH 为 7、亚硝基乙基脲（NEH）最适 pH 为 8、甲基磺酸乙酯（EMS）最适 pH 为 7。

2. 处理材料和方法

与物理诱变一样，种子是主要的处理材料。植物的其他各个部分也可用适当的方法来进行处理。例如芽、块茎、球茎、插条等。此外，还可以处理活体植株的幼穗、花粉、合子和原胚，以提高诱变频率。因作物种类、处理时期、处理部位等的不同，应选用合适的处理方法，一般有以下几种：

（1）浸渍法　此法常用于种子、芽、块茎、块根和休眠的插条等试验材料的处理，将试材浸渍于适当的诱变剂溶液中，经过一段时间处理后，用清水冲洗。

（2）熏蒸法　将待处理试材放入一个密封而潮湿的小箱中，用化学诱变剂蒸气熏蒸铺成单层的花粉粒、子房、花药、幼苗等。

（3）滴液法　在植物茎上作一浅的切口，然后将浸透诱变剂溶液的棉球经过切口滴入，此法可用于完整的植株或发育中完整的花序。

（4）其他诱变方法　用诱变剂进行注射、涂抹或共培养法。

3. 剂量及其确定

为了获得较好的诱变效应，必须正确掌握化学诱变剂的适宜剂量。但确定适宜的剂量是一个复杂的问题。对于每一个具体作物或品种的使用剂量，必须通过幼苗生长预备试验来确定。化学诱变剂一般要求降低 10%～30%苗高为适宜剂量。

三、诱变后代种植和选择

(一) M_1 的种植与处理

经过诱变处理的种子或营养器官所长成的植株或直接处理的植株均称为诱变一代（M_1）。因诱变剂的不同，也有用 γ_1、X_1、n_1 表示的。以种子为试材的诱变处理为例，经过处理的种子应按不同品种、不同处理剂量、依一定顺序分小区点播或稀条播，同时播种未处理的同一品种作为对照。

大多数突变都是隐性突变，可遗传的变异在 M_1 一般不表现出来。但有时也能看到胚根、胚芽膨大，幼苗白化现象、水稻穗枝梗扭曲倒转等由辐射损伤所造成的形态变异，这些变异不论优劣，一般都不遗传。所以 M_1 不进行选择淘汰，而应全部留种。对 M_1 植株应实行隔离，使其自花授粉，以免有利突变基因杂交而混杂。由于照射种子所得的 M_1 常为"嵌合体"，故 M_1 应分穗或分果实分别采收种子。M_1 往往采取密植等方法控制分蘖，只收获主穗上的种子。

(二) M_2 及其后代的种植和选择

M_1 所产生的突变是否能遗传到后代，还决定于：①发生突变的细胞应参与形成生殖器官的过程中，使产生的种子也带有突变的性状；②所产生的种子必须收获并种植获得 M_2 的植株；③隐性突变必须经纯合后而显示出来。

M_2 是分离范围最大的一个世代，但其中大部分是叶绿素突变，这种突变因诱变剂种类和剂量的不同，其出现的情况有所不同。M_1 的叶绿素突变只是出现在叶片的局部地方（即斑点）。一般可根据叶绿素突变率来判断适当诱变剂和剂量。

由于 M_2 出现叶绿素突变等无益突变较多，所以必须种植足够的 M_2 群体。M_2 的工作量是辐射育种中最大的一代，为了获得有利突变，通常 M_1 要有几万株，每个 M_1 个体的后代（M_2）种植 20～50 株。

M_2 及其后代的种植方式因选择方法不同而异，现简单介绍如下：

1. 系谱法

一般情况 M_1 是不加选择，但必须收获主穗（或因种子量不够再收获 1～2 个分蘖穗）。

从 M_1 收获的每个单穗（M_2）种成穗行，分别种成 M_2 穗行或株行，设置未照射亲本做对照。如小麦则采取稀条播或点播，每行 20～100 粒，每隔 20 行播 3 行未照射处理的亲本作对照。这种方式观察比较方便，易于发现突变体。诱变育种工作中往往注意一些肉眼或适当的筛选技术易发觉的突变体，如叶绿素突变、种皮色等突变体，或矮秆、抗病等属单基因控制的突变体。虽然这种突变容易察觉和鉴定，但大部分这种突变并不符合育种要求。

M_3 仍以穗行种植，观察突变体的性状是否重现和整齐一致，是否符合育种目标，如已整齐一致可以混收。如果穗行内性状尚不整齐一致，则选择单株或单穗。一般在 M_3 就可确定是否真正发生了突变，且该突变能否遗传，同时也可确定分离的比例和数目。

M_4基本稳定，在其中进一步选择优良的株系，如果各植株的性状表现相当一致，便可将该系的优良单株混合播种为一个小区，成为M_5。除了鉴定株系内是否整齐一致等外，在有重复的试验区中进行品系间的产量鉴定。

系谱法的特点是建成穗行，根据穗行的表现初步选出较易察觉变异植株，再通过后代的鉴定、选择，只是工作量较大。

2. 混合法

将M_1每株主穗上收获几粒种子，混合种植成M_2，或将M_1全部混收后随机选择部分种子混合种成M_2，从中再选择单株和进行产量鉴定。这种方法较省工，只是选择突变体较困难，不易注意到一些微突变。一般以明显易见的性状（如早熟、矮秆）作为诱变育种目标的较易见效，如原浙江农业大学所选育的辐早2号水稻品种。禾谷类作物辐射育种过程见图7-2。

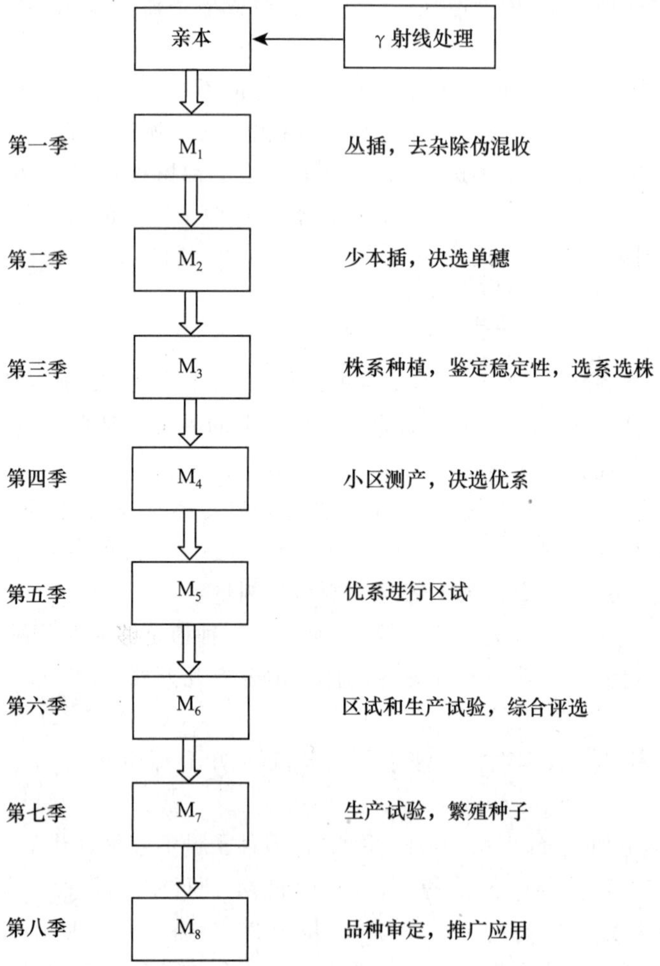

图7-2 禾谷类作物辐射育种过程示意图

此外，M_3和以后世代，还可以采用单籽传等杂交后代的选择方法，所不同的是M_4已基本稳定，随后即可进行产量鉴定。

应用案例——太空椒的选育

航天育种是一种新的育种技术。我国科学家早在1987年就用卫星搭载了普通青椒的种子，返回后经过多次培育，终于培育出了“宇航一号太空椒”新品种。太空椒以自选系经航天搭载，以W49为母本，W10为父本杂交选育而成的单交种。2004年参加国家（武陵山区）区试。与普通青椒相比，有果大、质佳、高产、维生素C含量高、早熟、抗病虫能力强，不易落花、落果、落叶等特性。适宜在我国南北地区种植。由于该品系生长势强，连续坐果率高，生长期可达7个月，因此应特别加大施肥量。平均单重200～250 g，单果重高可达500 g以上，高产稳产，每亩产量水平在800～1 000 kg，丰产潜力大。产量比普通青椒提高了20%～30%，经过多年种植，这些优良特性保持稳定。从太空回来的种子经过培育，挑选出的优良品种要经过不少于4代的种植，其中的每一代遗传性状都有所分离。如果4代后有幸筛选出一个新品种，还需要国家有关部门的品种审定，这一过程至少需要3年，品种审定合格后才能拿到品种审定证书。

本章小结

诱变育种所取得的成就，主要表现在两个方面：一是大量作物新品种诱变成功，二是提供了大量优异的种质资源。

物理诱变剂的种类为紫外线、X射线、γ射线和中子等。辐射诱变处理材料的正确选择是诱变育种成功的基础。作物对电离辐射作用的敏感程度因作物种类、照射方法和研究目的不同而不同。航天育种具有诱变作用强、变异广、变异易稳定和有益变异多等优点，但是还有待于深入研究。

化学诱变剂主要有烷化剂、叠氮化物、碱基类似物等。适宜pH的磷酸缓冲液是确保诱变效果的重要条件。使用中应选用合适的处理方法和适宜剂量。

诱变各世代一般如性状出现分离要继续选择优良单株。M_4基本稳定，在其中进一步选择优良的株系，随后即可进行产量鉴定。

思考题

1. 什么是诱变育种？诱变育种有哪些特点？
2. 主要物理诱变剂的种类、辐射源和主要特征是什么？
3. 试述辐射诱变处理的材料与相应的处理方法。
4. 什么是放射性强度和剂量强度？其单位是什么？
5. 如何确定最适宜的辐射剂量？
6. 主要化学诱变剂的种类、性质是什么？使用中应注意哪些问题？
7. 什么是系谱法和混合法？各有何优缺点？
8. 诱变育种的特点是什么？
9. 诱变育种M_1为何需要密植？
10. 作物诱变育种的一般程序是什么？

第八章　作物杂种优势利用

知识目标

1. 了解杂种优势的概念、表现特点及利用的基本条件。
2. 了解亲本选配原则和选育方法。
3. 了解杂种优势利用的几种方法。
4. 掌握自交不亲和系选育及其利用方法。
5. 掌握三系杂交种的选配和生产利用。
6. 掌握光温敏雄性不育系的选育,两系杂种组合的选配和利用。

能力目标

1. 掌握不同类型作物杂种优势利用的方法。
2. 能利用自交不亲和系与雄性不育系进行杂交种的种子生产。

杂种优势是生物界普遍发生的一种现象,几乎所有生物都存在杂种优势。杂种优势是指两个遗传性状不同的品种、品系或自交系进行杂交,所产生的杂交种,在生活力、生长势、抗逆性、适应性以及产量、品质等方面超过其双亲的现象。

早在公元584年的后魏时期,贾思勰所著的《齐民要术》记载了马驴杂交产生骡的杂种优势现象。1637年,我国《天工开物》中也记载了桑蚕品种间获得杂种优势的事例。

第一节　杂种优势利用的简史及表现特性

一、杂种优势利用的简史及成就

植物杂种优势利用最早是1761—1766年德国学者Kölreuter烟草种间杂交发现杂种优势;Darwin是杂种优势理论的奠基人,1877年提出了异花授粉有利、自花授粉有害的观点,并第一个指出玉米杂种优势现象;1908年Shull通过玉米自交系间杂交,首次提出杂种优势一词,1918年Jones提出利用玉米双交种的建议,使玉米自交系间利用杂种优势的利用变得可行，之后玉米杂交种品种开始在美国及全球大规模种植推广。

水稻杂种优势利用研究最早是日本，1958 年胜尾清育成藤坂 5 号雄性不育系。我国始于 1964 年袁隆平发现雄性不育株，1970 年李必湖找到野败不育株，1973 年实现三系配套，1976 年开始推广杂交水稻汕优 63，成为自花授粉作物利用杂种优势成功典范，并一直保持世界领先。1973 年，石明松发现光敏感核不育水稻；1991 年，育成实用型光温敏不育系；1995 年，两系杂交稻开始应用生产，使我国的水稻杂种优势利用研究从三系法转向两系法，达到了更高的水平。2014 年，袁隆平超级杂交稻百亩片平均亩产达到 1 026.70 kg。

我国油菜杂种优势利用研究工作开展较早。1943 年，浙江大学孙逢吉试验得出以芥菜型和白菜型油菜品种间优势最显著。1972 年，华中农学院傅廷栋首次育成波里马油菜细胞质雄性不育系；1986 年，李殿荣育成雄性不育系陕 2A，随后选育出杂交种秦油系列、华杂系列，并大面积推广应用。我国油菜杂种优势利用研究在国际上处于领先水平。

到目前为止，高粱、小麦、谷子、棉花以及无性繁殖的甘薯、马铃薯等作物也在一定程度上利用了杂种优势利用。蔬菜作物的杂种优势利用，近年来在国内外蔬菜科研和生产上得到广泛的应用。

杂种优势利用可以大幅度提高作物产量和改良作物品质，具有巨大的社会和经济效益。随着杂种优势利用研究的不断深入，作物新品种选育工作一定会有更大的突破。

二、杂种优势的表现特性

（一）杂种优势的普遍性

杂种优势现象在生物界是普遍的，从高等的生物人到低等的生物真菌，都发现存在不同程度的杂种优势现象。植物杂种优势主要表现在以下几个方面。

1. 营养生长方面

表现出植物的生长势强、枝叶繁茂、生长量大、营养体增大及持绿期延长，最后体现出生物产量的提高。

2. 生殖生长和产量方面

表现出生殖器官增大，受精结实和繁殖力的提高，最终体现果实与子粒产量的提高。

3. 抗逆性和适应性

表现出对不利气候、病虫害、不良环境条件的抵御能力增强，适应性更强。

4. 生理功能方面

杂种的光合效率上的提高，呼吸强度降低，同化产物分配优化与灌浆过程延长。

5. 品质方面

表现出某些杂种品质的有效成分提高，产品的外观品质和整齐度的提高。

（二）杂种优势的复杂多样性

杂种优势是受双亲基因互作，基因型与环境条件互作的影响，其表现是复杂多样的。

并不是任何杂交种的所有性状，都比双亲有优势，有的没有明显的杂种优势，甚至出现劣势（负优势）。如远缘杂交的杂种育性就明显低于双亲。作物杂种优势的表现因作物种类、亲本基因型纯度、亲缘关系、亲本组合、性状和杂交方式以及环境条件不同而呈现出复杂多样性。

就一般而言，从作物种类看，二倍体作物的品种间杂种优势大于多倍体作物，如大麦（二倍体）品种间的杂种优势大于普通小麦（六倍体）品种间杂种优势；从基因型看，亲本基因型纯合度高的 F_1 杂种优势往往强于纯合度低的，这是因为亲本纯合度高，F_1 的基因型高度一致杂合，表现出整齐、优势强；从亲缘关系看，在一定范围内，双亲亲缘关系远的杂种优势强，如不同生态类型的中国玉米自交系和美国玉米自交系之间的杂种均表现出较强的优势；从杂交组合看，双亲性状之间互补的杂种优势表现明显，如穗长而子粒行数少的玉米自交系与穗粗而子粒行数多的玉米自交系杂交一代，常表现出大穗、多行、多粒的杂种优势。

数量性状由于受环境影响大，不同环境下数量性状杂种优势的表现程度不同。一般纯系品种的抗逆性不如单交种、单交种的抗逆性不如双交种、双交种的抗逆性不如综合品种，如玉米单交种的适应性不如综合品种的适应性。品质性状的杂种优势表现更为复杂，不同组合不同性状差异较大，如玉米子粒的淀粉和油分含量，绝大多数 F_1 表现出不同程度的杂种优势，但蛋白质含量却相反，绝大多数杂交一代表现出不同程度的负优势。

(三) F_2 及以后世代杂种优势的衰退

由于 F_1 的基因型具有高度杂合一致的特点，生长才能表现整齐，优势明显。但 F_2 及以后世代由于自交而导致基因型和表现型分离，杂合基因型个体比例下降，杂种优势随着自交代数的增加会不断下降。一般 F_1 优势越大，F_2 优势衰退也就越快；双亲亲缘关系越远，F_2 优势衰退也会越快。自花授粉作物杂种优势的衰退要快于异花授粉作物。

虽然 F_2 杂种优势比 F_1 下降，但在生产上并不是绝对不能用。如棉花、烟草 F_1 的制繁种目前暂不能满足生产需求，F_2 的产量仍高于地方品种的情况下，F_2 还是可以考虑加以利用的，但前提是棉纤维的品质差异不能太大，以免影响棉纺厂的收购。特别像棉花，由于目前制种困难，湘杂棉 2 号、皖杂 40 和中棉所 28 等 F_2 杂种还是被广泛利用。但如果是用雄性不育系配制的杂交种，F_2 会分离出雄性不育株，肯定是不能再用的。

三、杂种优势大小的度量

杂种优势有正向优势和负向优势，为了便于研究和利用杂种优势，通常采用下列方法度量杂种优势的大小。

1. 超中优势

指杂种 F_1 的产量或某一数量性状平均值与中亲值（MP，即双亲同一性状的平均值）的差数占中亲值的百分比。

$$\text{超中优势}=\frac{F_1-MP}{MP}\times 100\%$$

2. 超亲优势

指杂种 F_1 的产量或某一数量性状平均值与高亲值（HP，即高值亲本同一性状平均值）的差数占高亲值的百分比。

$$\text{超亲优势}=\frac{F_1-HP}{HP}\times 100\%$$

3. 超标优势

指杂种 F_1 的产量或某一数量性状平均值与对照值(CK,即当地推广品种同一性状平均值)的差数占对照值的百分比。这是生产上真正有意义的杂种优势。

$$超标优势=\frac{F_1-CK}{CK}\times 100\%$$

4. 杂种优势指数

指杂种 F_1 的产量或某一数量性状平均值占中亲值(MP)的百分比。

$$杂种优势指数=\frac{F_1}{MP}\times 100\%$$

在生产实际应用中,包括品比试验或各级区域试验,经常采用超标优势这一指标,超中优势和超亲优势指标往往应用于杂种优势理论研究。

第二节 杂种优势利用的基本条件和亲本选配

一、杂种优势利用的基本条件

利用杂种优势时,要想获得强优势杂交种,必须具备以下三个基本条件:

1. 要有高纯合性的优良亲本

优良的亲本品种和自交系是组成强优势杂交组合的基础材料。参与杂交的亲本应具有优良的农艺性状、抗逆性和高的配合力。如果是利用雄性不育系配制杂交种,那么不育系亲本还要具有稳定的雄性不育性,较高的柱头外露率和异交结实率;恢复系亲本则要具有恢复能力强、花粉量多、散粉时间长等特性。由于亲本的一切性状都是受亲本基因控制的,亲本的纯合性直接影响优良性状的遗传和表达,只有亲本纯合性高,杂种 F_1 才能整齐一致,表现出杂种优势。所以,保持优良亲本的高纯度,保持其遗传的稳定性,是有效利用杂种优势的首要条件。

2. 强优势的杂交组合

杂种优势利用是通过杂交种来实现的,优良的杂交组合除了需满足品种三个基本条件DUS(即特异性、一致性、稳定性)外,还必须有足够强的优势表现,包括产量优势,品质优势,适应性优势,熟期优势和株型优势,使种植者有利可图。如果选配的杂交组合只具有产量等优势,而不具有抗逆性和适应性优势,往往表现为高产而不稳产,在生产上存在风险较大,不宜大面积推广应用。选育产量、品质、抗性、适应性等综合性状均表现杂种优势的杂交组合,才是育种工作所追求的目标。

3. 制繁种技术需简单易行

杂种优势利用一般仅限于 F_1,这就需要年年进行亲本的繁种和杂交种的制种。因此,采用简单易行而经济有效的制繁种技术是非常必要的。在建立相应的种子生产体系的基础上,要有简单易行的亲本品种或自交系繁殖方法,提高繁种产量,保证种子纯度,又要有确保亲本花期相遇和提高异交结实率的制种方法,以提高制种产量,降低生产成本,才能在生产上更广泛地利用杂种优势。

二、亲本选配

杂种优势育种的方法,是先通过自交或选择方法选育出基因型纯合的纯系或自交系,纯系或自交系一般不直接应用生产,而是按一定杂交方式组配出优良的杂交种组合用于生产。因此利用杂种优势育种包括优良亲本的选育和杂交组合选配两大环节,优良亲本的选育是获得强优势杂交组合的基础。

(一)杂种亲本的基本要求

1.基因型纯合

亲本基因型纯合,表型整齐一致,是杂交种高度一致和稳定的基础。经过多代自交和严格筛选,使亲本的基因型达到符合育种要求的纯合程度。系内植株的主要形态性状,如株高、株型、叶形、穗形和粒形等主要农艺性状均要求整齐一致,并能用自交或系内姊妹交等授粉方式把本系的特征特性稳定传递给下代。

2.较高的一般配合力

一般配合力高的亲本具有较多的有利基因位点,是产生强优势杂种的遗传基础。选用一般配合力高的亲本,才有可能组配出强优势的杂交组合。一般配合力由基因的加性效应决定,是可遗传的,在亲本选育过程中,要注意这一性状的选择。

3.优良的农艺性状

具有优良农艺性状的亲本是配组强优势杂种的基础平台,杂种亲本农艺性状的优劣直接影响杂交种相应性状的表现。优良农艺性状是指符合育种目标要求的各种性状,包括产量性状,如穗数、粒数、粒重等;抗性性状,如抗病虫害、抗干旱、抗水涝、抗倒伏等;植株性状,如株高、株型、生长势和持绿性等;以及品质、生育期等性状。

4.优良的制繁种性状

作为杂种的亲本,要求母本雌蕊活力强、开花习性好,柱头外露率高、接受花粉能力强,异交结实性好;要求父本花粉量足,活力强,散粉性好,雌雄花期协调性好。这样亲本繁殖和杂交种制种的产量就高,有利降低杂种种子生产成本。

(二)组配杂交组合的双亲选配原则

不是任何两个优良亲本杂交都可以获得理想的杂种优势,要选育出优良的杂交种,往往要组配大量的杂交组合,为了减少组合选配的盲目性,提高育种效率,人们在育种实践中积累了许多选用亲本时的经验和原则,如配合力高、差异适当、性状优良且互补、制种容易产量高等。

1.双亲配合力高

亲本配合力高是获得强优势杂交种的前提基础。组配时要选择两个一般配合力均高的材料做亲本,至少要求一个亲本配合力高,另一个亲本的配合力比较高,不能选择配合力都低的亲本进行杂交。除一般配合力外,还要求高特殊配合力,才能选育出强优势杂交组合。如异花授粉作物玉米的杂种优势主要取决于特殊配合力。

2.双亲亲缘关系较远

选择亲缘关系较远,性状差异较大的两个亲本进行杂交,能够提高杂种异质基因结合程度和丰富其遗传基础，表现出杂种优势。双亲远缘包括地理远缘、亲缘远缘、类型远缘。

地理远缘，指双亲分别来自国内与国外、本地与外地等不同的地理区域，其组配可增大杂种内部的差异性从而获得杂种优势。

亲缘远缘，杂交双亲有较远的亲缘关系，可望组配出强优势杂交种。例如水稻杂种的选育，籼稻(属于籼亚种)和粳稻(属于粳亚种)进行组配，由于双亲遗传背景差异较大，杂种表现强大优势。

类型远缘，杂交双亲的类型和性状差异较大，例如用马齿型与硬粒型不同类型的玉米进行组配，杂种也表现出很强的优势。

3. 双亲性状优良并能互补

组配双亲的主要性状都应该是优良的，即具有较好的丰产性、适应性和抗逆性。双亲的性状选配，尤其是像成熟期、抗病性、品质性状等杂种优势不明显的性状，只有双亲都具有这一优良性状时，才能组配出符合育种目标的杂种一代。

许多经济性状属于数量性状，杂种表现与亲本密切相关，任何亲本不都是完美无缺的，要求选配的双亲具有较多的优点，较少的缺点，并且优缺点能够互补。同时注意性状不能有严重的缺点，否则这一缺点就很难克服。

4. 双亲自身产量高，花期相近，易于授粉

实践发现，杂交种产量与亲本自身产量呈正相关，亲本自身产量高可以提高制种产量。在杂交制种时，最好选择双亲花期相近，或以偏早的亲本为母本，这样可以避免调节花期的麻烦，保证花期相遇。父本植株要求略高于母本，且花粉量要足，花时长，以利于授粉。

(三)杂种亲本的选育

杂种亲本的筛选因作物的授粉方式不同而有很大不同。对于自花授粉作物或常异花授粉作物来说，杂种亲本往往是以品种形态出现，即是一个基因型纯合的品种。杂种优势利用初期，大部分亲本品种是从品种资源中筛选出的。随着生产和育种要求的提高，直接利用品种作亲本已不能满足杂种优势利用需要，育种工作者根据杂种亲本的要求，挖掘品种资源，采用各种育种手段选育亲本品种。常用方法有杂交育种、回交育种、辐射育种、远缘杂交育种和分子标记辅助选择等，在本章第四节恢复系亲本选育中再作详细介绍。

而对于异花授粉作物来说，必须经过多年多代的人工强制自交与单株选择，才能获得基因型纯合、表型一致的杂种亲本，即自交系。下面重点介绍自交系的选育。

选育自交系的原始材料主要有三种类型：地方品种或当地主推品种；各种杂交种和综合品种或人工组成群体。我国选育玉米自交系的原始材料有地方农家种、单交种、双交种、回交种、综合种和改良群体等。地方品种地区适应性强，一些性状较好，但往往产量低；当地主推品种是经过改良的优良品种，具有较高的生产力，优良的农艺性状，容易选出农艺性状优良、一般配合力较高的自交系。将上述品种群体或品种间杂交种作原始材料选育出的自交系，称为一环系。如从玉米地方品种金皇后中选出金 03、金 04 等自交系。

用自交系间各类杂交种作原始材料选育出的自交系，称为二环系。二环系是用杂交种作自交系的原始材料，集中了较多有利基因位点，优良性状多，选出优系的概率比一环系高，是我国目前玉米自交系选育重要方法之一。如采用单交种华 160×威 20 后代选出华 2 自交系。

无论是异花授粉作物还是常异花授粉作物，在选育自交系时，都要进行人工套袋自交。具

体方法是：在开花散粉前，用大小合适的羊皮纸袋，套在当选植株的花序上，起到隔离的作用，防止其他品种(系)的串粉，同株授粉后收获的套袋种子就是自交系。

自交系的选育方法一般采用系谱法，对产量性状、品质性状、植株性状、抗逆性和生育特性等自交系优良农艺性状进行选择，同时还要进行配合力测定，需自交5～6代稳定。如玉米自交系选育，大多在中期世代(S_3～S_4)进行配合力测定，即中期配合力测定过程和自交系稳定过程同步进行，最终选育出农艺性状优良、一般配合力高、基因型纯合、表现型整齐一致、能稳定遗传的自交系，这样大大缩短育种时间。

三、配合力的概念及其测定

(一)配合力的概念及种类

配合力是指一个亲本与另外的亲本杂交后杂种一代的生产力或其他性状指标的大小。配合力不能通过杂种亲本自身的性状表现出来，而是通过杂种亲本组配的杂种产量或其他性状的平均值加以估算。配合力是自交系的一种内在属性，受多种基因效应支配。农艺性状好的自交系配合力不一定就高，只有高配合力的杂种亲本才能产生强优势的杂交种。

配合力有两种，即一般配合力和特殊配合力。一般配合力(GCA)是指一个纯系(自交系)亲本与其他若干个品种(自交系)杂交后，F_1在某个数量性状上的平均表现。它由基因的加性效应决定的，为可遗传部分。如果杂种亲本所含的有利基因位点越多，那么一般配合力就越高。一般配合力高的自交系是组配高产杂交种的基础。特殊配合力(SCA)是指两个特定亲本所配F_1在产量或某种数量性状上的表现。它是由基因的非加性效应决定的，只能在特定的杂交组合中由双亲的等位基因间或非等位基因间互作而反映出来，是不能遗传的部分。

一般配合力大小是用某一自交系在一系列杂交组合的平均产量(或数量性状)与试验所有杂交组合的平均产量(或数量性状)的差值来表示；特殊配合力大小是用特定杂交组合的实际产量(或数量性状)与试验所有杂交组合的平均产量(或数量性状)和双亲一般配合力的差值来表示，即特殊配合力＝组合的实际产量－全部组合平均产量－双亲一般配合力 。

(二)配合力测定方法

1. 顶交法

选择一个遗传基础广泛的品种群体作测验种来测定自交系的配合力。可以用地方品种作测验种，现在一般选用综合品种作测验种。由于选用测验种遗传基础广泛，可以看成是由多个纯系组成，因而仅可测出一般配合力。

用一个共同的测验种，可同时进行多个被测系的测交，不同测交种之间的差异，也就反映出被测系之间的配合力差异。如某一测交组合表现产量(或其他数量性状)较高，则表明该组合中的自交系的配合力高。具体方法是，A为测验种，1、2、3、4、5…n个自交系为被测系。组配1×A,2×A,3×A、…n×A等杂交组合(可以正反交)，对测交组合进行产量或其他数量性状比较，从而计算出各被测系的一般配合力。

顶交法的优点是测配组合少，工作量较轻，但只能测定一般配合力，不能测定特殊配合力。

2. 双列杂交法

一组被测系既是测验种又是被测系，用它们相互轮换杂交，配成所有杂交组合。如有n个被测系，采用完全双列杂交(含正交和反交)可配成 $n(n-1)$ 个杂交组合，采取不完全双列杂交(只做正交)可配成 $n(n-1)/2$ 个杂交组合。在下一季对所得的杂交组合，利用随机区组设计进行田间比较试验，根据试验结果，既可计算出各被测系的一般配合力，又可计算出特殊配合力。

双列杂交法的优点是同时测定被测系的一般配合力和特殊配合力，但当被测系数目较多时，组合数过多，试验工作量大，试验安排困难。只适用育种后期阶段，在精选和确定少数优良亲本系或骨干系后采用，或用于遗传研究。

3. 多系法

用几个优系或骨干系作测验种与一系列被测系杂交，如用 A、B、C、D 四个优系为测验种，分别与 100 个被测系测交，可得 400 个杂交组合，下一代按顺序排列，间比法设计进行比较试验，根据试验结果，可计算出各被测系的一般配合力和特殊配合力。

多系法的优点是能同时测定被测系的一般配合力和特殊配合力，在测定配合力的同时，可直接选择优良杂种，选出的优良杂种可及时作为商品杂种投入生产利用。如雄性不育系杂种优势利用，可选用几个优良的雄性不育系作测验种，对恢复系配合力测定的同时，也可获得优良的杂交组合。多系法是当前国内外作物育种工作中最常用测配方法。

(三)配合力测定时期

1. 早代测定

在自交系选育的早期世代 $S_1 \sim S_2$ 代进行配合力测定，仅能测出一般配合力。此时自交系正处于分离状态，性状不稳定，但由于一般配合力在早代与晚代呈正相关，早代测定可以反映该组合的一般配合力趋势，及早淘汰低配合力材料，有效控制群体规模，减少后代测配数量，集中力量对少数高配合力的材料进行选育。早代测定一般适用于改良群体品种时采用，选育自交系一般很少采用。

2. 中代测定

在自交系选育的中期世代 $S_3 \sim S_4$ 代进行配合力测定，此时自交系正从分离向稳定过渡，系内的特性基本形成。测出的配合力更加可靠，配合力中期测定过程与自交系稳定过程同步进行，当完成配合力测定时，自交系已经稳定，即可提供制繁种应用，这样大大缩短育种时间。国内外育种家对玉米自交系的选育大多采用中代测定。

3. 晚代测定

在自交系选育的晚期世代 $S_5 \sim S_6$ 代进行配合力测定。此时自交系已稳定，基因型已基本纯合。所测的配合力是可靠的。但晚代测定使一些配合力低的自交系不能及时淘汰，增加工作量，延缓了自交系选育利用的时间。

第三节 作物杂种优势利用的方法

作物杂种优势利用是通过 F_1 杂种体现的，如何配制杂交种是杂种优势利用的关键。下面介绍生产杂种种子的几种方法。

一、人工去雄法

人工去雄法指人工去掉母本雄蕊、雄花、雄株，然后利用父本自然授粉或人工辅助授粉，从母本上收获杂交种的方法。对雌雄异花作物，繁殖系数高的作物，用种量小的作物，花器较大、去雄较易的作物。优点是配组容易、自由，易获得强优势组合。如玉米是雌雄同株异花作物，采取人工去雄，方法简单且易操作，在制种隔离区内父、母本按比例种植，母本雄穗刚露出时拔掉，父本花粉人工辅助授粉杂交；烟草、番茄等虽然是雌雄同花作物，但花器大、花器构造简单、去雄方便，繁殖系数极高，此方法也是可行的，如烟草一个蒴果可获得几千粒种子，只要去雄20～30朵花，可获得数万粒种子，即可满足大田生产用种；棉花和瓜类等作物的花器更大，非常容易人工去雄，用种量较小，采用人工去雄杂交的方法也是可行的。

二、性状标志法

利用植株的某一显性或隐性相对性状作标志，区分真假杂种，就可以不用进行人工去雄而利用杂种优势。生产上往往利用苗期标志性状进行制种，即利用双亲和 F_1 杂种在苗期的某些植物学性状的差异，对杂交后代较准确地鉴别出杂种苗和亲本苗。苗期标记性状应该是稳定遗传的质量性状，容易目测区别，常用可利用作标记隐性性状的有水稻紫叶鞘、小麦红色芽鞘、棉花红叶和鸡脚叶、棉花的芽黄和无腺体。制种时，具有苗期隐性性状做母本，具有显性性状做父本按比例种植，隔离区内自由授粉，从母本植株上收获的种子，后代种子根据标志性状间苗，去除隐性性状的假杂种幼苗，保留显性的真杂种幼苗。

三、化学去雄法

利用雌蕊比雄蕊更具某种化学药剂的抗药性，选用适当的浓度和剂量，在作物发育的一定时期喷洒于母本上，直接杀伤其雄蕊，而对雌蕊无致命伤害，从而达到去雄目的。目前，国内外化学杀雄剂有 Genesis、SC2053、BAU9403、HS4、SX-1、化杀灵、杀雄剂Ⅲ号等。化学杀雄法具有配组容易、自由及制种手续简单等特点，目前在油菜、小麦、水稻等作物制种上有一定的试验研究和少量的生产应用，但由于杀雄稳定性及药液残毒等原因，还不能得到广泛推广应用。而对于开花期长的棉花、大豆等作物不易应用。

四、利用雌性系制种法

雌性同株异花植物中，有些植株所开的花全部或绝大多数都是雌花，而无雄花或只有少数雄花，通过选育获得具有稳定遗传性能的系统称为“雌性系”。利用雌性系作母本，开花期摘除母本出现的少量雄花，任其自由授粉，在雌性系上收获 F_1 杂种，在父本行收获父本种子或另设父本繁殖区。利用雌性系制种生产种子在瓜类广泛应用，可降低生产成本。

五、利用迟配系制种法

在异花授粉作物中，相同基因型花粉管在花柱中的伸长速度比不同基因型花粉管在花柱中的伸长速度慢。生产中可利用这种特性选育出迟配系来配制 F_1 杂种。在制种隔离区，按1∶(3～4)行比种植父本自交系和母本迟配系，保证花期相遇，或父本先于母本开花，任其自由授粉，在母本上收获 F_1 杂种，杂种率可达90%～98%。山东大白菜已有一半以上是采用迟配系制种法。

六、利用自交不亲和性

某些植物雌雄蕊都正常，但自交或系内交均不结实或结实极少的特性叫自交不亲和性。自交不亲和性广泛存在于十字花科、禾本科、豆科、茄科、菊科等多种植物，其中十字花科植物最为普遍。人们利用这种特性选育遗传上稳定的自交不亲和系，不用人工去雄就能生产杂交种子，从而实现杂种优势利用。同时利用蕾期授粉自交结实，使自交不亲和系得到繁殖。所有自交不亲和系本身就是两用系。

(一)自交不亲和系的选育

要想对于甘蓝、油菜、大白菜、小白菜等自交不亲和性强植物，通过连续多代自交分离、定向选择的方法，选育出自交不亲和系。

1. 大量套袋自交

对优良品种内选择经济性状好，配合力高的优良单株，在花期进行套袋自交，待 15 d 左右，检查自交结实情况，测定自交亲和指数(指自交授粉平均每朵花结籽数)，选择亲和指数小于 1 的自交不亲和植株；与此同时，在同株的另一些花枝上剥蕾人工套袋自交，即在开花前1～2 d 把花蕾剥开，不去雄，用本株的花粉授粉，获得种子，使自交不亲和性遗传下去。

2. 定向选择

在自交不亲和植株后代中连续进行套袋自交，选择自交亲和指数应小于 1 的植株，用蕾期自交的方法保留种子。在自交早代 S_1～S_3 代，自交不亲和性会发生分离，后代分离出自交不亲和株和自交亲和株。如果通过连续自交和定向选择，一般 S_4～S_5，套袋自交的亲和指数分别小于 1，且在不同世代和不同条件下表现一致，则由自交不亲和株繁殖的后代群体，就是自交不亲和系。

优良自交不亲和系应具有：①优良的经济性状，配合力高；②高度稳定的花期自交不亲和性(亲和指数小于 1)；③较高的蕾期自交亲和指数(一般高于 5)；④自交衰退不显著。

(二)自交不亲和系的利用

利用自交不亲和系测交配组，找出强优势组合，从中选出熟期适当、产量高、抗性强的强优势杂交种，应用生产。利用自交不亲和系配制方式通常采用单交、三交和双交。

单交种获得有两种方式：第一种 SI(自交不亲和系)× SC(自交亲和系)，优点是父本选择范围广，容易选出配合力高的组合。缺点是只能从 SI 上收获杂种一代种子，SC 上收获的种子不能用于生产。第二种 SI1×SI2，优点是可同时从两种自交不亲和系上收获杂交种子，产量较高。缺点是需有两种不同的自交不亲和系才能使系间杂交亲和，这就对经济性状的选择和配合力的组配带来限制。

三交种获得方式有：(SI1×SI2)×SC 和(SI1×SI2)×SI3；双交种获得方式有：(SI1×SI2)×(SI3×SI4)。三交组合和双交组合的优点是生产成本低，缺点是需要 3、4 种基因型不同的自交不亲和系，选育过程较长。为了缩短育种进程，在原始材料纯化的过程中，同时进行自交不亲和性和配合力的测定，尽早对配合力高的株系配制杂交种，进行优势鉴定。

(三)自交不亲和系的繁殖

1. 蕾期人工授粉

蕾期授粉法是繁殖自交不亲和系重要的方法之一，在将开花前2～4 d，用镊子把花蕾剥开，人工取本株或同系其他植株的花粉进行授粉，使自交不亲和系正常结实，从而得以繁殖使自交不亲和系保持下去。但费工费时，技术要求高，适用于少量繁殖。目前在大白菜、小白菜、结球甘蓝、花椰菜、青花菜、萝卜等自交不亲和系繁殖普遍采用此方法。

2. 隔离区自然授粉

在自然授粉隔离区，花期用毛刷授粉，用1%～5%盐水喷雾，提高温度和CO_2浓度等辅助手段可提高自交结实率，免去人工剥蕾和授粉，省工省时，降低成本，还能减轻和延缓自交衰退，也被普遍采用。

七、利用雄性不育性

对于自花授粉和常异花授粉作物来说，利用雄性不育可以很好地克服人工去雄的困难，使杂种优势利用得以实现。在杂交制种中，利用雄性不育且可遗传的亲本作母本，生产杂交种子，省工省时，降低成本，目前在生产中广泛应用。因此，雄性不育无论在杂种优势利用的杂种选育阶段还是生产应用阶段都具有不可替代的作用。雄性不育包括核质互作不育和核不育两种类型，具体利用方法在下一节详述。

第四节 雄性不育性利用及杂交组合的选育

雄性不育是指雄性器官发育不良，失去生殖功能，导致不育的特性。雄性不育现象在植物界普遍存在，包括高粱(1927)、棉花(1928)、玉米(1931)、水稻(1935)、油菜(1940)、小麦(1951)等主要农作物先后发现雄性不育。利用雄性不育作为杂种优势利用最重要的技术手段用于各种作物，特别是自花授粉作物的，生产种子省工省时，降低成本，具有其他方法不可替代的作用。

雄性不育可分为可遗传的和非遗传的，其中已经在生产上利用的可遗传雄性不育分为质核互作不育和核不育两种。

雄性不育结构上体现雄蕊退化、花药退化和花粉退化，机能上体现花粉无授粉能力。

雄性不育植株外形与同品种的正常植株非常相似，但在开花以后，不育株和可育株可以从雄花的形态上有明显的区别。正常植株花药黄色肥大饱满，花粉成熟；雄性不育株花药色浅干瘪，花粉空瘪，畸形皱缩，不含淀粉，无活力，不能散粉，无授粉能力；正常植株花粉粒充实饱满，形状大小一致，数量多、散粉明显；不育株花粉粒无内容物，畸形皱缩不规则，不能散粉。

有一些不育基因还与其他基因连锁或一因多效，使一些明显的农艺性状与不育性并存，有助于不育植株的鉴别。如水稻不育株在抽穗后明显比正常保持株矮，抽穗迟、持续时间长，有严重的包颈现象。

目前已在生产上应用的雄性不育包括质核互作不育和核不育两种类型，下面介绍这两种类型的利用和杂交组合选育。

一、质核互作雄性不育及其杂种选育

质核互作雄性不育，其雄性不育是受细胞质不育基因和对应的细胞核不育基因共同控制。在细胞质里，N 代表可育基因，S 代表不育基因，在细胞核里，R 代表显性可育基因，相对应 r 代表隐性不育基因，其雄性育性有 6 种遗传结构（表 8-1）。

表 8-1 质核互作的 6 种遗传结构

细胞质基因	细胞核基因		
	RR 可育	Rr 可育	rr 不育
N 可育	N(RR)可育	N(Rr)可育	N(rr)可育
S 不育	S(RR)可育	S(Rr)可育	S(rr)不育

从表 8-1 可以发现，只有由胞质不育基因 S 和核不育基因 r 共同控制的植株［基因型为 S(rr)］，才表现为雄性不育，具有这种基因型的品系或自交系称雄性不育系，简称不育系(A)；其余 5 种基因型均体现可育。如果用不育系为母本，分别与 5 种可育基因型作父本杂交，会出现以下三种情况：

①S(rr)× N(rr)⟶S(rr)，F_1表现不育，说明 N(rr)具有保持不育性在世代中稳定传递的能力，具有这种基因型的品系或自交系称雄性不育保持系，简称保持系(B)。

②S(rr)× N(RR)⟶S(Rr)，或 S(rr)× S(RR)⟶S(Rr)，F_1全部可育，说明 N(RR)或 S(RR)具有恢复杂种育性的能力，具有这两种基因型的品系或自交系称雄性不育恢复系，简称恢复系(R)。

③S(rr)× N(Rr)⟶S(Rr)＋S (rr)，或 S(rr)× S(Rr)⟶S(Rr)＋S (rr)，F_1出现可育和不育分离，说明 N(Rr)或 S(Rr)具有部分恢复能力，通过自交分离，后代可以选育出基因型为 N(RR)或 S(RR)的纯合恢复系。

质核互作雄性不育利用的最大特点就是实现不育系、保持系、恢复系三系配套，产生杂交种，将杂种优势应用于生产。它的选育包括两个阶段：第一阶段是三系亲本(即不育系、保持系和恢复系)的选育；第二阶段是三系杂交种的选配。

(一)不育系和保持系的选育

1. 远缘杂交、回交转育法

获得质核互作雄性不育材料是选育不育系的前提，利用远缘杂交是选育三系不育系的一种主要方法。由于远缘杂交，遗传差异较大，质核之间有分化，容易产生不育株，将此不育株作母本用原父本或类似品种作轮回亲本回交，若后代仍保持不育，说明是属于质核互作不育，连续回交，就可育成不育系和保持系。水稻、油菜、小麦、高粱等作物经常采用这种方法。

李必湖于 1970 年在海南崖县发现的普通野生稻花粉败育株，后命名“野败”，育种工作者利用野败选育的不育系就是通过杂交和连续回交转育的方法进行核置换获得。转育方法分测交和回交二步：第一步是测交，广泛选择优良品种与野败杂交，筛选能保持野败不育性的优良植株；第二步是回交，通过 4～6 代连续的选择优株进行回交，完成核置换，就可选育出优良的不育系和保持系。

根据湖南水稻杂种优势利用协作组的研究结果，以野败为遗传背景容易选育出籼稻不育系和保持系。先后育成了二九南1号A、珍汕97A、V20A和V41A等野败型不育系。起源于野败不育细胞质的各种野败型不育系，迄今是我国籼型杂交稻的主要不育细胞质源。下面以最有代表性的三系不育系珍汕97A和B为例说明转育过程(图8-1)。

母本编号	父本编号	种植时间地点	转育情况
野败	珍汕97	1970年冬海南	利用湖南黔阳农校发现的“野败”不育株与温州市农科所选育的珍汕97杂交。
F_1	珍汕97	1971年春萍乡	共4株，经遮光处理，1株抽穗，全不育，与珍汕97回交。
B_1F_1	珍汕97	1971年冬海南	共16株，全不育株占93.80%，高不育占6.2%，性状有分离，选倾向父本的回交。
B_2F_1	珍汕97	1972年春萍乡	共123株，全不育株占100%，高不育占0%，性状有分离，选像父本的植株回交。
B_3F_1	珍汕97	1972年秋海南	共144株，全不育株占97.90%，高不育株占2.1%，性状有分离，选倾向父本的植株回交。
B_4F_1	珍汕97	1973年春海南	共36株，全不育株占97.20%，高不育株占2.8%，性状有分离，选倾向父本的植株回交。
B_5F_1	珍汕97	1973年秋萍乡	共473株，全不育株占98.30%，高不育占1.7%，不育性状整齐，选全像父本的植株回交。
珍汕97A	珍汕97B		不育系定名为珍汕97A、保持系定名为珍汕97B。

图8-1 珍汕97A、B转育过程

(引自钟海明等，1998)

2. 直接回交转育法

利用现有的不育系，选择具有优良特性的一批品种作父本进行杂交，通过花粉镜检、观察自交结实情况，测定它们对不育性的保持能力，选择性状表型像父本的不育单株作母本，用原父本作轮回亲本进行连续成对回交，可得到农艺性状完全像父本的同质异核新不育系，而父本就是保持系。利用现有不育系胞质，通过置换核质转育新不育系是目前最常用的方法(图8-2)。

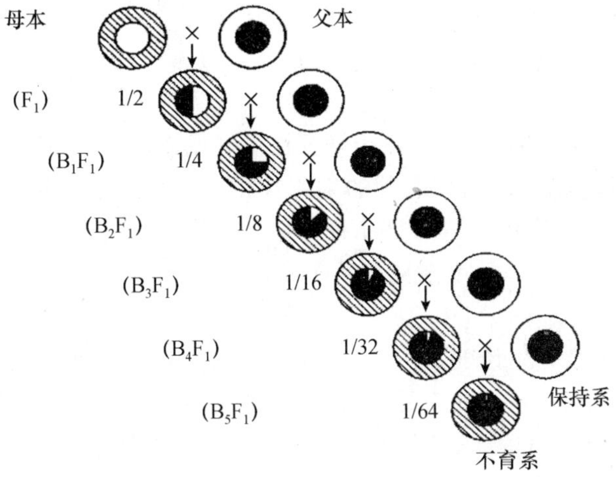

图 8-2　核置换示意图

3. 保持系的选育

保持系是不育系的同核异质体，在选育工作中应先按要求选育保持系，然后再通过保持系传递给不育系。

人工制保就是把不育的核基因导入可育的细胞质里以育成具有 N(rr)基因型的保持系。方法如：①杂交，S(rr)×N(RR)⟶S(Rr)；②顶交，N(RR)×S(Rr)⟶N(Rr)；③自交，N(Rr)×N(Rr)⟶N(rr)；④测交，S(rr)×N(rr)⟶S(rr)，使可育的 N(rr)从其他可育的表现型中鉴别出来，育成保持系。

(二)恢复系的选育

1. 测交筛选法

直接利用现有常规品种(系)与不育系直接进行测交，从中筛选出恢复能力强，农艺性状、杂种优势都达到目标要求的品种(系)成为恢复系。这是一种最简单、直接有效的方法，在各种作物都测交筛选出优良恢复系，如高粱恢复系三尺三、玉米恢复系武 105、水稻恢复系 IR24、密阳 46 等。

2. 杂交选育法

是目前恢复系选育工作最主要的方法，通过单交和复交，按照人们的要求使基因重组和累加，将优良性状和恢复基因结合在一起，从中选出恢复性强、配合力高、农艺性状优良的新恢复系。按照选用亲本性质可分为：

(1)恢×恢　恢恢杂交使恢复基因得到累加，把恢复力进一步提高，同时结合其他优良性状，得到优良新恢复系。如山西忻县农科所用全恢品种九头鸟高粱和盘陀高粱杂交育成恢复系忻梁 7 号、福建三明农科所用水稻恢复品种 IR36 和圭 630 杂交育成恢复系明恢 63 等。

(2)恢×保　利用恢复系和保持系杂交，从其稳定的杂交后代测交筛选也可以育成恢复系，它可以改良恢复系缺乏的优良农艺性状问题。如浙江农业大学用小麦恢复系 T808 和保持系墨巴 66 杂交选育出新恢复系 R124、安徽省农业科学院用水稻恢复系 C57 和保持系城堡 1 号杂交选出 C 堡恢复系等。

(3)不×恢　利用不育系和恢复系配制的杂种后代选出恢复系，由于这种恢复系的细胞质与不育系相同，称同质恢复系。如广西农科院从水稻不育系二九南 1 号和 IR24 杂交后代中，选出同质恢同恢 601。

3. 回交转育法

对一些综合性状非常优秀的品种，由于恢复性不好或无恢复性，通过用强恢复系作母本与该品种杂交，使恢复基因转到该优良品种的细胞核内，并用该品种连续回交 4～5 代、自交 2 代，使基因纯合，就可育成遗传背景与该品种相同的新恢复系。如油菜低芥酸低硫苷恢复系 90-1579 就是用秦油 2 号与 T0b-12 杂交然后连续回交转育而成。

4. 人工诱变法

利用物理或化学因素产生诱变，在后代选育出新恢复系。一种是没有恢复基因的优良品种通过诱变筛选出具有恢复基因的恢复系；另一类是利用现有恢复系通过诱变改良其个别缺点，如温州市农科院利用恢复系 IR36 进行辐射选出早熟的恢复系 IR36 辐。

(三)三系杂交组合的选配及利用

1. 三系杂交组合的选配

根据杂交组合的双亲选配原则，合理选择不育系和恢复系配制三系杂交种。选择亲本时，应考虑双亲具有较远的遗传差异、较高的配合力，优良农艺性状多且能互补，这样配制的杂交组合具有强大的杂种优势；同时还要考虑双亲的开花习性，要求母本雌蕊活力强、开花习性好，柱头外露率高，异交结实性好，父本植株略高，花粉量足，活力强，散粉性好，雌雄花期协调性好，这样有利提高制繁种产量，降低种子生产成本。

选配组合一般先行初测，杂交一代株数可以少些，但配制组合数应多一些；对 F_1的优势表现突出的组合进行复测，并进行小区对比试验；对有希望的新组合在对比试验的同时，可进行小规模制种，以供次年各级试验的用种；并探索制种技术和高产栽培技术。

2. 三系杂交种的生产利用

三系法生产利用设置两个隔离区，即不育系配繁殖区和杂交种组合制种区。繁殖田由不育系和保持系组成，主要目的是繁殖不育系种子，供下代繁殖和制种用。制种田由不育系和恢复系组成，主要目的是获得杂交种种子供大田生产应用。如图 8-3 所示。

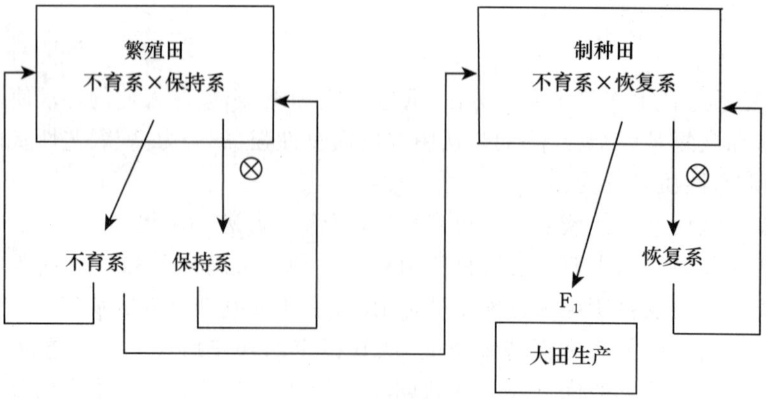

图 8-3 三系法制繁种两田生产流程图

二、基因型-环境互作雄性不育及其杂种选育

(一)光温敏核不育系的选育

在自然条件下，光周期和温度常常是相关的，其中以光周期反应为主、温度反应为辅而导致不育的材料称为光敏型核雄性不育；以温度高低反应为主、光周期反应为辅而导致不育的材料称为温敏型核雄性不育；还存在一些介于二者之间的材料，其不育是一种受光、温环境因素共同影响，统称为光温敏型核雄性不育。

水稻两系不育系农垦58S是石明松于1973年首次发现和选育的。随后科研人员提出了不育起点温度低于23.5℃的实用光温敏不育系关键技术指标选育理论，研创了实用光温敏不育系选育与鉴定技术，陆续选育出培矮64S、广占63S、Y58S等一批光温敏不育系。

选育程序：将杂交转育获得的一代种子进行种植，通过自交混收获得F_2种子；从F_2开始在高温长日条件下种植，从中选出农艺性状优良的不育株，把这些不育单株割蔸移到低温短日条件下再生，选结实好的可育株获得F_3种子；F_3开始重复上述程序，直到育成稳定整齐的光温敏雄性不育系。光温敏不育系育成后，除按一般不育系要求鉴定其特征特性、整齐度、配合力、品质、抗性、异交率等外，还应针对其特点在育性转换特征、临界光温、光温敏属性、适用范围等方面进行鉴定，鉴定的方法可采用不同生态点的分期播种和人工气候箱的试验处理相结合。

(二)两系杂交稻组合的选配

光温敏核不育系有两重性：长日高温条件下不育，可利用在自然条件下稳定不育与恢复系(一般品种)杂交进行制种，这种利用光温敏不育系生产水稻杂交种称为两系杂交种；短日低温条件下可育，可利用在可育时段自交进行繁殖，这样就无须保持系(图8-4)。

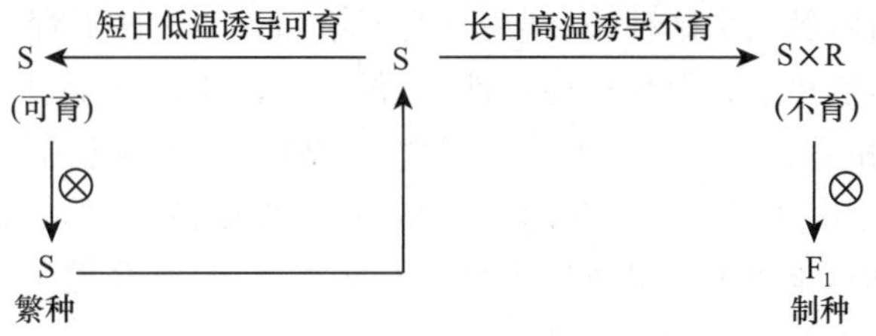

图8-4 两系法制繁种两田生产流程图

两系法杂交水稻在配组上不受恢保关系制约，光温敏不育系恢复源很广，配组自由，正常品种(品系)都可以做恢复系。选配的两系杂交稻新组合，将使高产、优质和抗性能够很好地结合。如两优培九就是两系不育系培矮64S与常规品种93-11配组而成，扬两优6号就是两系不育系广占63S与常规中稻品种扬稻6号配组而成。两系杂种品种的亲本选配原则与三系亲本配组原则相似，选育程序也应通过测交、产量比较的筛选程序进行。

两系法利用杂种优势，开辟了杂种优势利用的又一条重要途径。目前，两系杂交稻在全国大面积推广应用。2014年，在湖南省溆浦县种植的百亩片平均亩产1 026.70 kg的超级杂交稻Y两优900就是两系杂交稻组合。袁隆平率领的“两系法杂交水稻技术研究与应用”获2013年度国家科技进步奖特等奖。

应用案例——中国超级杂交稻

农业部于1996年立项由袁隆平院士主持的中国超级稻计划，提出了我国超级稻育种目标：第一期目标是到2000年亩产达到700 kg，第二期目标是到2005年亩产达到800 kg，第三期目标是到2015年亩产达到900 kg，第四期目标是到2020年亩产达到1 000 kg以上。

到2000年超级杂交稻组合“两优培九”连续在数十个百亩片和数个千亩片突破了百亩连片亩产700 kg的第一期目标；到2004年两系超级杂交稻组合“P88S/0293”在全国有7个百亩示范片达到亩产800 kg，其中湖南的中方、隆回、汝城百亩示范片的平均产量分别为802.53、809.9和803.3 kg，湖南三县百亩示范片连续两年超过亩产800 kg，提前实现了农业部制订的中国超级稻第二期目标；2011年9月19日隆回县羊古坳乡雷峰村“Y两优2号”百亩超级杂交稻试验田亩产达到926.6 kg，完成了超级稻第三期目标，2012年11月28日，由宁波市农科院马荣荣育成的超级水稻“甬优12号”在鄞州洞桥百梁桥村的百亩示范片平均亩产达到963.65 kg，最高亩产1 014.3 kg；2014年10月10日，农业部组织专家，在湖南省溆浦县横板桥乡红星村对102.6亩杂交稻“Y两优900”进行了现场测产验收，百亩片平均亩产为1 026.70 kg，成功实现超级杂交稻亩产超1 000 kg的第四期攻关目标。

截至2013年，中央财政投入超级稻研究与推广经费3.4亿元，已育成通过农业部认定的超级稻品种108个，全国超级稻推广面积达1.21亿亩，亩增产60 kg以上，带动全国水稻单产和总产再上新台阶。

本章小结

杂种优势是指两个遗传性状不同的品种、品系或自交系进行杂交，所产生的杂交种，在生活力、生长势、抗逆性、适应性以及产量、品质等方面超过其双亲的现象。杂种优势是生物界普遍发生，且表现出复杂多样性。杂种优势利用的途径有人工去雄法、性状标志法、化学去雄法、利用雌性系制种法、利用迟配系制种法、利用自交不亲和性和雄性不育性利用法等。利用自交不亲和系，要求自交不亲和系必须具有稳定性，以保证配制出的杂交种质量，同时采取蕾期授粉的方法使自交不亲和系能够结实。植物的雄性不育性分为核质互作雄性不育性和核型雄性不育等。利用核质互作雄性不育性可在制种体系中，实现雄性不育系、保持系、恢复系三系配套。利用核型雄性不育，即利用光温敏核不育系有两重性：长日高温不育进行制种，短日低温可育进行繁殖，实现两系配套。

思考题

1. 什么是杂种优势？利用作物杂种优势的途径有哪些？各有什么特点？
2. 试述杂种品种的亲本选配原则及理由。
3. 利用作物杂种优势的基本条件是什么？
4. 作物杂种优势表现特点有哪些？
5. 测定配合力都有哪些方法？这些方法各有什么特点？
6. 叙述杂种优势利用的几种方法和代表作物。
7. 如何选育自交不亲和系？
8. 何谓质核互作雄性不育？它是如何利用杂种优势的？
9. 叙述光温敏核不育系的两重性及其应用。

第九章 生物技术育种

知识目标

1. 了解细胞和组织培养在育种中的应用。
2. 了解植物原生质体培养和体细胞杂交基本过程。
3. 了解主要分子标记的类型及各自特点。
4. 掌握转基因育种的基本程序。

能力目标

1. 能掌握组织培养的常规操作技术。
2. 能熟练操作分子标记基本流程。

生物技术又称生物工程，是以生命科学为基础，结合遗传工程原理，利用生物体的特性和功能，设计、构建、培育具有预期性状的新物种、新品种、新品系的综合技术体系。作物育种的主要任务是按照人们预定目标，采取相应的育种程序和方法，诱发、创造和重组遗传变异，选育出适应当地自然气候条件，符合社会、生产需要，在遗传组成上相对稳定一致的优良基因型，并繁殖出足够数量个体(种子苗木)供生产上应用。根据作物育种的任务，作物育种的成效主要取决于三个方面:一是亲本，亲本中必须包括育种目标所需的基因资源，并且这种基因资源是可供育种家方便利用的;二是采用合理先进的育种方法，将优良基因重组在一起;三是准确、可靠的鉴定技术，把优良基因型挑选出来并鉴定出它在一定的自然气候、生产条件下的适应能力和生产潜力。现代生物技术在这些方面已经发挥重要作用，并将继续发挥愈来愈重要的作用。

第一节 植物细胞工程育种

植物细胞工程是以植物组织和细胞培养技术为基础发展起来的一门科学。以生物细胞为基础单位，按照人们的需要和设计，在离体条件下进行培养、繁殖，使细胞的某些生物学特性按人们的意愿发展或改变，从而改良品种或创造品种、加速繁育生物个体、获得有用材料的过程统称为细胞工程。目前，植物细胞工程的主要工作领域包括植物细胞和组织培养、体细胞杂交、细胞代谢物的生产与克隆等。

一、植物细胞和组织培养在育种中的应用

植物组织培养是指在人工控制的环境条件下，利用适当的培养基，对离体的植物器官组织、细胞及原生质体进行培养，使其再生细胞和完整植株的技术。由于所培养的植物材料已脱离母体，所以又称为植物离体培养。植物组织培养是在无菌的条件下进行的。所谓无菌是指使培养皿、器械、培养基和培养材料等处于无真菌、细菌、病毒等微生物的状态，以保证培养材料在培养器皿中正常生长和发育。人工控制的环境条件是指对光、温、水、气和营养等条件进行人工控制，以满足植物培养材料在离体条件下的正常生长和发育。

植物组织培养中，使用的各种器官、组织和细胞统称为外植体。根据外植体来源和培养对象的不同，植物组织培养的研究类型可分为5类：①组织培养：对植物的各部分组织，如分生组织、形成层组织、薄壁组织等进行离体培养的方法；②器官培养：对植物体各种器官，如根、茎、叶、花、果实和种子及器官原基进行离体培养的方法；③胚胎培养：对植物成熟胚和未成熟胚以及具胚器官进行离体培养的方法；胚胎培养所用的材料有幼胚、成熟胚、胚乳、胚珠和子房等；④细胞培养：对植物的单个细胞，如性细胞、叶肉细饱、根尖细胞等和较小细胞团进行离体培养的方法；⑤原生质体培养：对植物的原生质体进行培养的方法。

(一)体细胞克隆变异及其育种利用

体细胞克隆变异指植物组织和细胞培养物在培养过程中产生的变异。对于遗传变异的分析而言，为统一术语，Orton引进了R、R_1、R_2等，分别表示再生当代、自交第一代、第二代等，这一概念至今仍在广泛应用。

1.体细胞克隆变异的遗传基础

(1)染色体数目变异　最多见的是多倍体，主要是培养基中使用了细胞分裂素。变异的大小与培养状态、年龄、原始材料的倍性及培养时期有关。在研究柱花草(Stylosanthes)的体细胞克隆变异时发现，二倍体变异的频率随培养时间的延长而降低，四倍体变异的频率却随培养时间的延长而增加。

(2)染色体结构变异　染色体结构变异似乎是体细胞克隆变异的主要来源，常见类型包括染色体缺失、倒位、重复和易位。很多体细胞再生株减数分裂时形成多价体、染色体桥、小片段、环等，充分说明了染色体结构变异的存在。

(3)点突变　这类突变可分为多种类型。一是自发突变，最早证实点突变的存在是从烟草中利用体外筛选获得抗氯磺隆(chlorsulfuron，一种除草剂)突变体；二是诱发突变，在培养基中加入化学诱变剂或进行诱变处理；三是基因的表达及基因放大和衰减。高等植物的某些基因在发育过程中受到某一环境刺激，可以放大自己，即基因的拷贝数大量增加，这意味着该基因转录的mRNA及蛋白质增加；四是有丝分裂交换。这种交换尽管很微弱地改变了基因的顺序，但仍可影响基因的表达。同样，细胞质基因(叶绿体和线粒体基因)也能发生突变。

2.突变体的筛选

为了增加突变频率，需要进行诱变处理。将外植体、愈伤或悬浮系用诱变剂处理。

(1)材料的选择　应做到：①起始材料要较易再生植株；②选用染色体数稳定的材料，避免采用非整倍体，否则将给遗传和生化分析造成困难；③突变体选择时，应选用生长速度相对较

快的细胞系，防止培养基中物质的分解，也防止生长慢的细胞发生染色体数目和结构上的变异。目前用于突变体选择的细胞以悬浮细胞和原生质体较为理想，但原生质体受到一些因素的限制，技术难度较大。

(2)突变诱发　在细胞培养中，自发突变的频率为 $10^{-8} \sim 10^{-5}$，使用诱变剂可使其突变频率提高到 10^{-3}，但不同诱变剂诱变效果不同。常用诱变因素有两种：①物理诱变剂，如紫外线和各种射线。②化学诱变剂，使用化学诱变剂，要充分洗涤后才进入下一步骤。

(3)突变体选择　在突变体筛选中常采用两种选择法，即一步筛选法和多步筛选法。一步筛选法是将培养物接种在含有最低全部致死剂量的培养基上，表现出生长的培养基再转移到含有抑制剂的新鲜培养基上。多步筛选法是首先使用半致死剂量对细胞进行筛选，每次继代将上代能生长的细胞系继代到筛选剂浓度提高的新鲜培养基上。

(4)突变体鉴定　诱变的细胞从选择培养基上转到非选择培养基上后快速生长，然后转到分化培养基上再生植株。可以在再生株上检查突变体的表达，也可以在后代的组织培养物上检测。

3. 在作物育种上的应用

(1)抗病　利用病菌毒素作为筛选剂进行抗病突变体的筛选是一种有效的抗病育种方法。Carlson(1973)在这方面做了开拓性的工作，他用烟草花药培养的愈伤组织得到细胞悬浮系，从单倍体植株的叶肉得到原生质体，经 EMS(甲基磺酸乙酯)诱变后，在含有野火病菌致病毒素类似物氧化亚胺蛋氨酸(MOS)的培养基上进行筛选，获得抗病细胞系并再生植株。此外，以非专化性毒素为选择剂也可开展抗病突变体的筛选工作。Behnke 等在含有马铃薯晚疫病(P. infestans)的培养滤液的培养基上进行多系筛选，获得的抗病再生植株病斑面积缩小 25%。

(2)抗除草剂　该方面研究的主要目的是使作物抗除草剂，便于除草剂在田间的应用。Chaleff 等(1984)以烟草单倍体愈伤组织为材料，获得抗 chlorsulfuron 和 sulfometuron(甲嘧磺隆)的烟草突变体植株。Anderson 等(1986)从玉米体细胞无性系中筛选到一个耐咪唑啉酮类除草剂的突变体，对该除草剂的耐性提高了 100 倍，再生植株及其后代在田间条件下对该除草剂均具有较好的耐受性。

(3)抗氨基酸或氨基酸类似物　氨基酸代谢受末端产物抑制调控，筛选出对某种氨基酸的反馈抑制不敏感的突变体，其体内这种氨基酸的含量便有可能提高。Carlon(1973)首次证明了这种可能性，筛选出的抗蛋氨酸类似物的烟草突变体蛋氨酸含量比对照高 5 倍。

(4)耐盐　以 NaCl 或海水为选择剂，对细胞或诱变细胞进行筛选，多数突变体的抗性能延续多代，但遗传似乎不符合孟德尔规律(Nabors 等，1980)。耐盐突变体的遗传较为复杂，虽获得一些结果，也有些突变体在无盐条件下生长一段时间后又失去耐盐性。

(5)耐旱　人们早就认识到节水是未来农业发展中的一大要求，抗旱育种也显得十分重要。通过细胞筛选从事耐旱的研究很少。Smith 等(1982)从高粱种子诱发的愈伤组织获得了耐旱的再生植株及种子，耐热性、耐旱性与对照相比均有显著差异。

此外，在耐低温、抗重金属等突变体筛选方面也开展了工作。离体筛选有用突变体的工作虽有较多报道，但真正能应用的事例还很少，今后要加强突变体的遗传规律研究、育种利用研究和变异的分子遗传研究，在理论和实践上推动该方面研究的发展。

(二)单倍体细胞培养及其育种利用

单倍体细胞培养主要包括3个方面:花药培养、小孢子培养和未受精子房及卵细胞培养,其中花药和小孢子培养是体外诱导单倍体的主要途径。从严格的组织培养角度上讲,尽管二者都是旨在获得单倍体,但花药培养和小孢子培养具有不同的含义。花药培养是将植株的花药取出,在离体无菌的条件下进行培养,属于器官培养的范畴;而小孢子培养与单细胞培养相类似。

1. 胚珠和子房培养

(1)胚珠培养　培养受精胚珠,在大田或温室摘取授粉时间合适的子房;如果培养未受精胚珠,则应在授粉前适当时间摘取子房。将胚珠接种在已配好的培养基上,应用较多的有White、Nitsch、MS等培养基。培养受精胚珠的发育有两种情况。一种情况是离体胚珠所经历的发育过程与在母体植株上的胚珠大体相同,即胚珠进一步发育后,其胚囊发育为成熟的胚,珠被发育成种皮,两者组成完整的种子。另一种情况是胚珠脱分化形成活跃生长的愈伤组织。未受精胚珠培养能够诱导大孢子或卵细胞分化为单倍体植株,用于单倍体育种。

(2)子房培养　子房是雌蕊基部膨大的部分,由子房壁、胎座、胚珠组成。子房将来发育成果实。子房培养是指将子房从母株上摘下,放在无菌的人工环境条件下,让其进一步生长发育,以至形成幼苗的过程。根据培养的子房是否授粉,将子房培养分为授粉子房培养和未授粉子房培养两类。

2. 离体受精

离体受精,也称植物体外受精,是在人工条件下使卵细胞受精形成合子,再将形成的合子离体培养使之发育成植株的过程。离体受精主要解决远缘杂交不孕和不结实。一般用子房或胚珠直接进行体外受精。

(1)花粉和子房(或胚珠)的收集　子房的收集,通常是把开花前一天的花蕾取下,经表面消毒,剥去花被和雄蕊,保留子房及花萼,花萼的存在有助于提高种子的结实率。也可以剥出胚珠培养。

(2)离体授粉和受精　花粉与卵细胞体外受精的方法有两种。其一是共培法,先将花粉撒于一个适宜于花粉萌发的培养基上,再将胚珠置于撒播的花粉中间;其二是人工授精法,将花粉撒在离体的子房或胚珠上,让其受精。

(三)幼胚培养与远缘杂交育种

胚培养的培养方式主要有两种:一种是以幼胚为外植体诱导愈伤组织细胞,通过器官发生或胚胎发生产生再生植株;另一种是使发育完全的胚直接萌发,获得完整的植株。离体胚培养在作物育种中的应用主要有以下几个方面:

1. 克服远缘杂种胚的早期败育现象

在杂种胚败育前,将胚取出培养,让培养基为幼胚提供营养,可以获得杂种植株。当胚体很小时,难以取出幼胚,可以对胚珠进行培养,从而抢救杂种胚。

2. 提高远缘杂种的成苗率

有时远缘杂交也能获得杂种苗,但频率极低,如陆地棉与亚洲棉杂交时,杂交1 000多朵花才收到一个杂交铃,采用胚珠培养时,含胚珠的频率可达30%以上。

3. 使种子无生活力的植株获得后代

许多落叶果树的种子多是早熟的，种子往往不育。用胚胎培养可以将不能正常萌发的种子培养出第二代植物。

4. 使胚发育不全的植物获得后代

如兰花、天麻的种子成熟时，胚只有 6～7 个细胞，多数胚不能成活。若在种子接近成熟时，把胚分离出来进行培养，就能生长发育成正常植株。

5. 克服种子休眠，提早结实，缩短育种周期

有的植物种子休眠长达数月至几年，胚培养可在 2～3 个月得到实生苗。

6. 克服柑橘类合子胚不能生长现象

柑橘类植物存在大量的珠心胚，珠心胚生活力很强，因而往往得不到合子胚后代，影响杂交育种结果，利用胚培养可以尽早取出合子胚进行培养，从而获得杂种后代。

幼胚培养有一定难度，因为幼胚还没有发育完整，胚越小越难培养成功。很多因素影响胚培养的效果。成熟胚对培养基要求不高，而幼胚要求较高，需要较复杂的培养基。培养基碳源以蔗糖最好，一般 2%～4%，胚越幼小，要求的蔗糖浓度越高。培养基一般用 White、1/2MS、B_5、Nitseh 等。胚生长需要的生长素和分裂素的量极低，操作时必须十分慎重。椰子汁、酵母液、植物胚乳提取物对胚生长均有不同程度的促进作用。培养所需要的温度和光照与一般细胞培养差别不大。

二、植物原生质体培养和体细胞杂交

植物原生质体培养是指将植物细胞去除细胞壁后，置于无菌条件下，使其进一步生长发育的技术。体细胞杂交是在离体条件下将同一物种或不同物种的原生质体融合，培养并获得杂种细胞的再生植株的过程。

(一)原生质体分离

原生质体分离的最基本原则是保证原生质体不受伤害及不损害它的再生能力，其先决条件是要有一个合适的渗透压。

1. 材料的准备

材料是影响原生质体分离的因素之一。制备原生质体的材料主要有以下 3 种：①自然条件下生长的植株各器官、组织均可以分离出原生质体，但从叶片中分离原生质体效果较好，因而最常用，用叶片制备原生质体时，植株的年龄和生长条件十分重要，一般选取生长健壮植株上充分展开的较幼嫩叶片；②从无菌实生幼苗的子叶、下胚轴和根能分离到原生质体，其优点是易于消毒、种子萌发的条件容易控制，可保证试验材料的一致性、能提供大量发育同步的幼嫩细胞、细胞具有较强的生活力和分化能力；③从愈伤组织、体细胞胚、悬浮培养细胞分离原生质体，其优点是组织幼嫩，分裂旺盛，再分化能力强、原生质体产率高，活性强、培养后细胞植板率高，选用胚性愈伤组织或胚性悬浮细胞系最佳。

2. 材料的预处理

从非无菌环境条件下获得的材料，首先必须经洗涤剂洗涤和流水冲洗进行表面消毒，然后再进行预处理或预培养，以提高某些材料游离原生质体的活力和分裂频率。

(1)预培养法　将分离原生质体的材料先在一定配方的培养基上培养，然后再分离原生质

体。这样原生质体的获得率虽然较为处理的低，但培养时细胞分裂频率显著提高，并能继续形成能生根的愈伤组织。

(2)暗处理法　指将材料放在黑暗条件下培养一段时间后再分离原生质体的方法。如切下的豌豆枝条，置于一定湿度的暗室中培养 1～2 d，所得原生质体存活率较高，并能继续分裂。

(3)药物及添加物处理法　将材料先在药物或添加物中处理后，再进行原生质体的分离。如将燕麦叶置于含亚胺环已酮溶液中预处理后，能提高原生质体产量和活力。在培养基中加入含硫氨基酸有利于原生质体产量的增加。

(4)萎蔫处理法　将离体叶片置日光或灯光下照射 2～3 h，叶片稍萎蔫，易于撕去下表皮，有利于酶降解叶肉细胞壁。

3. 分离方法

分离原生质体的方法一般有机械法分离和酶解法分离两种。机械法分离是早期采用的分离方法，先对材料进行质壁分离处理，然后切割，这一过程中会释放出少量的不受损伤的原生质体。用这一方法仅能从液泡很大的材料获得原生质体，而不能应用于分生细胞。

酶解法分离原生质体是目前常用的方法，可分为一步法和二步法。一步法是将果胶酶和纤维素酶等混合处理材料，直接分离获得原生质体；二步法是先用果胶酶处理材料，降解细胞间层使细胞分离，在用纤维素酶水解胞壁释放原生质体。目前多用一步法，其步骤为取材—预处理—酶液配制—酶液过滤灭菌—酶液分装保存—材料酶解处理。

4. 原生质体的纯化

酶解得到的是由未消化的细胞和细胞团、细胞碎片、叶绿体、微管成分、酶及原生质体等组成的混合物，因此必须进行纯化，才能得到纯净的原生质体。原生质体纯化可采用沉降法、不连续梯度离心法、漂浮法等。

5. 原生质体活力的测定方法

有荧光素双醋酸酯(FDA)染色法、酚藏红花染色法、形态观察法、荧光增白剂染色法、伊凡蓝染色法等。最常用的是 FDA 法。

FDA 本身无荧光，无极性，能自由地穿越完整的细胞质膜。FDA 进入有活力的原生质体后，受到原生质体内酯酶的作用，分解成有荧光的极性物质——荧光素。荧光素不能自由地穿越细胞质膜，从而在原生质体内积累，在荧光显微镜的紫外光照射下，能产生黄绿光。而无活力的原生质体不能分解 FDA，无法产生荧光。这样，就能分辨出有活力的原生质体，计算出存活百分率。该法方便可靠，且 FDA 本身对植物细胞是活性染料，既适合于研究单个原生质体，也适合于研究原生质体群体。该法的步骤：将 2 mg FDA 溶于 1 mL 丙酮中作为母液，4℃冷藏贮藏，贮藏时间不宜过长。使用时取 0.1 mL 母液加在新配制的 10 mL 0.5～0.7 mol/L 甘露醇溶液中，使终浓度为 0.02%。取一滴 FDA 液与一滴原生质体悬浮液在载玻片上混匀，25℃室温染色 5～10 min。用荧光显微镜观察，激发光波长 330～500 nm，激发滤光片可用 QB-24(可透过 300～500 nm 的光)，压制滤光片可用 JB-8(可透过 500～600 nm 的光)。活的原生质体产生黄绿色荧光，无活力的原生质体有叶绿体的发红色荧光，否则无荧光。用计数器计算存活百分率。原生质体活力=(有活力的原生质体数÷观察原生质体的总数)×100%。

(二)原生质体培养

1.培养基及培养条件

不同作物的原生质体对营养需求不同，其培养基种类很多，原生质体对营养要求与细胞有差异。效果较好的有 KM 培养基、KM8P 培养基和 V-KM 培养基等。此外，还应注意植物激素、原生质体密度、光照、温度、氮类等问题。

2.原生质体培养方法

(1)液体浅层培养　此法是先把原生质体以一定的相对密度(每毫升悬浮液约 2×10^5 个)悬浮在液体培养基中，用吸管将悬浮液移到直径为 60 cm 的平皿中使之形成一个浅层。此浅层以 1 mm 厚为宜，太厚不利于细胞对氧的吸收。用石蜡膜封住平皿。刚开始培养的 1～2 d 需经常轻轻摇动，避免分布不均匀并帮助通气。然后静置培养。该法的优点是培养基与空气接触面大、通气好，原生质体的代谢物易扩散，防止了有害物质积累过多而造成毒害。此外，转移培养物或添加新鲜培养基也方便，并便于观察和照相，但因原生质体不易集聚而影响培养。

(2)平板法培养　取 1 mL 原生质体相对密度为每毫升悬浮液 4×10^5 个，与等体积已溶解的含有 1.4%的低熔点(40℃)琼脂糖的培养基均匀混合后，置于直径为 6 cm 的培养皿中，此时密度为 2×10^5 个/mL，待凝固后，将培养皿翻转，置于四周垫有保湿材料的直径为 9 cm 的培养皿内。用此方法得到的原生质体分布均匀，有利于定点观察，也有利于在部分材料受污染时抢救未污染的部分。

(3)悬滴法培养　将含有一定密度原生质体的悬浮液，用滴管或定量加液器，滴在培养皿盖的内侧上，一般直径为 6 cm 培养皿盖滴 6～7 滴，皿底加入培养液或渗透剂等液体以保湿，轻而快地将皿盖盖在培养皿上，此时培养小滴悬挂在皿盖内。这种方法所用材料较少，培养液用量也少，有利于通风和观察。可利用此方法做原生质体不同密度的培养对比试验，进行单细胞培养。

(4)双层培养法　为固体培养和液体浅层培养相结合的方法。先将含 0.7%低熔点琼脂糖的固体培养基溶化后凝固于直径为 6 cm 的培养皿内，再加入 2 mL 原生质体与培养液的均匀混合物。开始 1～2 d 需经常轻微摇动，使其均匀、不集聚。该方法既具有较丰富的培养基，又不易干燥，且细胞分裂后可在固体培养基上生长和繁殖，为较好的培养方法。

(5)饲喂层培养　培养方法是将饲喂层的细胞(如代谢生长活跃的大豆、单冠毛菊悬浮培养细胞或细胞原生质体)用培养基制作平板，此平板亦即“饲喂层”。后用 X 射线或紫外线(半致死剂量:5×10^3 R)照射，使核失活不能分裂，但细胞仍存活。然后将原生质体以液体浅层或平板技术铺在饲喂层上，饲喂层的作用没有种的特异性，即以一种植物细胞制成的平板，支持另一种植物细胞或原生质体的生长。

(三)原生质体融合

1.原生质体融合的类型

原生质体融合可以是对称融合、非对称融合或微原生质体融合。原生质体融合后的个体称为融合体。同种原生质体间的融合称为同源融合，该融合体称为同核体；非同种原生质体间的融合称为异源融合，该融合体称为异核体。原生质体融合除了可产生双亲两种原生质体一对一融合的异核体外，还能形成某一种原生质体自身融合产生的多核体、同核体以及不同胞质来源的异胞质体。异胞质体多半是由无核的亚原生质体和另一种有核原生质体融合形成的。

(1)对称融合　对称融合是指两个完整原生质体的融合，在融合子中包含有两个融合亲本的全套染色体和全部的细胞质的融合方式。种内或种间的原生质体对称融合可产生核与核、胞质与胞质间重组的对称杂种，并可发育为遗传稳定的异源双二倍体杂种植株。但远缘种、属间经对称融合后，产生的杂种细胞在发育过程中，常发生一方亲本的全部或部分染色体以及胞质基因组丢失或排斥现象，形成核基因组不平衡或一部分胞质基因组丢失的不对称杂种。

(2)非对称融合　非对称融合是指通过物理方法(如X射线、γ射线、紫外线照射)或化学方法(如碘乙酰胺(IOA)、碘乙酸、rhodamine 6-G)处理亲本原生质体，使一方细胞核失活，或同时使另一方细胞质基因组失活，再进行原生质体融合，获得只有一方亲本核基因的不对称杂种的技术。非对称融合可分为3种类型：A细胞核＋B细胞质、A完整细胞＋B细胞质、A完整细胞＋B(细胞质和部分核物质)。无核的亚原生质体称为胞质体，有核的小原生质体或只有核和原生质膜构成的亚原生质体称为核质体。非对称融合的意义：①非对称融合一定程度上克服了体细胞杂交的不亲和现象，可以得到用一般的方法得不到的杂种；②非对称融合是供体单向转移部分遗传物质到受体中去的一种行之有效的方法，这对于转移由多基因控制的具有重要经济价值的性状(如抗病性等)有很大意义；③非对称融合可以迅速转移胞质基因，对于一些由细胞质基因控制的性状的转移具有重要的意义。

(3)微原生质体融合　微原生质体融合技术又称为微核技术，是把植物细胞经微核化处理后形成的、外包有被膜、内含染色体片段或一至多条染色体的微原生质体作为供体原生质体，与受体原生质体融合，从而实现部分基因组转移的技术。

2. 融合方法

在原生质体分离的过程中原生质体会发生自发融合。分离得到的原生质体表面都有稳定的疏水性基团，具有膜电位，因其静电排斥力使原生质体不能吸附在一起，所以一般要诱发才能发生融合。诱发融合时异种原生质体首先发生膜接触，然后两个原生质体形成细胞质桥，最后两种细胞质将两个核包围起来而完成融合。

诱导原生质体融合的方法分为化学融合法、物理融合法等。目前普遍采用的化学诱导融合方法是PEG法和高Ca^{2+}-高pH法，物理诱导融合法是电融合法。

两个不同亲本的原生质体经诱导融合后，得到的是各种原生质体的混合物，包括异核体或异核细胞、杂种细胞、不对称杂种、胞质杂种、同核体以及未发生融合的双亲原生质体。异核体或异核细胞是指细胞质发生融合而细胞核未发生融合，两个核在共同的细胞中形成。如果双核异核体的细胞核也发生融合，就会产生真正的杂种细胞。如果亲缘关系太远，异核体中一个核的染色体就会被一个个排除掉，形成不对称杂种；如果整个核完全消失，但细胞质依旧是杂合的，这种融合产物叫胞质杂种。而两个相同原生质体发生融合，则形成同核体。

(四)杂种细胞的筛选

原生质体融合的目的是要获得体细胞杂种。一般是通过对杂种细胞的富集或识别而对杂种细胞进行筛选。这一过程往往逆自然状况而行，未融合的或同源融合的原生质体往往能迅速适应培养条件而生长得很快。而异源融合体，特别是远缘不亲和的杂种细胞，在缺少选择的条件下，常常由于发育缓慢而受到优势生长的亲本细胞的抑制，不易顺利地发育成真正的杂种，导致实验失败。因此，需借助一些特殊的方法，有目的地把融合产物中的异核体杂种细胞筛选出来。杂种细胞的筛选是体细胞杂交获得成功的关键，目前选择杂种细胞的方法主要分为两类：一类是互补选择法，另一类是机械分离法。

互补选择法利用两个不同亲本具有不同的生理或遗传特性，在形成杂种细胞时产生的互补作用进行选择。在特定的培养基上，只有发生互补作用的杂种细胞才能生长，从而能较方便地淘汰非杂种细胞。互补选择法一般都要求有相应的突变体。

机械选择法是指利用两种原生质体的某些可见标志，如形态色泽、荧光素等的差异对融合产物进行鉴别，在其可辨特征消失之前，将融合的细胞从混合群体中挑选出来进行单独培养的方法，或用荧光激活细胞分选仪根据荧光特征分选融合体。

(五)杂种的鉴定

通过杂种细胞筛选获得的再生植株不一定是杂种植株，应经过进一步验证才能确定。有多种鉴定杂种方法。根据形态性状判定是最简单的方法，杂种植株的叶形通常介于双亲之间，叶面积居中，花器官(花冠长度、颜色、形态等)带有双亲性状。染色体计数是细胞学鉴定体细胞杂种的基本方法，但杂种染色体数目不一定正好是双亲染色体数目之和，常出现混倍体。染色体数目的变化可能来自多细胞融合、培养过程中的细胞学变异和核与质基因融合后的不亲和。常用的生化鉴定方法是同工酶，融合后形成的杂种应该表现出双亲的同工酶带型。分子标记鉴定可以较准确地反应融合是否成功，RAPD、RFLP、AFLP、SSR、SNP是常用的鉴定杂种的分子标记。

第二节 分子标记辅助选择育种

选择是育种工作最重要的环节之一，传统育种方法是通过观察表型间接对基因型进行选择，这种选择方法存在周期长、效率低等诸多缺点。最有效的选择方法应是直接依据个体基因型进行选择，分子标记的出现为这种直接选择提供了可能。借助分子标记达到对目标性状基因型选择的方法称为分子标记辅助选择(MAS)，包括对目标基因跟踪，即前景选择或正向选择和对遗传背景选择。背景选择具有可加快遗传背景恢复速度，缩短育种年限和减轻连锁累赘的作用。

遗传标记有三大类：①形态标记(也叫经典标记，可见标记)，标记通常是可以观察的表型性状，如花色、种子形状、生长习性；②生化标记，包括同工酶等位变异，可以通过电泳和特定染色法加以检测；③DNA(分子)标记，能揭示DNA序列变异的位点。形态标记和同工酶标记的主要缺点是数量有限、受环境因素和植株生长发育阶段的影响。然而，尽管有这些限制因素，形态标记和生化标记对育种一直极为有用。

一、主要分子标记的类型及特点

分子标记可分为三大类。第一类是以分子杂交为基础的DNA标记技术，主要有限制性片段长度多态性标记(RFLP标记)；第二类是以聚合酶链式反应(PCR反应)为基础的各种DNA指纹技术。PCR技术的特异性取决于引物与模板DNA的特意结合。PCR反应分变性、复性、延伸三步。第三类是基于 DNA 测序的标记。能揭示同种植物或不同植物个体间的差异的 DNA 标记叫作多态性标记，而不能区分基因型间差异的标记称之为单态性标记。多态性标记从遗传上可分为共显性或显性，这是基于标记能否区分纯合体和杂合体。

（一）以分子杂交为核心的分子标记

限制性片段长度多态性标记（RFLP）即通过限制性内切核酸酶（简称限制酶）对基因组 DNA 进行酶切、电泳、转膜后用放射性标记的同源性探针与之杂交，检测不同样品在 DNA 水平上酶切位点的碱基突变以及由于序列缺失、重复、倒位、易位等变异引起的变化。RFLP 标记是一种共显性标记，在分离群体中可以区分纯合体与杂合体，因而提供标记座位完全的遗传信息。RFLP 分析所需的 DNA 量较大，但是一张膜做好以后可反复使用多次。另外，RFLP 非常稳定，多种农作物的 RFLP 标记遗传图谱已经建成。不过，RFLP 检测步骤较多，周期长，特别是当只检测少数几个探针时成本较高，用作探针的 DNA 克隆的制备、保存与发放也很不方便。另一问题是检测中一般要用放射性同位素，不安全。因此，在 MAS 中很少利用 RFLP 标记。

（二）以聚合酶链式反应（PCR）为核心的分子标记

随机扩增多态性 DNA 标记（RAPD），其特点是：①不依赖于种属特异性和基因组的信息，合成一套引物可以用于不同生物的基因组分析；②基于 PCR 技术，分析程序较简单，所需 DNA 的量极少；③一般是显性遗传，分离群体中纯合体和杂合体须通过后代分析才能区别。RAPD 标记已被广泛用于基因的快速定位和遗传作图。RAPD 分析的不足是受反应条件影响较大，检测的重复性较差。

扩增片段长度多态性标记（AFLP），其特点是兼具 RFLP 技术的可靠性和 RADP 技术的高效性，能提供比 RFLP 和 RAPD 分析更多的基因组多态性信息。在遗传上，AFLP 标记可能是共显性或显性。

简单串联重复序列标记（SSR），是以 2～6 个核苷酸为基本序列串联重复的短片段，其特点是：①数量丰富，广泛分布于整个基因组；②具有较多的等位性变异；③共显性标记，可鉴别出杂合子和纯合子；④试验重复性好，结果可靠。

（三）以序列为核心的分子标记

STS 是序列标签位点或序标位的简称。其特点是：标记表现共显性遗传，很容易在不同组合的遗传图谱间进行标记的转移，且沟通植物遗传图谱和物理图谱的中介，但目前成本太高。

SNP 是单核苷酸多态性的简称，主要指在基因组水平上由单个核苷酸的变异所引起的 DNA 序列多态性所形成的遗传标记。其特点是：密度高、多态性丰富，遗传稳定性强、富有代表性，易实现分析的自动化、适于快速、规模化筛查，易于基因分型。

二、分子标记辅助选择在作物育种中应用

MAS 育种不仅可以通过与目标基因紧密连锁的分子标记在早世代对目的性状进行选择，同时，也可以利用分子标记对轮回亲本的背景进行选择。目标基因的标记筛选（gene tagging）

是进行 MAS 育种的基础。用于 MAS 育种的分子标记需具备 3 个条件：①分子标记与目标基因紧密连锁；②标记适用性强，重复性好而且能经济简便地检测大量个体；③对不同遗传背景选择有效。

(一)有利基因的转育

基因转移或基因渗入是指将供体亲本(一般为地方品种、特异种质或育种中间材料等)中的有用基因(即目标基因)转移或渗入到受体亲本(一般为优良品种或杂交品种亲本)的遗传背景中，从而达到改良受体亲本个别性状的目的。通常采用回交的方法，即将供体亲本与受体亲本杂交，然后以受体亲本为轮回亲本，进行多代回交，直到除了来自供体亲本的目标基因之外，基因组的其他部分全部来自受体亲本。在这一过程中，可同时进行前景选择和背景选择。需注意的是，目标基因是来自供体亲本的，而遗传背景则是来自受体(轮回)亲本的，因此前景选择和背景选择的方向正好相反，前者称为正选择，后者称为负选择。

前景选择的作用是保证从每一回交世代选出的作为下一轮回交亲本的个体都包含目标基因，而背景选择则是为了加快遗传背景恢复成轮回亲本基因组的速度，以缩短育种年限。理论研究表明，背景选择的这种作用是十分显著的。例如，针对番茄基因组进行的计算机模拟研究显示(Young 和 Tanksley，1989)，如果每一回交世代产生 30 个植株，那么，用分子标记对整个基因组进行选择，只需 3 代即能完全恢复成轮回亲本的基因型，而采用传统的回交育种方法则需要 6 代以上。

背景选择的另一个重要作用是，可以避免或减轻连锁累赘这个长期困扰作物育种的难题。连锁累赘是指有利基因(目标基因)与不利基因(非目标基因)间的连锁，使回交育种在导入有利基因的同时也带入了不利基因，常常造成性状改良后的新品种与原目标不一致。研究表明，在传统的回交育种中，即使回交 20 代，在目标基因周围还能发现长达 10 cM 的供体亲本染色体片段，而对大多数植物来说，10 cM 长的染色体片段中的 DNA 已足够包含几百个基因(Tanksley 等，1993)。传统回交育种难以消除连锁累赘的主要原因是无法鉴别目标基因附近所发生的遗传重组，因而只能靠碰巧来选择消除了连锁累赘的个体。用高密度的分子标记连锁图就有可能直接选择到在目标基因附近发生了重组的个体。根据推算(Young 和 Tanksley，1989)，在 150 个 BC_1 植株中，至少有一株在目标基因的某一侧 1 cM 处发生交换的概率达到 95%；而在 300 个 BC_2 植株中，至少有一株在目标基因另一侧的 1 cM 处发生交换的概率也达到 95%。因此，只要在 BC_1 和 BC_2 中进行标记辅助选择，即可得到含有目标基因的供体染色体片段长度不大于 2 cM 的植株，从而只需两个回交世代就可达到基本消除连锁累赘的目的。而采用传统育种的方法，至少需要 100 代才能达到。当然，应用分子标记消除连锁累赘的一个重要前提是，必须对目标基因进行了精细定位，必须找到与目标基因非常紧密连锁的分子标记。原则上说，对于控制质量性状的主基因而言，要做到这一点并没有实质性的困难。

需要指出的是，尽管分子标记辅助的背景选择效率很高，但依据个体表型进行背景选择的传统方法仍不应抛弃。一个有经验的育种家通过个体外部形态进行背景选择往往可以达到相当高的效率。因此，在育种实践中，将育种家丰富的选择经验与标记辅助选择相结合，不失为明智之举。

(二)有利基因的聚合

基因聚合就是将分散在不同品种中的优良性状基因通过杂交、回交、复合杂交等手段聚合到同一个品种中。基因聚合可分为2类。①控制不同性状的基因聚合,即先定位控制目标性状的基因或QTL,然后培育相应的近等基因系,最后将近等基因系杂交,通过标记选择具有所有基因理想基因型的植株只要群体足够大,可一次性选择所有拟聚合的基因,但从育种操作上看,可分2期在2个世代对拟聚合的基因进行选择,第1期对所有标记进行选择,第2期对第1期入选植株进行选择,获得目标位点纯合植株;②控制同一性状的多个基因及其等位基因聚合。由于表型相同,表型选择无法区分由不同基因控制的性状差别,如芥菜型油菜种皮颜色取决于其原花色素含量,种皮原花色素生物合成既受结构基因影响,又受调控基因影响,任一基因突变都会产生黄色,如果希望将结构基因突变体和调控基因突变体聚合,表型选择难以实现,这时可以采用标记或基因型选择,将能为这些不同的基因建立不同的标记。一个基因可能有多个等位基因,这些不同的等位基因可能存在效应差异,通过标记辅助选择能挖掘育种利用上需要的最佳等位基因。

基因聚合在抗病育种中是一个重要的育种目标。植物抗病性分为垂直抗性和水平抗性两种,其中垂直抗性受主基因控制,抗性强,效应明显,易于利用。但垂直抗性一般具有小种特异性,所以易因致病菌优势小种的变化而丧失抗性。如果能将抵抗不同生理小种的抗病基因聚合到一个品种中,那么该品种就具有抵抗多种生理小种的能力,亦即具有多抗性,这样就不容易因致病菌优势小种的变化而丧失抗性。多抗性还可指一个品种具有抵抗多种病害的能力,这同样也牵涉到聚合不同抗性基因的问题。

抗性鉴定需要人工接种,必须在一定的发育时期进行,并要求严格控制接种条件,因此往往比较麻烦。特别是,在基因聚合过程中,必须对不同的抗性基因分别进行鉴定,更增加了实际操作上的难度。有时还可能因手头缺乏某种所需的致病菌菌株而使抗性鉴定难以进行。用标记辅助选择方法进行基因聚合则避免了上述困难。在进行基因聚合时,通常只关注目标抗性基因,即只进行前景选择,暂时可不理会遗传背景。下面给出一个通过标记辅助选择聚合水稻抗稻瘟病基因的实际例子(Zheng等,1995)。首先是应用分子标记技术将3个抗稻瘟病基因(*Pi-2*、*Pi-1* 和 *Pi-4*)在水稻第6、11和12号染色体上进行定位,然后利用连锁标记将这3个抗性基因聚合起来,基因聚合试验从3个近等基因系C101LAC、C101A51和C101PKT出发,它们分别带有 *Pi-2*、*Pi-1* 和 *Pi-4* 基因。采用该方案,已成功地获得聚合了这3个抗稻瘟病基因的植株,它们可以作为供体亲本在育种中加以利用,可同时提供数个抗性基因。

(三)数量性状的改良

作为作物育种目标的大多数重要性状都是数量性状,因此对数量性状的遗传操纵能力决定了作物育种的效率。数量性状的主要遗传特点就是表现型与基因型之间缺乏明确的对应关系,而传统育种方法主要都是依据个体表现型进行选择的,这是造成传统育种效率不高的主要原因。因此,数量性状应成为标记辅助选择的主要对象,人们期望它能够给作物育种带来一场革命,这也是十余年来吸引了全世界众多作物遗传育种学家满怀热情地致力于该领域研究的主要原因。

原则上,质量性状的标记辅助选择方法也适用于数量性状。然而,数量性状的标记辅助选择并不像最初所想象的那么简单,有许多因素必须考虑。目前,QTL定位的基础研究还不能满足育种的需要,还没有哪个数量性状的全部QTL被精确地定位出来,因此,还无法对数量性状进行全面的标记辅助选择。而要在育种过程中同时对许多目标基因(QTL)进行选择也是一个比较复杂的问题。另外,上位性效应也可能会影响选择的效果,使选育结果不符合预期的目标。再者,不同数量性状间还可能存在遗传相关。因此,在对一个性状进行选择的同时,还必须考虑对其他性状的影响。可见,影响数量性状标记辅助选择的因素很多,其难度要比质量性状大得多。

第三节　作物基因工程育种

基因工程育种是指把不同 DNA(或基因)在体外进行酶切和连接,构成重组 DNA 分子,然后借助生物方法或理化方法将外源基因导入到植物细胞,导入的目的基因整合到植物基因组进行稳定的表达而实现改变植物特定性状的目的。它涉及目的基因的获得、载体的构建、遗传转化、转化体的筛选与鉴定等遗传转化技术,以及与之相配套的组织培养技术;另外还包括遗传转化体在控制条件下的安全性评价以及大田育种研究直至育成品种。

一、作物转基因技术的发展现状

从 1983 年,比利时根特大学培育出第一例转基因植物以来,利用转基因技术在提高农作物的抗虫、抗病、抗逆和品质改良方面都取得了令人瞩目的成就。1987 年,Umbeck 等首次报道通过农杆菌介导法将抗卡那霉素基因转入棉花;1987 年,Pua 报道了转基因油菜;1988 年转基因水稻获得成功;1988 年,Guozz 等报道将 CMV 的外壳蛋白质基因转入烟草中,得到的转基因烟草能显著地抵抗 CMV 的侵染;1990 年,Fromm 报道了转基因玉米;1992 年 Vasil 等获得了世界上第一株转基因小麦;中棉所培育出了“93R-1”“93R-2”“93R-6”等中、早熟抗虫棉新品系,使我国成为继美国之后第二个具有抗虫转基因棉花的国家。至今为止,全世界已分离目的基因几百个,获得转基因植物近 200 种,有几千例转基因植物被批准进入田间试验,涉及 50 多个科 100 多种植物。转基因技术将为人类解决当今面临的食品、环境和能源等重大问题提供有力手段。

二、转基因育种的程序

利用转基因技术进行作物育种的基本过程分为:目的基因或 DNA 的获得、含有目的基因或者 DNA 的重组质粒的构建、受体材料的选择和再生系统的建立、转基因方法的确定和外源基因的转化、转化体的筛选和鉴定、转基因植株的育种利用。

(一)目的基因的获得

目的基因的获得是作物转基因育种的第一步。获得基因的途径主要可以分为两大类:①根据基因表达的产物——蛋白质进行基因克隆。利用这种方法人类首次人工合成了胰岛素基因;②从基因组 DNA 或 mRNA 序列克隆基因。目前已有多种从基因组中获得目的基因的方法,如同源序列法、表达序列标签法、图位克隆、转座子标签法和差异显示法等。

(二)目的基因重组质粒的构建

获得的目的基因需要连接到运载工具——载体上。作为载体需要的条件是:①具有复制原点,在宿主细胞中能自我复制,并能携带外源DNA片段一起进行复制;②具有多克隆位点,有多个限制性内切酶的酶切位点,且每种酶的切点只有一个;③至少具有一个具有选择标记的基因,如抗生素抗性基因;④能稳定保存;相对分子质量小,便于分离和纯化。

目前,在植物基因工程中所用的载体有细菌质粒、λ噬菌体、柯斯质粒、细菌人工染色体载体、酵母菌人工染色体载体、Ti质粒及其衍生载体和Ri质粒等,作为植物遗传转化的载体,如Ti质粒,作为媒介能将外源基因倒入植物细胞中,并将其整合到宿主细胞的基因组DNA上。同时,能提供被宿主细胞的复制转录系统所识别的DNA序列,如启动子和复制子起始序列,以保证转化的外源基因在植物细胞中进行复制和表达。

质粒载体的构建的基本步骤包括从原核生物中获取目的基因的载体并进行改造,利用限制性内切酶将载体切开,并用连接酶把目的基因连接到载体上,获取DNA重组体。

(三)受体材料的选择

受体是指用于接受外源DNA导入的材料。受体材料应具备:①高效稳定的再生能力,能高效率地接受外源基因;②具有较高的遗传稳定性;③具有稳定的外植体来源;④对筛选剂敏感。

常用的受体材料有:①愈伤组织再生系统:是指外植体材料经脱分化培养诱导形成愈伤组织,再通过分化培养获得再生植株的再生系统。该系统具有外植体材料来源广泛、繁殖迅速、转化率高的优点。②直接分化再生系统:是指外植体材料(如茎尖)未经脱分化培养诱导形成愈伤组织阶段,直接分化不定芽获得再生植株的再生系统。该系统具有获得再生系统的周期短、操作简单、遗传稳定性好的优点。③原生质体再生系统:指利用原生质体作为受体材料,在适当培养条件下诱导出植株。其优点是转化效率高、基因型一致性好。④胚状体再生系统:胚状体是指具有胚胎性质的个体。利用胚状体作为受体材料,具有个体数目大、同质性好、接受外源基因能力强、易于培养再生等优点。⑤生殖细胞受体系统:是指以生殖细胞如花粉粒、卵细胞等受体细胞进行外源基因转化的系统。

(四)转基因方法的确定和外源基因的转化

关于植物遗传转化方法的报道颇多,不同转化方法的转化率差异较大,同一转化方法用于不同的植物,其转化频率也有明显差异。王关林等(2002)依转化原理,将现在应用的遗传转化方法进行了分类(表9-1)。

表9-1 植物基因转化系统和转化方法分类

名称	方法	受体	成功例子	
			作者	年份
载体转化系统	病毒载体介导法	各种受体	Brinsson等	1994
	农杆菌载体介导法	各种受体	Chilton等	1980

续表 9-1

名称	方法	受体	成功例子	
			作者	年份
直接转化系统	PEG 法	各种受体	Krens 等	1982
	脂质体法	原生质体	Fracley 等	1980
	基因枪法	原生质体	Klein 等	1987
	激光法	原生质体	Kuruta 等	1987
	电击法	各种受体	李宝健等	1985
	超声波法	各种受体	张宏等	1993
	显微注射法	各种受体	Crossway 等	1986
	碳化硅纤维法	细胞	Kaeppler	1992
种质转化系统	叶绿体转化	叶绿体	Daniell 等	1990
	花粉管通道法	生殖细胞	周光宇等	1983

经过 10 多年来的探索，基因转化的技术日臻成熟，已形成了以农杆菌载体转化和基因枪转化技术为主体的两大植物基因转化系统。迄今所获得的转基因植株中 90%以上是利用这两种方法获得的。

1. 农杆菌介导的基因转化法

农杆菌是一种革兰阴性土壤杆菌。与植物基因转化有关的农杆菌有两种类型：①根癌农杆菌：含有 Ti 质粒，能够诱导被侵染的植物细胞形成肿瘤，即诱发冠瘿瘤；②发根农杆菌：含有 Ri 质粒，能够诱导被侵染的植物细胞产生毛发状根。农杆菌介导法是以土壤农杆菌为媒介，将克隆在 Ti 质粒载体(或 Ri 质粒载体)上的目的基因转化到农杆菌上，然后用农杆菌去侵染植物的外植体，通过细菌与植物细胞之间的结合作用，将外源基因整合到受体细胞的染色体基因组中的过程。它包括创伤植株感染法、原生质体共培养法和叶盘法等转化方法。

2. 基因枪转化法

基因枪转化法是美国 Cornell 大学的 Sanfordt J. C. 等于 1987 年发明的。基因枪转化法是将包裹着 DNA 的金粒或钨粒，通过基因枪、氦气或电击等技术来获得足够的加速度，射入完整的植株、组织外植体、愈伤组织或细胞悬液中的方法。基因枪法的操作对象可以是完整的细胞或组织，突破了基因转移的物种界限，也不必制作原生质体，操作步骤比较简单易行，具有相当广泛的应用范围，已经成为研究植物细胞转化和培养转基因植物的最有效的手段之一。

3. 花粉管通道法

花粉管通道法是周光宇于 1978 年首先提出的，此法是在受体植物开花授粉一定时间后(2～3 h)整穗、剪颖(斜剪，去掉 1/3 颖壳)、切花柱，随即将供体 DNA 溶液用微量注射器注入颖花中或滴入花柱切口，是外源 DNA 经花粉管通道进入胚囊，已转化受精卵或胚细胞而自然发育成种子。DNA 溶液提及浓度约为 400 μL/mL，用微量注射器滴注，每一个颖花 10～15 μL，滴后套袋。此法导入后的结实率一般可达 50%以上。

花粉管通道法广泛应用于水稻、小麦、棉花等单、双子叶植物，特别适合于棉花等多胚珠植物。但对水稻、小麦等单胚珠小花植物，每处理一朵花只能得到一粒种子，操作不方便，工作大，需要 DNA 溶液量很大。季慧强等为了克服这些缺点，将正在开花的整个麦穗浸入供体 DNA 溶液中，不仅操作方便，提高了工作效率，而且增加了 DNA 导入强度，变异率达 62.5%。

（五）转化体的筛选和鉴定

外源目的基因对植物受体细胞的转化率是相当低的，也就是说，在大量的受体细胞群体中，通常只有极少数的细胞能够获得外源 DNA，而其中目的基因已被整合到核基因组并实现表达的转化细胞则更加稀少。为了有效地选择出这些真正的转化细胞，必须使用特异性的选择标记基因进行标记。在载体构建时，将选择标记基因插入到质粒载体上与目的基因同时进行转化。当标记基因与目的基因一同被导入受体细胞之后，就会使转化细胞具有抵抗某种选择剂的能力，致使转化细胞不受选择剂的影响，能正常生长、发育、分化，长成植株；未转化细胞，由于对选择剂无抗性不能正常生长、发育而不能存活下来。选择剂必须是植物细胞生长的抑制剂，但此药剂又不能杀死细胞，常用的选择标记基因有 NPT-Ⅱ、潮霉素抗性基因 hpt、壮观霉素抗性基因 spe、除草剂抗性基因 bar 基因和 ppt 基因等。

选择剂的种类有多种，有的对植物细胞有明显的抑制作用，有的基因可以对几种不同的抗生素具有抗性，而且，不同的植物对抗生素的敏感性不同。因此，在选择培养中对抗生素的使用要根据不同的植物通过试验来确定，目前较常用的是卡那霉素（Km）、潮霉素（Hyg）和除草剂 PPT。其使用质量浓度因植物种类而不同，一般为 Km 50～100 mg/L、Hyg 10～20 mg/L、PPT 5～20 mg/L。

进行基因转化后，外源基因是否进入植物细胞，进入植物细胞的外源基因是否整合到植物染色体上，整合的方式如何，整合到染色体上的外源基因是否表达等，这都需要进行生物学鉴定，证明外源基因在植物染色体上整合的最可靠的方法是分子杂交，只有经分子杂交鉴定过的植物才可以成为转基因植物。转基因植物分子杂交鉴定包括两大部分内容，一是核酸分子杂交，其中又包括 Southern 杂交及 Northern 杂交；二是属于蛋白质分子杂交的 Western 杂交。

（六）转化体的安全性评价和育种利用

转基因作物生物安全管理与研究为了加强农业转基因生物安全管理，保障人类健康和动植物、微生物安全，保护生态环境，促进农业转基因生物技术研究，国务院于 2001 年 5 月 23 日办不了《农业转基因生物安全管理条例》（以下简称《条例》）。2002 年 1 月 5 日发布了《农业转基因生物安全评价管理办法》（2002 年第 8 号令）。《农业转基因生物进口安全管理办法》（2002 年第 9 号令）和《农业转基因生物标识管理办法》（2002 年第 10 号令）三个配套规章，自 2002 年 3 月 20 日起施行。《条例》及三个配套规章的发布，标志着我国对农业转基因生物的研究、试验、生产、加工、经营和进出口活动开始实施全面管理。关于转基因生物安全基础性研究主要有三个方面的工作，也就是基因操作的安全性的研究、转基因生物对农业资源与生态系统影响的机制的研究、转基因生物对人体健康影响的预测与控制的研究。通过这些研究，阐明农业转基因生物对动植物和人体健康可能造成不利影响的理论基础及机制、对农业资源与生态系统影响的机制，提出对生态环境和人体健康影响预测与控制的理论和方法。

三、转基因作物品种的选育

如同传统作物育种一样，对转基因作物品种进行选育时也要遵循一定的育种程序，同时兼顾转基因育种的特殊性。从现有转基因育种的过程来看，主要的程序有以下步骤：①转基因作物育种目标的制定；②转基因作物育种方法的确定及转基因植物的获得；③转基因作物品种的选育。转基因作物品种的选育可以采用纯系育种、回交育种、杂交育种等常规选育方法。杂种品种的培育与常规杂种品种的培育和制种方法基本相同，不同的是选用的亲本中至少有一个是转基因作物的品种或品系。

与常规育种技术相比，转基因育种技术具备以下优点：①转基因育种技术体系的建立使可利用的基因资源大大拓宽。从动物、植物、微生物中分离克隆的基因，已可在三者之间相互转移，不但突破了种间隔离的天然障碍，而且可以突破分类上的门、纲、目、科、属，实现基因的界间转移；②转基因育种技术为培育高产、优质、高抗病虫害，并能适应不良环境条件的作物良种提供了现实的可行性。可以大大减少杀虫剂、杀菌剂的使用，不但有益于环境的保护，而且可以减轻农业对石油工业的依赖；作物耐不良环境条件能力提高，可扩大作物的可种植区域，提高作物的生产能力；③利用转基因育种技术可以对植物的目标性状进行定向设计，对多个性状的定向改良成为可能；④利用转基因育种技术可以大大提高育种效率，加速育种进程。

应用案例——棉花转基因育种

棉花是我国重要的经济作物，栽培面积最高时达 1 亿亩。20 世纪 90 年代以来，我国北方棉区棉铃虫连年大暴发，造成重大经济损失，严重影响了棉花单产，降低了农户的植棉效益，在这种形势下，中国开展转基因抗虫棉的研究开发和利用。中国农业科学院生物技术中心郭三堆课题组于 1992 年首先成功地完成了 Bt 基因的人工全合成和高效植物表达载体和克隆，从而为抗虫棉及其他转基因抗虫作物的科研奠定了基础。1993 年，“863”计划专家组针对棉花遗传转化这一“瓶颈口”，组织国内优势单位进行攻关，采取农杆菌介导的遗传转化法及花粉管通道法两条技术路线，在棉花转基因技术上取得重大突破。特别是花粉管通道法，通过随后不断的技术改进和优化，转化率达 1%，可满足使用要求。

目前应用于棉花育种的目的基因主要包括抗虫基因、抗除草剂基因、抗枯黄萎病基因、抗逆性基因和品质改良基因等，其中抗虫转基因棉花商业化种植面积最大。

在我国，用于棉花的抗虫基因主要有苏云金芽孢杆菌毒素蛋白基因(Bacillus thuringiensis，Bt)、豇豆胰蛋白酶抑制基因(cowpea Trypsin Inhibitor，CpTI)、植物凝集素基因(lectin)。Bt 基因是应用最广泛的一类基因，对棉铃虫红铃虫玉米螟等害虫有较高的抗性，CpTI 基因对夜蛾类灰翅夜蛾类叶甲类天蛾类等多类害虫有广谱抗性。Bt 抗虫棉是我国首例转基因作物应用于生产的成功范例，它是我国成为继美国之后独立自主地研制成转基因抗虫棉、并大面积应用于生产的第二个国家。

应用除草剂防除棉花田杂草具有高效、省工等特点，是发展现代高效植棉业的重要措施。以草甘膦为例，孟山都公司 Deaton 通过农杆菌介导法，以棉花胚轴为外植体，将 EPSP-NPTⅡ嵌合基因转入棉花，转基因棉苗达 2～4 片真叶时喷施草甘膦，2 周后未见药害，二对照棉株的叶片和枝条有明显坏死。

目前应用常规育种方法育成的棉花品种对黄萎病有一定的耐受性，但还未达到控制的水平，几年来通过转基因手段解决黄萎病等的危害问题取得了一定进展。通过花粉管通道法将葡萄糖氧化酶(GO)、几丁质酶(Chi)、葡聚糖酶(Glu)等转入棉花主栽品种中，并获得一些转基因优系，抗病性有所提高，但抗黄萎病转基因棉花还不够稳定，与生产应用要求还相差甚远。

本章小结

生物技术又称生物工程，是以生命科学为基础，利用生物体的特性和功能，设计、构建、培育具有预期性状的新物种、新品种、新品系，以及与遗传工程原理相结合，进行加工生产，并为人类提供商品和服务的综合技术体系。生物技术育种主要利用植物细胞工程育种、分子标记育种和基因工程育种。利用细胞工程育种主要是以生物细胞为基础单位，按照人们的需要和设计，在离体条件下进行培养、繁殖，使细胞的某些生物学特性按人们的意愿发展或改变，从而改良品种或创造品种、加速繁育生物个体、获得有用材料；利用分子标记育种只要是借助分子标记达到对目标性状基因型选择；利用基因工程育种主要是把不同DNA在体外进行酶切和连接，构成重组DNA分子，然后借助生物方法或理化方法将外源基因导入到植物细胞，导入的目的基因整合到植物基因组进行稳定的表达而实现改变植物特定性状的目的。

思考题

1. 体细胞无性系变异在育种上的应用价值如何？
2. 单倍体细胞培养育种中有何应用价值？
3. 植物原生质体培养的几种基本方法？
4. 花药培养的一般程序是什么？
5. 分子标记的种类有哪些，各有何用途？
6. 分子标记辅助选择育种有哪些成功应用案例？
7. 利用分子标记进行前景选择和背景选择的作用是什么？
8. 转基因作物育种的程序是什么？
9. 目前常用的作物转基因方法有哪几种？
10. 国内外转基因作物商业化种植现状是什么？

实验实训

实验实训一　植物根尖染色体制片技术

一、目的要求

学习植物细胞固定、离析和压片的方法，了解植物细胞有丝分裂各个时期的特征，掌握染色体制片技术。

二、材料与用具

新鲜的洋葱根尖；镊子、解剖针、盖玻片、载玻片、滤纸、单刃刀片、显微镜、解剖针、吸水纸、培养皿、量筒、烧杯、皮头玻棒、酒精灯等；卡诺固定液（Ⅰ、Ⅱ）、醋酸洋红溶液、1 mol/L 盐酸、45%醋酸。

三、方法与步骤

1. 材料的制备

将洋葱根部向上在阳光下晒 2 d，然后置于盛清水的小烧杯口上，使根部与水接触，在 20～25℃光照条件下培养 2～3 d，待根长到 1～2 cm 时，选健壮根尖取下即可处理。

2. 固定

先用与处理时的温度相同的水将材料洗净，放入卡诺固定液中，在室温下固定 2～4 h。固定后的材料如不及时使用，可将材料转入 95%的酒精中处理二次，85%酒精处理一次，每次 10 min，最后保存于 70%的酒精中。

3. 清洗

固定材料经 50%酒精处理，转入蒸馏水中洗 2～3 次，每次 5 min，换入 1 mol/L HCl，在室温下处理 2～3 min。

4. 染色压片

切取 1～2 mm 浸洗过的根尖端放在载玻片上，用镊子轻轻地将其捣碎，滴 1 滴醋酸洋红溶液染色 5 min，加 45％醋酸处理，盖上盖玻片，用解剖针后端轻压，使细胞彼此分离，吸水纸吸取多余染色液。

5. 镜检

压好盖片后在显微镜下镜检，具有好的分裂相，符合研究用的片子用以照相。

四、作业

绘制有丝分裂图，并说明各分裂时期染色体的行为变化特点。

实验实训二　植物染色体核型分析

一、目的要求

学习染色体核型分析的工艺，掌握染色体核型分析的方法。

二、实验原理

染色体核型分析是对核型的各种特征进行定量和定性的描述，如对染色体长度、着丝点位置、臂比和随体有无等。并根据随体的有无及大小、臂比是否相等、染色体长度是否相等，进行同源染色体分组配对。

三、材料准备

洋葱的有丝分裂中期标本和显微摄影所得放大照片，要求染色体分散良好，无重叠或重叠很少，着丝粒、随体等形态清晰可辨。

四、方法与步骤

1. 作常规染色体制片（标本）。
2. 进行显微摄影将标本转换成放大照片（记下放大倍数）。
3. 对照片测量各条染色体的长臂、短臂的臂长，随体等的长度（mm）。
4. 计算有关指标的数值，填入下面表格中。
5. 将照片剪分成各单个的染色体，按表型特征将全部染色体同源配对。
6. 将染色体全部的同源对（按以下规则依次整齐排列）：①全部着丝点对齐在同一水平线上；②短臂朝上长臂在下；③按大小降序从左到右依次排队（等长的染色体，短臂长者排在前头）；④具随体染色体、性染色体排放在最后；若有二对以上具随体染色体，则大随体染色体在前，小随体染色体在后。
7. 将排好的染色体对按先后顺序粘贴在绘图纸上，编上序号。
8. 画出标准化模式图。

洋葱根尖细胞染色体（$2n=16$）

五、作业

1. 完成(表实 1)。

表实 1

染色体序号	1	2	3	4	…	16
短臂长						
长臂长						
随体长						
臂比值						

2. 贴染色体组型图。
3. 画出标准化模式图。

实验实训三　数量性状的遗传分析

一、目的要求

能运用统计分析的方法分析数量性状遗传试验的数据,能估算遗传率。

二、材料与方法

1. 水稻穗长的遗传试验材料。

(1)遗传试验

亲本选择:选择水稻不同穗长亲本品种 P_1 与 P_2。

杂交:把选出的两个水稻亲本进行杂交,获得 F_1。

自交与回交:种植 F_1、亲本 P_1 与 P_2,分别进行自交与回交,获得 F_2 和回交子代 $B_1(F_1 \times P_1)$ 和 $B_2(F_1 \times P_2)$。

材料种植:亲本 P_1 与 P_2、F_1、F_2、回交子代 B_1 和 B_2 于同年种植,其中 F_2、回交子代 $B_1(F_1 \times P_1)$ 和 $B_2(F_1 \times P_2)$ 3 个材料要求群体大一些。

(2)数据测量　在水稻成熟期,亲本 P_1 与 P_2、F_1 收获后选代表性植株进行测量穗长,F_2、回交子代 B_1 和 B_2 收获后全部植株进行测量穗长。

穗长测量方法:取主穗和有效分蘖穗,量取穗颈节至穗顶(不包括芒长)的长度,求其平均值,以 cm 为单位表示。

2. 玉米果穗长度的遗传试验材料或果穗行粒数的遗传试验材料等。(方法同上)

三、结果分析

1. 基本参数的计算

(1)计算各世代的平均数、方差及标准差　将本实验测量的遗传材料数据按照公式分别计算各世代的基本参数。

平均数：

$$\bar{x}=\frac{x_1+x_2+x_3+\cdots+x_n}{n}=\frac{\sum x}{n}$$

或

$$\bar{x}=f_1x_1+f_2x_2+f_3x_3+\cdots+f_nx_n=\frac{\sum f_ix_i}{\sum f_i} \quad ①$$

式中，x 为个体值或值分组的各组值；f 为分组的各组次数；n 为所观察的个体数。

方差：

$$V=\frac{\sum(x-\bar{x})^2}{n-1}=\frac{\sum x^2-\frac{\left(\sum x\right)^2}{n}}{n-1} \quad ②$$

标准差：

$$S=\sqrt{\frac{\sum(x-\bar{x})^2}{n-1}}$$

当 $n>30$ 时，属于大样本，上式中用 n 代替 $n-1$。

(2)计算机误方差(V_e)

F_2 的机误方差一般可根据不同情况采用下列估算

$$V_e=\frac{1}{3}(V_{P_1}+V_{P_2}+V_{F_1}) \quad \text{(水稻自花授粉作物)} \quad ③$$

$$=\frac{1}{2}(V_{P_1}+V_{P_2}) \quad \text{(适用于无 } F_1 \text{ 的数据)}$$

$$=V_{F_1} \quad \text{(适用于异花授粉作物)}$$

2.遗传率的估算

遗传率是指一个群体内某数量性状由于遗传原因引起的变异在表现型变异中所占的比值。广义遗传率(h_B^2)指基因型方差(V_G)占表现型方差(V_P)的比值；狭义遗传率(h_N^2)指加性方差(V_A)占表现型方差(V_P)的比值。

(1)广义遗传率(h_B^2)

$$h_B^2=\frac{V_G}{V_{F_2}}\times100\%=\frac{V_{F_2}-V_{F_1}}{V_{F_2}}\times100\%$$

或

$$h_B^2=\frac{V_G}{V_{F_2}}\times100\%=\frac{V_{F_2}-V_E}{V_{F_2}}\times100\%=\frac{V_{F_2}-\frac{1}{3}(V_{P_1}+V_{P_2}+V_{F_1})}{V_{F_2}}\times100\%$$

或

$$h_B^2=\frac{V_G}{V_{F_2}}\times100\%=\frac{V_{F_2}-V_E}{V_{F_2}}\times100\%=\frac{V_{F_2}-\frac{1}{2}(V_{P_1}+V_{P_2})}{V_{F_2}}\times100\%$$

(2)狭义遗传率(h_N^2)

$$h_N^2=\frac{\frac{1}{2}V_A}{\frac{1}{2}V_A+\frac{1}{4}V_D+V_E}=\frac{2V_{F_2}-(V_{B_1}+V_{B_2})}{V_{F_2}}\times 100\%$$

3.资料分析

(1)二人为一组,统计相关数据,计算各世代的穗长平均数、表现型方差、机误方差。

(2)计算广义遗传率、狭义遗传率。

四、作业

根据实验统计分析结果写成报告,说明水稻穗长性状的遗传特点及各世代的表型特点。

实验实训四 化学诱变多倍体及其观察鉴定

一、目的要求

学习应用秋水仙素诱导植物多倍体的几种方法;掌握直接和间接法鉴定多倍体的技术。

二、实验原理

多倍体是指体细胞中染色体含有3个或3个以上染色体组的个体。秋水仙素是诱导多倍体植物最有效的方法之一。用它的水溶液浸渍、涂抹或点滴植物的分生组织,可以阻止分裂细胞形成纺锤丝,使染色体不能排列在赤道板上,由此使细胞分裂停顿在分裂中期,但不能分向两极,致使染色体加倍成多倍体。

三、材料与用具

1.材料

洋葱、水稻、大麦种子或幼苗。

2.用具

显微镜、烧杯、培养皿、剪刀、镊子、刀片、载玻片、盖玻片、纱布、酒精灯、解剖针、量筒、容量瓶、吸水纸、生化培养箱等。

3.试剂

1%醋酸洋红染色液、卡诺氏固定液、秋水仙素等。

四、方法与步骤

(一)不同实验材料的多倍体诱发

1.洋葱

先将洋葱老根剪除,然后置于盛满清水的瓶口上,新根长出后,移至0.05%~0.1%秋水仙素溶液中处理数天至根茎膨大为止(同时设对照,用清水代替秋水仙素溶液),取出用清水洗净,剪下根尖,放入卡诺氏固定液中备用,与对照比较,观察染色体数目的变化。

2. 水稻、大麦幼苗

对于发芽迟缓的种子,其出苗后处理效果更好。用刀片在分蘖处割一伤口,然后浸入0.05%秋水仙素溶液中,在20~25℃条件下处理4~5 d,并保证足够的光线。处理后用清水洗净再进行盆栽,待进一步生长后,与对照比较。

3. 水稻、大麦种子

处理作物种子一般适用于发芽较快或数天内能发芽的种子。先将种子洗净用水浸种1 d。然后放在装有0.2%~0.4%秋水仙素溶液的培养皿中,对照注入同体积的清水。为了避免蒸发过快,在培养皿内铺有滤纸,并加盖,随时补充药液或清水。置于培养箱内保持温度25℃发芽。处理后,用清水冲洗种子上的残液再进行栽种或沙培。

(二)多倍体的鉴定

1. 形态学的观察

观察比较水稻、大麦等作物的四倍体与其二倍体的植株的叶片、花、果实、种子、花器等是否有明显增大现象,如果肉眼就能观察到明显增大,说明很可能多倍体诱发成功。不过,还需要检测细胞学上的变化。

2. 细胞学的观察

(1)气孔保卫细胞和气孔密度的测定　撕取二倍体和四倍体植株的叶片下表皮,置于载玻片上,并加蒸馏水或醋酸洋红染色液1~2滴,盖上盖玻片,在高倍镜下用测微尺测量气孔保卫细胞的大小,求10个气孔大小的平均值。同时可移动载玻片,在每个视野中计算气孔的数目,进行10次计数,用物镜测微尺测量视野的直径,计算出每个视野的面积,求出单位叶片面积上的气孔数目即为气孔密度。

(2)花粉粒大小鉴定　取试验材料的花蕾或颖花,先在固定液中固定,取花药中的花粉涂抹于载玻片上,加1~2滴醋酸洋红染色液,盖上盖玻片,测量10~20个花粉粒直径的数值,求其平均值。如果花粉粒明显增大或大小不均一,说明很可能发生了多倍体的变异。

(3)染色体数目的检查　将试验材料的根尖、花蕾或幼穗分别固定,然后染色与压片,再镜检观察,进行染色体计数。

3. 实验数据记录(表实2)

表实2

不同处理	叶片气孔保卫细胞			
	长/μm	宽/μm	花粉粒直径	染色体数目

五、作业

1. 处理后的植株或器官与对照比较有哪些不同特征?

2. 秋水仙素处理获得的变异株是否都是四倍体，为什么？

3. 影响秋水仙素加倍染色体效果的因素有哪些？

实验实训五　水稻杂交技术

一、目的要求

了解水稻花器构造和开花习性；通过操作，初步掌握水稻杂交技术的几种方法。

二、材料与用具

1. 材料

花期相遇的不同特性(如糯稻和非糯稻)品种的植株。

2. 用具

盛有 47℃左右热水的热水瓶，0～100℃的温度计，剪刀，镊子，牛皮纸袋，回形针，塑料牌，铅笔，真空泵。

三、方法与步骤

(一)选株选穗

用作母本的植株应生长健壮、无病虫害。选取稻穗已伸出剑叶叶鞘 3/4 或全部、前一天已开过少量花的稻穗去雄。对选好的母本植株可移栽到一个盆钵中，进行去雄杂交。

(二)去雄

水稻去雄有 3 种方法：温汤去雄法、剪颖去雄法和真空去雄法。

1. 温汤去雄法

(1)在自然开花前 1～1.5 h，用冷水把热水瓶中的热水温度调节到 43～45℃，一般籼稻用 43～44℃、粳稻用 44～45℃。

(2)小心地将母本穗倾斜插入调好水温的热水瓶中，持续 5 min。

(3)取出稻穗，抖去穗上积水。

(4)5～10 min 后，用剪刀先剪去处理后未开放的颖花，然后将已开放的颖花斜向剪去上端 1/3。

2. 剪颖去雄法

(1)整穗　在杂交前 1 d 下午 3 时以后至当天水稻开花之前 1 h 这段时间内，用剪刀将穗部已开过的颖花和 2～3 d 内不会开花的幼嫩颖花剪去。

(2)剪颖　将保留的颖花用剪刀斜剪，剪去其上端 1/3 左右的颖壳。

(3)去雄　用镊子轻轻地将每一朵颖花内尚未成熟带黄绿色的 6 枚花药全部完整地取出(注意不能伤害雌蕊柱头)。

3.真空去雄

(1)整穗、剪颖　方法同2。

(2)去雄　将连接在真空泵吸气孔上的皮管的另一端接上吸雄管(即斜剪一刀的200 μL移液管或直径相当的玻璃滴管)。打开真空泵开关。左手稳住颖花,右手捏住吸雄管对准剪开的颖花,利用吸力将其中的6枚花药全部吸出。

(三)套袋隔离

将去雄后的稻穗套上牛皮纸袋,下端斜折,用回形针固定,以待授粉。

(四)抖粉授粉

(1)选择具有父本品种典型性状、生长健壮的植株。

(2)将正处于盛花的父本穗小心地剪下,或在去雄工作之后立即选择当天可开较多花的父本穗逐一剪去每个颖花1/2的颖壳,剪下稻穗插在母本植株附近田里,待花药伸出开始即将散粉前可用于授粉。

(3)打开已去雄稻穗上端折叠的纸袋口,将正在开花的父本穗插入纸袋的上方,轻轻抖动和捻转几次,使花粉散落在母本柱头上。

(五)挂牌记录

授粉后将纸袋口重新折叠好。用铅笔在纸袋上写明组合代号或名称、杂交日期及操作者姓名;最好将上述内容写在塑料牌上,挂在穗颈基部。在工作本上做好记录。

(六)收获

一般杂交后21～25 d、杂交米粒转白时收获最佳。

四、作业

用糯性品种作母本、非糯性品种作父本,每人分别用温汤去雄、剪颖去雄和真空去雄各作杂交2穗,每穗去雄30朵颖花。

实验实训六　小麦杂交技术

一、目的要求

了解小麦的花器结构和开花习性,掌握小麦的杂交技术。

二、材料与用具

试验田中供杂交用的小麦品种植株;剪刀、镊子、硫酸钠纸袋(15 cm×5 cm)、回形针、小纸牌、铅笔、70%酒精棉球等。

三、方法与步骤

(一)选株整穗

根据杂交组合,在母本种植区内,选择具有该亲本典型性状,且健壮无病虫害植株的穗作为母本。当母本中部小穗的花药呈黄绿色时,用剪刀剪掉上下部发育不良或过嫩的小穗,只留中部8～10个小穗,再用镊子夹除每个小穗中部的小花,只留基部发育良好的两朵小花。整穗后,一般一个母本穗上仅留16～20朵发育良好的小花。有芒亲本将芒剪去。

(二)去雄

去雄有两种方法,即分裂颖去雄和剪颖去雄。

1. 裂颖去雄

用左手拇指和中指夹住麦穗,食指轻压外颖顶端使内外颖分开,右手把镊子伸进内外颖的合缝里,夹住三枚花药,轻轻取出,不要损伤柱头。如发现花药破裂,就将整朵小花去掉,立即用70%的酒精棉球擦净镊子以免发生串粉现象。去雄时应从穗子的一侧由上往下依次进行,去完一侧,再去另一侧。全穗去雄完毕,立即套上纸袋,挂上纸牌,写明母本品种名称或代号、去雄日期和工作者姓名等项。

2. 剪颖去雄

在整穗后,先将去雄花朵从上部剪去约1/3的颖壳,再用镊子从上面轻轻夹去雄蕊切勿伤及柱头。这种方法去雄较快,但由于颖壳被剪去1/3,对麦穗的生长有一定影响,种子发育较差,子粒较小。

(三)授粉

一般在去雄后的第二天进行授粉,结实率较高。授粉时间以上午8时至下午4时为宜,授粉前,先检查柱头有无损伤,如柱头呈羽毛状分叉,并带有光泽时,表示柱头已经成熟,最适合授粉。采集成熟的父本花药放入去雄花朵内,立即进行授粉。授粉完毕,立即套上纸袋,并在纸牌上写明父本名称、授粉日期、杂交花朵数和工作者姓名等。

(四)收获

1周后取掉纸袋,经常观察,加强管理。成熟时,及时收获杂交穗(同时收获少量父、母本种子),立即晒干,按组合脱粒,装入小纸袋中,妥为贮存。

四、作业

根据育种目标和选配亲本的原则,每人按上述方法,选作杂交组合2～3个,将其结果填入(表实3)。根据不同组合,不同去雄和授粉方法的结实情况,分析其结实率不同的原因。

表实 3 小麦杂交结实情况观察表

组合	去雄日期	授粉日期	杂交花数	结实粒数	结实率	备注

实验实训七 玉米自交和杂交技术

一、目的要求

了解玉米花器构造和开花特性，掌握玉米人工自交和杂交技术。

二、材料与用具

玉米品种和自交系若干。大小硫酸钠纸袋(26 cm×17 cm，17 cm×10 cm)，回形针，剪刀，铅笔，纸牌，酒精棉球等。

三、方法与步骤

(一)人工自交

自交即选择优良典型的植株，用人工将本株的雄穗花粉授给本株雌穗花丝上，其人工自交步骤如下：

1. 选株套袋隔离

选择性状优良而典型的植株自交，在其雌穗花丝快要抽出而又未抽出时，用小刀(或剪)割去雌穗顶部苞叶少许(约 3 cm 长，以不伤穗轴为宜)，迅速用小硫酸钠纸袋将雌穗套上，并用回形针别住袋口，与此同时或授粉前 1 d 下午用大硫酸钠纸袋将雄穗套住以便收集花粉，套袋时应先将已散完粉的花用手摇掉，袋口下头紧紧锁住雄穗基部，用回形针夹紧。

2. 自交授粉

一般在上午露水干后面能散出花粉的 8～10 时进行采粉，采集花粉时，应先将雄穗轻轻弯下，用手拍打套雄穗纸袋，很快地将花粉抖落到花丝上，随即将原来套雄穗的大纸袋套在雌穗上，再用回形针别好。

3. 挂牌

授粉套袋后即应挂上纸牌，写明材料名称或小区号，授粉方式(一般用⊗表示自交)，授粉日期和授粉者姓名。

4. 授粉后的管理

授粉后 1 周左右果穗伸长，应经常到田间检查，松动纸袋，以便果穗发育和保纯。

(二)人工杂交

利用不同自交系进行杂交,以获得自交系间杂交种子,为大田生产提供优质种子,这个过程通常称杂交制种,杂交的做法如下:

1. 按杂交组合,培育好亲本

首先要确立好杂交组合,应选择配合力高,适应性强,产量高和优势强的杂交组合,杂交亲本的生育期较近,花粉多的作父本。

2. 母本系去雄,严禁混杂和人工辅助授粉

母本系,应在抽雄开花时进行去雄花(若是雄性不育系则无须去雄),常采用摘除雄花的去雄方法,去雄时应沿着母本行区逐株检查,如发现有雄花从顶叶中抽出时就应除掉,要每天检查一次。

为了提高杂交制种的产量,应在开花时期的每天上午 8～10 时,进行人工辅助授粉多次,人工授粉方式与自交授粉方式大致相同,只是套的雌穗和雄穗是不同的植株个体。

3. 杂交方式

根据参与杂交的自交系数目和杂交次数的不同,把玉米杂交分为单交、三交、双交、综合杂交等几种杂交方式。

四、作业

1. 观察玉米开花习性。
2. 每人自交和杂交各 2～3 个果穗,成熟时及时采收,比较杂交结实情况并分析其原因。
3. 试述玉米自交或杂交时,为什么采粉前要将雌、雄花务必事先套袋?

实验实训八　棉花杂交和自交技术

一、目的要求

1. 熟悉棉花的花器构造和开花生物学特性。
2. 掌握棉花杂交和自交技术。

二、材料与用具

1. 材料

开花期的棉花杂交亲本品种若干。

2. 用具

剪刀,镊子,培养皿,毛笔,麦秆管(一头用棉花塞住),酒精,纸牌,钢精扎头,铅笔。

三、方法与步骤

1. 选择杂交亲本植株和花蕾

在杂交的前一天下午 4～6 时,根据杂交组合,选择具有亲本品种的典型性状、生长发育良

好、无病害和开花程度又适合的植株做杂交亲本，在选定的植株上，再选定第 3～6 果枝上的第 1 或第 2 节的已经长大，将在次日开花的花蕾（花冠突出苞叶，但仍为螺旋形状似毛笔的笔头），并加以标志。

2. 母本去雄

去雄的方法有如下几种：

(1)徒手剥雄法　用手剥开苞叶，以两拇指顺着花萼的基部截入，将花萼、花冠连同雄蕊管全部剥去，露出柱头、花柱和子房，剥雄时应注意切勿碰破花药或触伤子房，如花药破裂，应立即用清水冲洗柱头，手指亦应用酒精擦拭，以杀死花粉，而后用麦管，从柱头上方轻轻再套下，达子房突起的上端，麦管套入后，须高出柱头约 0.5 cm，以免花柱伸长时碰伤柱头，并挂纸牌，用铅笔注明母本名称。这种去雄方法去雄彻底，较简单，但操作不慎，易使花器受损。

(2)麦管切雄法　用手剥去花冠顶部，或用剪刀剪去共冠顶部，使柱头露出，而后就用一头塞有棉花的麦管套于柱头上，轻轻向下捻动，将雄蕊花丝全部切断除去花药。操作时应注意不要使雌蕊受伤和不要碰破花药，为防止残留花粉，最好利用清水冲洗柱头，最后套上麦管，并使花冠恢复原状，这一去雄方法虽然麻烦费工，但去雄彻底，花器损伤少，结铃率高。

3. 父本自交隔离

选择的父本花蕾也应像选择母本去雄花蕾一样，选择与母本同时开花的花蕾，同时在杂交前一天下午做好父本花蕾的隔离准备工作，其隔离的方法，有线束法、钳夹法及胶粘法。本实验所用的是钳夹法，即用钢精扎头把花瓣钳夹起。

4. 授粉

在去雄次日的上午 9～11 时进行，一种是用毛笔把花粉扫入培养皿，而后用毛笔蘸起花粉轻轻授于母本柱头上；另一种是采摘先天隔离的父本花朵，将花冠轻轻地剥掉，露出花药，将父本花朵在母本柱头上轻轻涂抹或将花粉抖到柱头上，授完粉后应仍将麦管再套上，在纸牌上写上父本名称、授粉日期及杂交者姓名。

四、作业

1. 每人做 1～2 个杂交组合，每组各做 3～5 朵花。
2. 每人做 1 个品种的自交，自交 3～5 朵花。
3. 将实训结果填入下（表实 4）。

表实 4

杂交组合或自交的品种名称	杂交或自交花数	成铃数	成铃率	备注

4. 棉花杂交为什么要在杂交的前一天下午去雄？你认为选择怎样的杂交亲本植株和花蕾最好？

实验实训九　大豆的杂交技术

一、目的要求

1.熟悉大豆的花器构造和开花习性。

2.掌握大豆的杂交技术。

二、材料与用具

材料:开花期大豆杂交亲本若干。

用具:剪刀、镊子、扩大镜、纸牌、大头针、铅笔。

三、方法与步骤

大豆花很小,杂交工作比较困难,成活率较低,约20%,而且落花率又高,因此,要多做些杂交花朵,一般一株上选择2～4个花序,每个花序做2～4朵花的杂交。

1.母本植株及花朵的选择

杂交前应选择基部有1～2个花序已开花的、生长健壮、无病虫害的植株。如为有限结荚型则应选基部上部节位和顶端的花做杂交,母本花朵应选花冠露出花萼1～2 mm,柱头已能受精而花药还未成熟的较适宜,花朵选定后,应将花序上其余的花朵全部摘除。

2.去雄

在授粉的前一天下午4～6时去雄最好,把选定的花朵用镊子轻轻撕去5片花萼,然后用镊子夹住花冠上部(1/3处)向上提,可将花冠连同10个花药全部带下,否则须逐一取出。大豆去雄后用一白线(约7 cm长)系花朵基部,作为标记,去雄时若花药破裂,就应把这朵花除掉,并用酒精擦洗镊子。去后用扩大镜检查柱头是否已授粉,柱头是否成熟,成熟的柱头周围有乳状而且有黏液分泌物。凡未成熟的柱头色暗无光泽,不适宜做杂交用。

3.授粉

在上午8～9时进行授粉,父本宜选择生长健壮、花刚开而龙骨瓣还没有分开的花朵,取下花朵去掉花萼和花冠,置于母本柱头上涂抹进行授粉。

4.授粉完毕,用不摘下的活茎叶将去雄花朵包好,并用大头针扣好,以防柱头干枯和异花授粉

5.挂牌

在杂交花序着生下的一节位上挂上纸牌,写明杂交组合名称,去雄、授粉日期和杂交工作人员姓名。

6.授粉后1周,应将包住杂交花朵的大豆叶解开或除去,检查杂交结实率

荚成熟时按杂交组合分别系收杂交种子,将豆荚连纸牌收下,每株放入一小纸袋内。

四、作业

1.每人做20朵花的杂交。

2. 杂交后1周检查杂交结实率，将其结果填入(表实5)。

表实5 大豆杂交结实率统计表

杂交组合名称	去雄日期	去雄花朵数	授粉日期	结荚数	结实率/%

3. 简述大豆杂交过程。

实验实训十 油菜自交和杂交技术

一、目的要求

了解油菜开花习性和花器构造；掌握油菜的自交和杂交技术。

二、材料与用具

不同类型的油菜初花期植株，小剪刀，镊子，硫酸纸袋，塑料吊牌，70%酒精，脱脂棉，回形针等。

三、方法与步骤

1. 自交

(1)套袋自交 甘蓝型和芥菜型品种一般自交亲和性强，套袋自交容易得到自交种子，手续简便易行。

先在田间选择具有该品种(系)典型特征的健壮植株，将主花序上已开放的花朵摘去，套上硫酸纸袋。为了增加自交种子的数量，可将靠近主花序的分枝一并套入袋内(注意纸袋上部要留有10 cm左右的空隙)，纸袋下部用回形针扎口，然后在被套花枝的基部系上塑料吊牌，吊牌上注明品种名称(或代号)、自交符号和套袋日期。套袋后每天需将纸袋向上提升，以利于花序延伸，必要时可用本株的花粉进行辅助授粉，以增强角果和种子的发育。一定时期后，即顶端花蕾已开放，大部分花瓣已脱落，即可取袋，以利于角果和种子发育。

(2)剥蕾自交 白菜型油菜以及甘蓝型的自交不亲和系，其自交不亲和性很强，用一般套袋自交法很难得到种子。为了培育、保存和繁殖白菜型的自交系和甘蓝型的自交不亲和系，必须采用蕾期授粉的方法，以获得自交种子。具体操作方法是：先将已开放或即将开放的花朵(蕾)摘去，选用开花前2～4 d的幼蕾，用镊子将花蕾顶端剥开，任其柱头外露，不去雄，随即授于同株当天开放花朵的花粉(取粉花序须先行套袋)。每次可剥蕾15～20个，授粉后套袋并挂牌。以后每隔2～3 d再继续剥蕾授粉，直到一个花序做完为止。以后需经常检查结果情况，适时提袋和取袋。

2. 杂交

(1)选择亲本植株　选择特征典型、健壮无病的植株做亲本株。当选的父本植株，于杂交前一天摘去其主花序上已开放的花朵，留下未开放的花蕾，套袋，以备采粉用。

(2)整序　以当选的母本植株的主花序进行杂交较为适宜，先摘除主花序下部已开放的花朵和已露花瓣的大蕾，留下成熟花蕾10～15个，摘去顶部幼蕾。

(3)去雄　将留下的花蕾逐一进行去雄，操作时用左手大拇指和食指轻持花蕾，右手用镊子从萼片间拨开花瓣，摘出6枚雄蕊（注重左手要轻，不可折断花柄，右手操作需仔细，切忌损伤雌蕊），整个花序去雄完毕后，如不立即授粉，则需套上纸袋，并挂上塑料吊牌，标明母本名称（或代号）、去雄时间。

(4)授粉　在当选父本株上取当天开放的花朵，在大拇指甲上试其是否散粉，如已散粉则可用，取得足够花朵盛于培养皿中，记上品种名称，随即将花粉授于已去雄花蕾的柱头上，在吊牌上注明父本的名称（或代号）、杂交花蕾数、授粉人姓名。取不同品种授粉时，要用70%酒精擦洗镊子和手指，防止不同品种间的花粉混杂。

(5)杂交后的管理和收获　杂交后每两天检查一次，并将纸袋上提，以利花序和幼果的伸展和发育，7～10 d后，花瓣脱落，幼果开始膨大，即可取去纸袋，并注意防止蚜虫危害。

成熟时，按花序分收、脱粒、保存。为了便于以后检查真伪杂种，收获时可收获母本株上的一个自由授粉的分枝花序用作对照，以利分析。

四、作业

每人做两个杂交组合（品种间和种间杂交组合各1个），每组合做3个花序，每个花序去雄15个花蕾，1个月后能判断结果时，调查实验结果并将得到的结果填入（表实6）上交。

表实6

组合名称	杂交花朵数	结果数	平均每果结实数	备注
1				
2				
3				
4				
5				

实验实训十一　主要蔬菜杂交技术

一、目的要求

学习花椰菜、盘菜、番茄等主要蔬菜的杂交技术，并初步了解该类蔬菜与杂交有关的生物学特性。

二、材料与用具

选用不结球白菜、花椰菜、盘菜、番茄、茄子、辣椒等某一品种。大小硫酸钠纸袋(26 cm×17 cm,17 cm×10 cm),回形针,剪刀,铅笔,纸牌,酒精棉球等。

三、方法与步骤

(一)十字花科蔬菜杂交技术(花椰菜、盘菜)

1. 亲本植株花序和花朵的选择及疏花

杂交亲本应培养在良好的条件下,选择发育正常、生长健壮、无病虫害,并具有本品种典型特征、特性的植株作为父母本,杂交所用母本花朵应选择主枝或中下部第一级侧枝中部的,大小适中的花蕾,每花序以杂交 10 朵花左右为宜,顶部过小的花蕾及已开放的花朵全部除去,为使养分集中于杂交果实,这个花枝下部的荚也应去掉,并去除生长衰弱和过于稠密的花枝。

2. 去雄

把选好将在第 2~3 天开放的花蕾进行去雄,花冠刚露出萼片,但尚未开放的花蕾为去雄适期,去雄时用镊子轻轻把花萼与花瓣分开,再用镊子夹住花丝基部,把 6 个雄蕊全部除净,最好保留花萼与花瓣,注意切勿伤及柱头,去雄最好在早上和傍晚时进行。

十字花科园艺作物具有相当高的"自交不亲和性",同时蕾期花粉尚未成熟,不可能发生自交。故可采用蕾期不去雄授粉法,进行杂交或自交,因蕾期柱头已成熟,此时将花蕾用镊子挑开或用手指轻轻揉开蕾苞即可,授上异品种花粉便可受精结实,也可得到百分率相当高的杂交种子。此外,为了省工,还可在去雄时将雄蕊连同花瓣、萼片环状除去,不过这种方法,由于对花器损伤过大,结实率较低。

3. 套袋

去雄完毕应立即套上隔离纸袋,用大头针别住袋口,防止昆虫进入,套袋后立即将纸牌挂于花枝茎部已授粉花的下方。牌上注明母本名、去雄花数、去雄日期及去雄者姓名。

4. 花粉采集及保藏

用新鲜花粉授粉,应在去雄同时将父本植株花序上已开的花摘除,留下的花蕾套袋,以备杂交时将袋内已开放的花朵取下,放在指形管或培养皿中以供收集花粉,并注明品种名称。如果花粉系自其他地区采集,可将父本花朵取下花药,置于培养皿中,在室内晾干,放入干燥器中。在低温干燥条件下,发芽率可保持 2 周左右,而在常温干燥条件下,可保持 3~4 d。

5. 授粉

最好在去雄后的第 2~3 天进行授粉。由于开花前 3~4 d 柱头已有受粉能力,故必要时可在去雄当时进行"蕾期授粉",又由于未授粉的花朵其柱头的有效期可维持 4~5 d,所以也可"后期授粉",授粉可全日进行,但以上午 9~11 时、下午 3~5 时为授粉适宜时间,为提高结实率,还可进行重复授粉。授粉时,将母本花序上的纸袋打开,用镊子夹住已裂花药的花丝,轻轻地将花粉涂于柱头上,或用授粉匙从培养皿中蘸取已敲落的花粉,再授于柱头上(注意应授以足量的花粉),授毕后再套袋,并在纸牌上加注父本名称、授粉日期和授粉花数。

注意：一个组合授粉后，应将双手和授粉工具用酒精棉消毒，再开始下一组合的授粉工作。

6. 杂交后的管理

杂交后应经常观察，及时将纸袋向上移动，避免由于花枝继续伸长而发生弯曲折断或顶破纸袋。授粉7～10 d花瓣脱落，子房膨大后可除去纸袋，使其充分通风、透光，以利种子发育和成熟，并摘除以后长出的腋芽和非杂交枝。杂交株旁应插小支架，将杂交花枝用细绳(或麻)捆扎以免由于风吹而发生倒伏或折断花枝。此外，还应加强种株田间管理，适时施肥、浇水、加强病虫防治，使杂交种子得到良好的发育，使子粒饱满，种荚发黄时及时收获，避免种荚开裂致使种子散失。

(二)茄果类蔬菜(番茄为例)有性杂交技术

选择合适的杂交时间是提高杂交率，增加单果内种子数的重要因素之一，日平均温度在14℃以上能正常结实，但种子数不多，平均温度在22℃左右最合适，平均温度在28℃以上结实率就急剧下降。其步骤如下。

(1)选株　杂交亲本一定要选择具有本品种特征特性、生长健壮、无病害、特别注意无病毒病危害的植株，只要一株有病毒病，在杂交过程中，就易将病毒传染开来。

(2)选花　番茄每个花序的花朵数少则5～10朵(也有少数品系是单花)、多则几十朵，而蔓生品种番茄每株能开6～8穗花，杂交时选2～4穗上先开的花，将其余的花，特别是畸形花，无论在什么部位都要去掉。

(3)去雄　番茄为雌雄同花，雄蕊的花药联合成一个筒状体称“药筒”，包在雌蕊外面，腹线紧贴于柱头，雄蕊成熟时自花药先端向内纵裂散出花粉落于柱头上而授粉受精，因此杂交时应在雄蕊成熟前就将它去掉。

去雄应选花冠已露出萼片，花药为黄绿色尚未成柠檬黄色为宜，去雄方法是用左手拇指和食指稳住花朵基部，右手用镊子尖端轻轻从花药基部插入夹住向上提，但注意不要碰伤柱头。还要注意雄蕊要去干净，花瓣要尽可能保存，去雄后，套袋隔离并挂上纸牌。

(4)采粉　在选好作父本的植株上最好先套袋，2～3 d以后将药筒取下带回室内，放在干净纸上使其干燥。若是阴天就放在干燥器内，待花药外面有点干瘪，但不脆，授粉前在室内用镊子夹住药筒轻敲取花粉，要注意在换父本取花粉时，镊子一定要用酒精棉花杀死前一父本花粉，防止混杂。

也可用电动采粉器直接采粉，但要在父本花盛开，天气晴朗时进行。

(5)授粉　去雄后2～3 d授粉，结实率最高，单果种子数量多，也就是蕾期去雄，开花当日授粉为好。也可去雄后立即授粉，等第2～3天开花时，再重复授粉一次。

授粉方法是用授粉匙蘸少量花粉轻轻涂于已去雄的母本柱头上，然后套好袋子，纸牌上注明授粉组合及时间，为了避免工作重复可将授过粉的萼片折断一部分，以示授过粉或以其他方法标记。

四、作业

1. 按所分配的组合做杂交及父母本的自交，杂交后经常观察管理，及时收种。
2. 每小组杂交一套番茄、辣椒所规定品种正反交各组合。

实验实训十二　雄性不育系材料的鉴定

一、目的要求

学习鉴定雄性不育系育性的方法和相关指标。

二、材料与用具

水稻三系材料，显微镜、碘-碘化钾溶液、载玻片、标签、铅笔、记载本等。

三、方法与步骤

（一）观察水稻不育系和保持系的区别

水稻三系是指水稻雄性不育系、雄性不育系保持系、雄性不育恢复系。雄性不育系（简称不育系，用A表示）雌花正常，雄花退化或发育不正常或花药不开裂，丧失授粉能力，自交不结实；根据雄蕊的发育情况，通常把水稻雄性不育系败育型分为三种：①典败：花药细小，箭头状，乳白色，花粉皱缩畸形，遇碘化钾不染色。②圆败：花粉粒圆形，但比正常花粉小，遇碘化钾不染色。③染败：花粉粒圆形，遇碘化钾溶液浅染色，无生命力。在杂种优势利用中，保持系和不育系在抽穗前比较难以区别。只有在抽穗后才能区别开来，两者主要区别（表实7）。

表实7　水稻保持系与不育系的区别

性状/类型	保持系	不育系
分蘖力	分蘖较少	分蘖力较强，分蘖期较长
抽穗期	正常	比保持系迟3～5 d抽穗
穗颈	正常，不包颈	穗颈较短，包颈
开花习性	开花集中，开颖时间短	开花分散，开颖时间长
花药形态	膨松饱满、金黄色	干瘪、瘦小、乳白色
花粉	圆球形，遇碘化钾呈蓝黑色	①形状不规则，遇碘化钾不染色。 ②圆形，遇碘化钾不染色。 ③圆形，遇碘化钾呈浅蓝色

（二）鉴定水稻不育系的标准

优良不育系的标准：花粉全不育，不育株率和不育度均达100%，遗传性状相对稳定，群体要求1 000株以上，柱头外露率高，制繁种异交结实率高，其他特征特性与保持系相似。

1. 不育株率

不育株数占调查总株数的百分数。

2. 不育度

每穗不实粒数占总粒数的百分数，具体等级如下：①全不育：自交结实率0%；②高不育：

自交结实率 1%～10%；③半不育：自交结实率 11%～50%；④低不育：自交结实率 51%～80%；⑤正常可育：自交结实率 80%以上。

3. 不育系颖花开张角度

籼型：大(90°以上)、中(45°～90°)、小(45°以下)。

粳型：大(60°以上)、中(30°～60°)、小(30°以下)。

4. 不育系柱头外露率(包括双外露、单外露)

柱头外露的颖花朵数占统计的总花朵数的百分数。

5. 不育系繁殖结实率

在不育系繁殖时，不育系每穗平均实粒数占平均总粒数的百分数。

6. 制种结实率

在不育系制种时，不育系每穗平均实粒数占平均总粒数的百分数。

(三)水稻雄性不育系花粉镜检

要求在穗的上、中、下不同部位上各取小花 1 朵，每朵取出 6 个花药，用碘-碘化钾溶液染色，放在 100 倍左右的扩大镜下，取 2～3 个有代表性的视野计算染色花粉粒占总花粉粒的百分数。

花粉镜检不育等级如下：①全不育：0%；②高不育：<5%；③半不育：5%～30%；④低不育：31～50%；⑤正常可育：>50%以上。

四、作业

1. 在田间鉴定观察不育系的特点。

2. 在室内镜检不育系花粉、绘图并说明其特点。

实验实训十三　自交不亲和性的观察

一、目的要求

通过观察作物自交不亲和性的特点，学习自交不亲和性测定和蕾期授粉方法，为选育自交不亲和系奠定基础。

二、实验原理

植物在花期用同一植株上花粉授粉结籽很少的特性称为自交不亲和性，在十字花科作物中往往有这种特性的存在，这是作物长期进化的结果。少部分的甘蓝型油菜以及大部分的白菜型油菜中存在自交不亲和性。可通过一定的方法，把具有自交不亲和性的植株选育成一个系统，也就是在同一系统内，各植株间授粉也结籽很少，而系统间交配则能正常结实，这样的系统叫作自交不亲和系。

优良自交不亲和系作为配制一代杂种的亲本，在自由授粉的条件下母本不用去雄，可以得到杂交率很高的种子，这种方法是当前开展杂种一代育种(杂种优势利用)的重要手段之一。

十字花科作物除花期授粉很少结籽的不亲和性外，还有蕾期自交能结籽的亲和性，因此采用蕾期授粉的方法可以使自交不亲和系保存下来。

三、方法与步骤

1. 选株

任选 2 个甘蓝油菜品种和 2 个白菜型品种，在每个品种中选择具有该品种特征特性，生长健壮，无病虫害的优良单株，每品种入选三棵。

2. 选枝

每株选健壮枝条四枝(尽可能选主枝和第一、二侧枝)。

3. 整理枝条

枝条选好后，用镊子把本枝上已开过的花去掉。每株上有两个枝条摘去顶心留花蕾 20 个用作测自交不亲和指数；另两枝也摘顶心，最少留 15 个花蕾作蕾期授粉保存该株种子，然后将所选用枝条都套起袋子，挂好牌子，牌子上写明品种名称，花期授粉(符号 fp 或♉)还是蕾期授粉(bp 或◎)，日期、姓名，牌子反面注明所授花蕾数。

4. 花期授粉

第二天开始袋内的花蕾陆续开花，每天或隔一天在作测亲和指数的枝条上用同枝或同株异枝袋内花粉进行花期授粉(注意同一袋内有几朵花蕾同时开放，不要将花摘下，用授粉匙醮袋内的花粉来授粉即可，或在整理枝条时另留几枝，将已开的花除掉，套袋专供采粉用)。待袋内所有花开完并做了人工授粉以后的 1 周将袋去掉，检查自交结实情况计算亲和指数。

$$亲和指数=\frac{结籽数}{花期授粉花数}\times 100\%$$

5. 蕾期授粉

选择开花前 2～3 d 的花蕾，用左手的大拇指和食指稳住它，再用镊子尖端从花蕾直径最大处开始轻轻地夹去花萼和花瓣一圈(注意不要伤柱头)，使上部柱头露出。取同株袋内的干净花粉进行授粉后，套上袋子，在纸牌上注明授粉日期，每株最少做 15 个花蕾，一周后去袋，种子成熟时采种，测定蕾期亲和指数，将花期亲和指数≤1 的单株分株收种。

四、作业

1. 分别计算所做各株的花期、蕾期亲和指数，并总结蕾期授粉的经验。
2. 上交各蕾期授粉的单株种子，并注明各株的花期亲和指数。

实验实训十四　水稻杂交育种程序及杂种后代选择

一、目的要求

了解水稻杂交育种的程序，掌握杂种后代选择各阶段的主要工作。

二、材料与用具

水稻育种试验田全部材料，笔记本，铅笔。

三、方法与步骤

参观水稻杂交育种的程序及杂种后代选择的主要工作。

水稻杂交育种的程序：

1. 原始材料圃和亲本圃

通过系统观察、细致分析，筛选符合育种目标要求的具有单一的或综合的优良性状的亲本，于原始材料圃内按类型种植水稻育种材料。每份种 20～30 株。每年从原始材料圃选出若干材料作亲本种于亲本圃。亲本圃应根据需要分期播种调节花期，加大行距，便于操作。

2. 选种圃

杂交一代(F_1)　每一组合栽成一区，一般 F_1 种 10～20 株。在每一个杂交种附近应种植亲本品种。根据亲本的指示性状去假杂种。收获有杂种优势组合。

杂交二代(F_2)　由于 F_2 是变异范围最大的一代，一般每个组合种植 1 500～3 000 株，以组合为单位种植。对株型、生育期、穗部性状、抗病性等重要性状的分离进行描述和评价，作为组合取舍和个体选择的依据。对 F_2 进行个体选择时，应与亲本和对照品种比较鉴定，对遗传力高的性状可较严格地选择，如穗期、株高、抗病性、株型和谷粒大小等。而对一些受环境条件影响大的遗传力较低的性状，如穗数、每穗粒数等，选择标准应适当放宽。当选单株或系用一布条作标志。一般每个组合入选率视组合优劣而定，为种植株数的 5%～10%，不良组合全部淘汰。当选单株或单穗分别脱粒。

杂交三代(F_3)　F_2 入选的单株在 F_3 种成一区，称为一个系统(或株系)。如 F_2 入选 30 株，则 F_3 成为 30 个株系。每系统栽培 20～50 株，栽成单行或多行区，都应单本植，所有系统按成熟期分类后顺序排列。F_3 选择先选优良株系，然后在优良株系中选优良个体，从中选择 2～5 个优良单株。

杂交四代(F_4)及以后世代　由 F_3 各当选系统中选出的 2～5 个单株，每株的后代又各成一个系统，称系统群或姊妹系。种植方法同 F_3。选择以系统群为基础。群间相互比较，在优良群内选择优系。性状基本一致，而且表现优良的系统，可以上升到鉴定圃。

3. 鉴定圃

鉴定圃是对选种圃升级和上年鉴定圃留级的材料进行产量比较，并鉴定其一致性及综合性状表现。小区面积 13～20 m^2，采用间比法，每逢五或十区设一个对照品种，不设重复，考种测产，每个系试验 1～2 年。特别优系升入品种比较试验，劣系淘汰。

4. 品种区域试验

优良品系申请参加由农业行政部门组织的区域试验，一般对入选新品系进行 2 年区域试验，小区面积 13.4 m^2，3 次重复，随机区组排列。对参加试验品系的丰产性、抗病性、适应性，品质和熟期等进行科学评价。区域试验表现突出的品系还要进行 1 年生产试验，符合品审条件，申报品种审定。

水稻成熟期间，现场参观水稻育种试验田。

四、作业

1.水稻杂交育种全过程包括哪些主要环节?

2.什么叫单株、株系、姊妹系?在田间怎样种植?

实验实训十五　小麦杂交育种程序参观和杂交后代的田间选择

一、目的要求

1.了解小麦通过有性杂交培育新品种的一般程序。

2.通过参观小麦育种试验田,了解各个试验圃的材料来源、种植方式、工作重点等,掌握育种过程中各个阶段的选择要点。

3.学习并初步掌握小麦品种间杂交后代的田间选株及评选优良品系的方法。

二、材料与用具

小麦育种试验田的全部育种材料,剪刀、纸牌、铅笔等。

三、方法与步骤

小麦杂交育种程序:

1.原始材料圃和亲本圃

原始材料圃种植从国内外征集的和自己创造的各种类型的原始材料。每个材料种植一个小区。本试验采用二行区,以宽窄行方式种植,宽行距 23.3 cm,窄行距 16.7 cm,行长 1.67 m,每行播 51 粒种子,粒距 3.3 cm。对材料进行比较系统的观察记载,掌握其特征特性,筛选符合育种目标要求的杂交亲本材料。

亲本圃是从原始材料圃中筛选出来的材料,种植用于当年作杂交亲本,以便进行操作。

2.选种圃

种植由亲本圃逐年株选的材料,期望从中选出优良单株、系统或系统群;同时使杂种个体遗传性加速稳定。各世代的主要工作如下:

杂交一代(F_1)　因 F_1 同组合内(特别是单交组合)植株间是一致的杂合体,故不进行单株选择与淘汰。应根据主要目标性状(如抽穗期、抗病性、抗逆性等)淘汰不良组合,并参照亲本性状去除假杂种。调查重点放在 F_1 性状表现是否综合了父母本优点,并根据育种目标,结合双亲表现,决定组合的取舍。因条件和要求不同,可以以组合为单位将组合内单株混收,也可以以单株为单位分别收获。

杂交二代(F_2)　F_2 是性状开始强烈分离的世代,性状分离的程度与亲本之间的亲缘关系远近有很大关系。F_2 性状分离,标志着通过杂交创造了变异,为选择创造了条件。F_2 代所选单株的好坏,在很大程度上决定以后世代系统的好坏。主要工作是在优良组合内多选优良单株,在差的组合内少选单株甚至淘汰整个组合。将中选优良单株给予标记,收获时,按组合将中选单株以单株为单位分别收获、考种，筛选出符合育种目标的单株，下季播种株行。

杂交三代(F_3)　F_2的一个单株，在F_3便种成一个系统。F_3的系统间差异明显，系统内单株间仍有分离。F_3以选优良单株为主，以系统为单位分单株收获并脱粒，下年度分单株播种。F_3内特别优良且一致的系统可以在选出优良单株后，整系混株收获脱粒，下年进行早期后裔产量比较。

杂交四代(F_4)及以后各代　自F_4起出现系统群，F_4在系统群间表现差异较大，应注意先选优良系统群，在优系群中多选优系，再在优系中选优株。F_4一般不轻易淘汰整个组合。F_4往往选优系和选优株并重，凡优良而整齐一致的系统，除从中选出优良单株外，其余可混收升入鉴定圃，进行一致性的鉴定和产量比较试验。将优良单株单收，下年度以单株为单位进行播种。F_5、F_6的选择方法和F_4基本相同，只是代数越多，则中选的系统越易表现一致，且有可能选出优良系统群。

3. 鉴定圃

种植上年度鉴定圃保留材料和上年度选种圃中当选的整齐而优良株系或系统。

采用间比排列法，每间隔 4 个小区设置一个对照(对照品种为生产上推广良种)。本试验采用 2 次重复，小区面积 6.67 m^2，小区行长 3.33 m，行距 20 cm。

通过田间观察 、记载、室内考种、统计分析，对材料性状和产量进行比较，淘劣选优。

4. 品种比较试验

种植上年鉴定圃升级和上年品比试验保留材料。

采用随机区组试验设计，设对照(对照品种为生产推广良种)。4 次重复，小区面积、小区行长、行距、播种量和鉴定试验相同。

对试验材料的生物学特性、抗逆性、丰产性、稳定性等项作更为详细更为全面的研究。在田间详细观察、记载和精密鉴定的基础上，通过室内考种，进行性状和产量分析，对各个材料做出确切的评价，决定取舍，评选出优良品种参加上一级区域试验。

一般情况下，一个新育成品系应连续进行品种比较试验 2～3 年，才能做出可靠的结论。

5. 区域试验、生产试验

经过品比试验证明确实优良的品系，在大面积推广应用之前，必须进行品种区域试验、生产试验及良种良法配套的栽培试验。

小麦成熟前(在 5 月上、中旬)，参观小麦育种试验田。

四、作业

1. 杂交育种全过程包括哪些主要环节？以小麦为例说明。

2. 什么叫单株、株系、系统群？在田间怎样进行选择？

3. 将选种圃(F_3或 F_4代)田间选择结果填入表实 8。

表实 8　田间选择结果记载表

中选区号	中选株数	主要优点	备注

注：主要优点是指在成熟期、分蘖力、穗部丰产性(包括粒数、粒型、粒重)、抗病性、抗倒伏性等某些性状与对照品种(或亲本品种)相比具有优势。

实验实训十六　玉米育种材料的室内考种及杂种优势的估算

一、目的要求

通过对玉米育种材料的考种，学习和掌握玉米育种材料考种的项目及其标准的具体方法。理解杂种优势的含义，以玉米为例，掌握测定杂种优势大小度量的方法。

二、材料与用具

材料：玉米品比或区域试验圃；玉米亲本及其杂交种田间植株。

用具：电子天平，瓷盘、卡尺，直尺，铅笔，调查记录纸，考种纸。

三、方法与步骤

(一)玉米育种材料的室内考种

1.考种材料的选取

在田间选择鉴定上，对玉米的生长势形态特征（植株高度、茎粗、穗位高、叶片数、叶色、双穗率、茎秆率等）进行详尽的观察记载，选取植株生长健壮，能体现品种和育种材料特征特性的果穗。

2.室内考种

结合杂种优势估算，选取玉米杂交种及其双亲样品的果穗进行室内考种，对考种材料进行分析。具体考种项目和标准如下：

(1)穗长　取有代表性的果穗 10 个，测量穗长（从顶端量至果穗基部的长度）以“cm”表示，求其平均数。

(2)果穗不结籽部分长度　用测量穗长的果穗，测量其不结籽部分的长度，以“cm”表示，求其平均数。

(3)穗型　分长筒，短筒，长锥，短锥等形。

(4)穗粗　用量穗长的果穗，量其中部的直径，以“cm”表示，求其平均数。

(5)轴色　分紫、红、白等色。

(6)穗行数　用测量穗长的果穗，计数果穗中部的子粒行数，求其平均数。

(7)行粒数　用测量穗长的果穗，每穗数一行中等长度的子粒数，其平均数。

(8)千粒重　取干燥种子二份，每份数 500 粒，称重后相加即为千粒重，以“g”表示。若两份种子的重量相差 4～5 g 以上时，须称第三份，以相近的两个数相加得千粒重。

(9)穗粒数　数出每穗粒数，取平均值。

(10)穗粒重　每穗子粒平均粒重，以“g”计。

(11)粒型　普通栽培品种，分硬粒型、马齿型、半马齿型、半硬粒型四类。

(12)粒色　分黄、白、紫、红等色。

(13)子粒出产率　子粒干重占果穗干重的百分比。

(二)玉米杂种优势的估算

1.对照优势计算

在作物杂种优势品比试验或各级区域试验,常常采用超标优势这一指标,超标优势是指杂种 F_1 的产量或某一数量性状平均值超过当地推广(对照)品种的百分数。在品比试验或各级区域试验田选 2～3 个玉米杂交种和 1 个对照品种,每个品种分别收获 3 个小区,进行测产,计算出杂种 F_1 产量的超标优势。

2.超中优势和超亲优势计算

在杂种优势理论研究,常常采用超中优势或超亲优势指标来衡量。超中优势是指杂种 F_1 的产量或某一数量性状平均值超过中亲值的百分数;超亲优势是指杂种 F_1 的产量或某一数量性状平均值超过高值亲本的百分数。结合室内考种,对玉米杂交种及其双亲各取样 10 株,在植株高度、茎粗、穗位高、叶片数、叶色、双穗率、雄穗分枝数、果穗长、穗行数、行粒数、穗粒重、出籽率、千粒重、轴粗等性状的观察和记载。计算出杂种 F_1 数量性状和产量的超中优势和超亲优势。

四、作业

1.每 2 人一组进行考种,将结果填入(表实 9),并对考种材料进行分析。

表实 9　玉米育种材料室内考种结果登记表

品种名称(代号)________

株号	穗长/cm	穗粗/cm	秃粒长度/cm	穗行数	行粒数	穗粒数	穗粒重/g	轴色	粒型	粒色	千粒重/g	子粒出产率/%
1												
2												
3												
4												
5												
6												
7												
8												
9												
10												
平均												

考种人姓名:________　考种日期:________

2.根据室内考种数据和田间植株性状的记载数据计算杂种优势指数结果,并对结果进行综合分析,哪些杂交组合、哪些数量性状的杂种优势指数较高。

实验实训十七　杂交水稻室内考种及杂种优势的估算

一、目的要求

以杂交水稻为例，了解并掌握田间取样的方法，掌握考种的方法，掌握测定水稻杂种优势大小度量的方法，作为评定其优劣，决定其选留或淘汰的依据。

二、材料与用具

(1)实训材料　杂交水稻 F_1 鉴定圃、亲本及对照组合。

(1)实训用具　镰刀、塑料标签、米尺、电子天平、瓷盘、卡尺、铅笔、调查记录纸、考种纸、种子纸袋、回形针、数粒仪。

三、方法与步骤

(一)田间取样考种

在杂交水稻 F_1 鉴定圃选择某一组合及其父本和对照组合，测量株行距，取有代表性的 10 株数其有效穗数，在此基础上从中再取有代表性的 2 株到室内考种，包括株高，每穗平均总粒数，实粒数，不实数，结实率，千粒重，单株重，理论产量。

(1)株高　自地面茎基量至一株中最高茎秆的穗顶(不包括芒长)，求其平均值以“cm”为单位表示；

(2)分蘖总数，有效分蘖及无效分蘖率；数每个单株总分蘖数，有效分蘖数(分蘖穗结实 5 粒以上)，求平均值；

(3)穗长　量主穗和有效分蘖穗，从穗颈节量至穗顶(不包括芒长)的长度，求其平均值，以“cm”为单位表示。

(4)穗粒数　数计每穗实粒数(包括已脱落的粒数)和不实粒数，而后求其平均每穗总粒数，实粒数和不实粒数，最后计算结实率。

(5)谷粒千粒重　晒干后不加选择的随机数取充实谷粒试样两份，每份 1 000 粒，称其重量，以“g”为单位表示，如果两份的重量差数不超过两者平均重量的 3%时，其平均重量为千粒重，否则重测，取重量差数最小的两份求其千粒重。

(二)理论产量测算

$$理论产量(kg)=每亩有效穗(万/亩)\times每穗实粒数\times千粒重(g)\div100$$

(三)水稻杂种优势的估算

结合室内考种，计算出杂种 F_1 数量性状及产量的超标优势和超亲优势，并对组合的优劣进行评定。

(1)超标优势　指杂种 F_1 的产量或某一数量性状平均值超过对照品种的百分数。

(2)超亲优势　指杂种 F_1 的产量或某一数量性状平均值超过高值亲本的百分数。

四、作业

1.每 2 人一组进行考种,将结果填入(表实 10)。

表实 10　水稻育种材料经济性状考查表

编号	组合名称	株高/cm	穗长/cm	穗数	总粒数	实粒数	结实率	千粒重/g	单株重/g	理论产量/(kg/亩)
1										
2										
3										
4										
5										
6										

2.根据田间植株性状的记载数据和室内考种数据计算杂种优势指数,并对结果进行综合分析,哪些数量性状的杂种优势指数较高。

实验实训十八　油菜育种程序参观

一、目的要求

通过田间参观和讲解,熟悉油菜育种的程序,掌握育种程序各个环节的设置要求和工作要点。

二、内容说明

油菜常规育种工作,从收集与鉴定原始材料开始,经过亲本间杂交、后代选择、品系鉴定、直到新品种育成,需要经过一系列的工作环节,这些环节总称育种程序。

油菜杂交育种程序:

1.原始材料圃

种植从国内外征集而来的地方品种和育成品种,包括各种不同类型的材料。对种植材料进行系统的观察,细致的研究和分析,深入掌握材料的特征特性,如冬春性、生育性、抗逆性、经济性状等。

小区采用顺序排列法,不设重复,设三行区,每 10 个小区设一对照区,小区行长 2 m 左右,行距 0.3 m,株距 0.2～0.25 m。

本圃材料往往份数较多，又常常兼作亲本圃，因此材料的保纯和种性的保持工作特别重要。从种到收要严防机械混杂，且在每年开花时，每一小区需套袋3～5株，以防生物学混杂。白菜型材料应采取隔离种植、分年种植（一般2～3年）或采用不同方式的蕾期自交，以保持品种特性。

2. 杂种圃

一般种植F_1～F_3低世代的杂种材料。F_1和F_2以两个原始亲本作对照，以便比较杂种的优势和分离情况，按预定的目标进行选择和淘汰，F_3以生产上已推广的优良品种为对照。

田间种植采用顺序排列，不设重复。一般先种母本，设三行区，行长2 m左右，行距0.3 m，株距0.2～0.25 m；再种杂种，杂种行数视种子数量而定，1～6行不等（一般行数统一，以免观察时发生错误）；最后种植父本（株距与母本区同）。为了节约土地面积，有时考虑不同杂交组合，拥有共同的母本区时，则先将父本排在前面，再排杂种，最后排母本区，再排另一组合的杂种区。一般F_1每一杂交组合种植20～30株，F_2每一组合要有500～1 000株，争取2 000～3 000株，以扩大选择概率。F_3按株系繁殖，每一株系30～50株，每5～10个小区设一对照。

种间杂种F_1要鉴定真假杂种，并按杂种长势强弱和生育期长短进行选择或淘汰；F_2是选择的重点，群体规模要大，并按花器构造和结实器官是否正常，作为选择的基础，要坚持"严格选择，大量淘汰"的原则。

对杂种圃的各代材料，一定要按预定目标严格地进行选择，否则，既延误了育种期限，又加大了工作量，一般从F_4开始升入选种圃。

3. 选种圃

种植杂种圃的升级材料或其他来源如单株系统选择的材料，辐射处理后代基本稳定的材料，通过田间评比鉴定和室内考种分析，按育种目标可靠地评选出优良单株或株系。

顺序排列，不设重复，三行区，每5～10个小区设一对照，行长2 m左右，行距0.3 m，株距0.2～0.25 m。

选种圃的工作重点是保证可靠的鉴定和选择，因此要尽可能保证全部材料试验条件的一致性，以免贻误选种工作。

本圃材料一般种植年限1～2年，一定要达到性状优良一致时才能升级。

4. 鉴定圃

种植上年鉴定圃的留级材料和选种圃的升级材料，目的在于进一步鉴定供试材料的一致性和其他各个性状，并进行初步产量测定。按株系种小区，5行区，行长2～3 m，顺序排列，设2～4次重复，每10个小区设一对照区，以当地推广品种为对照，小区面积和重复次数视种子多少、材料份数、土地、人力和物力条件等而定。

本圃工作重点是通过田间观察评比，室内考种，产量统计分析，对供试材料进行全面的鉴定比较，以决定选优汰劣，所以小区和重复间的试验条件要求一致，必要时宁可适当压缩供试材料数或缩小小区面积，以增加重复次数，种植年限1～2年。

5. 品种比较试验

种植上年度品种试验的留级材料和鉴定圃的升级材料，比较供试材料的优良程度和产量水平，初步了解供试材料的栽培特点和适宜的环境条件。

采用随机区组排列，重复3～5次，小区面积15～20 m^2，以当地推广良种作对照。

在试验进行过程中，要对供试材料的生物学特性、抗逆性、丰产性、稳产性、栽培要点作全面详细的研究。在此基础之上，对各供试材做出确切的评价，决定是否申请参加区域试验或提供生产使用，但对材料的处理要慎重，不宜匆忙草率的做出淘汰或大面积推广的决定。试验条件要接近生产实际，并要求整个试验区内条件一致，试验年限2～4年。

凡经过品系（种）比较试验，证明确实为优良的品系（种），还须进行品种的区域试验和生产试验，以确定该品种适宜的推广区域及其栽培技术，再通过品种审定即可正式命名，大量繁殖种子，在生产上加速推广。

三、方法与步骤

参照田间种植图，按育种程序依次进行参观、讲解、示范，了解油菜育种的全过程，要注意田间布置方法、排列方法、小区大小、对照设置，以及各圃之间的相互关系。

四、作业

绘制所观察试验区的田间种植详图。包括道路、方位、保护区（行），小区 布置（区号、行长、行株距、小区面积）沟、畦间距及邻近试验区的相关位置等。

实验实训十九　十字花科蔬菜田间性状调查及选种计划制订

一、目的要求

学习结球白菜（大白菜）、甘蓝和不结球白菜种株的田间选择方法。

二、材料与用具

结球白菜及甘蓝和不结球白菜的留种群体，小竹竿、红漆。

三、方法与步骤

（一）以小组为单位

每小组选大白菜、甘蓝、不结球白菜种株各50株，将中选植株插好竹竿，并在球、叶上涂上红漆。

（二）在采收前进行初选（大白菜在捆菜前），采收时进行复选

淘汰不良植株，选留母株数必须超过计划种株数的20％～50％，在选择原种田母株时，必须对种株全面鉴定，而良种繁育田中选择母株时，只对主要经济性状进行鉴定。

1. 大白菜的选择标准

（1）生长健壮，无病虫害或病虫害较轻，尤其要注意对三大病害抗性的选择。

（2）符合本品种典型性状的优良植株。

（3）外叶少、叶球大小适中、叶球坚实。

（4）侧芽未萌动（侧芽早萌动的植株不耐贮藏）。

(5)原种圃种株要对植株进行全面鉴定。如株高、开展度、外叶形状、色泽、叶球类型、抗病性等。

2. 甘蓝选择标准

(1)具有品种典型性状,植株健壮、无病害或病害较轻。

(2)外叶少,叶子无明显皱曲、叶柄较短。

(3)叶球大而坚实,外层球叶大,包卷超过叶球的中轴。

(4)内外茎均短,未抽生花茎。

3. 不结球白菜选择标准

(1)生长健壮、无病虫害或病虫害较轻。

(2)具本品种典型性状。

(3)丰产、品质好。

(4)抗逆性强。

(三)甘蓝种株选择用混合选择法,大白菜、不结球白菜分品种进行单株选择,编好号,并将选好的种株主要性状填入表实 11、表实 12 中。

四、作业

1. 总结选株的经验。

2. 上交填好的表格。

表实 11　甘蓝、大白菜种株记载表

品种名称:____________　　　　　　　　　　　　时间______年____月____日

株号	株高	开展度	球高(厚)	球宽	球形指数	外叶数	叶球坚实度	球形	冻害	叶球最外叶覆盖情况	病情指数							备注
											病名:							
											0 级	1 级	3 级	5 级	7 级	9 级	%	

记载人:

表实 12　不结球白菜种株记载表

品种名称:____________　　　　　　　　　　　　时间______年____月____日

株号	株型	株高	开展度	叶片				叶柄						病情指数							备注
				形状	颜色	长度	宽度	形状	颜色	长度	上宽	下宽	厚度	病名:							
														0 级	1 级	3 级	5 级	7 级	9 级	%	

记载人:

参考文献

[1] 张天真.作物育种学总论.3版.北京:中国农业出版社,2011.
[2] 吕爱枝.作物遗传育种.北京:高等教育出版社,2009.
[3] 盖钧镒.作物育种学各论.2版.北京:中国农业出版社,2006.
[4] 朱军.遗传学.3版.北京:中国农业出版社,2004.
[5] 戴灼华,王亚馥,粟翼玟.遗传学.北京:高等教育出版社,2008.
[6] 潘家驹.作物育种学总论.北京:中国农业出版社,1994.
[7] 蔡旭.植物遗传育种学.2版.北京:科学出版社,1988.
[8] 景士西.园艺植物育种学总论.北京:中国农业出版社,2002.
[9] 巩振辉.植物育种学.北京:中国农业出版社,2007.
[10] 卢良峰,路文静.遗传学.中国农业出版社,2006.
[11] 郭才,霍志军.植物遗传育种及种苗繁育.北京:中国农业大学出版社,2006.
[12] 刘庆昌.遗传学.北京:科学出版社,2009.
[13] 蔡旭.植物遗传育种学.北京:科学出版社,1988.
[14] 孙其信.作物育种学.北京:高等教育出版社,2011.
[15] 杨光圣,员海燕.作物育种原理.北京:科学出版社,2009.
[16] 席章营.作物育种学.北京:科学出版社,2014.
[17] 董炳友.作物育种技术.北京:化学工业出版社,2012.
[18] 胡虹文.作物遗传育种.北京:化学工业出版社,2010.
[19] 王孟宇,刘弘.作物遗传育种.北京:中国农业大学出版社,2009.
[20] 胡延吉.植物育种学.北京:高等教育出版社,2003.
[21] 杨业华.普通遗传学.2版.北京:高等教育出版社,2006.
[22] 刘祖洞.遗传学.2版.北京:高等教育出版社,2000.
[23] 王亚馥,戴灼华.遗传学.北京:高等教育出版社,1999.
[24] 张玉静.分子遗传学.北京:中国农业出版社,2000.
[25] 浙江农业大学.遗传学.2版.北京:中国农业出版社,1989
[26] 北京农业大学作物育种教研室.植物育种学.北京:北京农业大学出版社,1989.
[27] 西南农业大学.蔬菜育种学.2版.北京:中国农业出版社,1999.

[28] 西北农学院. 作物育种学. 北京:中国农业出版社,1981.
[29] 江苏省南通农业学校. 作物遗传与育种学. 北京:中国农业出版社,1999.
[30] 卢庆善,孙毅,华泽田. 农作物杂种优势. 北京:中国农业科技出版社,2002.
[31] 王艳芳,等. 航天诱变育种研究进展. 西北农林科技大学学报,2006,34(1):9-12.
[32] 杨震,等. 我国空间诱变育种研究进展. 湖南农业科学,2006(6):19-21.
[33] 王曾珍,等. 植物诱变育种研究进展. 草业与畜牧,2009(6):1-5.
[34] 王慧,等. 航天育种优良水稻品种华航一号. 中国稻米,2003(6):18.
[35] 陈佩度. 作物育种生物技术. 2 版. 北京:中国农业出版社,2010.
[36] 侯思宇,孙朝霞. 棉花生物技术与杂种优势. 北京:中国农业科学技术出版社,2011.
[37] 贾士荣,郭三堆,安道昌. 转基因棉花. 北京:科学出版社,2001.
[38] 徐鹤林. 中国番茄. 北京:中国农业出版社,2007.
[39] 卢新雄,曹永生. 作物种质资源保存现状与展望. 中国农业科技导报,2001,3(3):43-47.
[40] 浙江农业大学,等. 实用水稻栽培学. 上海:上海科学技术出版社,1982.
[41] 洪德林. 作物育种学实验技术. 北京:科学出版社,2010.
[42] 官春云. 作物育种学实验. 北京:中国农业出版社,2003.
[43] 申宗坦. 作物育种学实验. 北京:中国农业出版社,1995.
[44] 农业部令第 30 号. 农作物种质资源管理办法. 农业部,2003.
[45] Gardner E. J. et al. Principles of Genetics. 8th ed. New York: John wileyv & Sons Inc. ,2005.
[46] Goodenough U. Genetics. 3th ed. Washington: Sauners College Publishing,1984.
[47] Pai A. C. and Roberts, H. M. Genetics. Its Concepts and Implications. New Jersey: Prentice-Hall lnc,1981.
[48] Russell P. J. Essential Genetics. 2nd ed, London: Blackwell Scientific Publications,1990.
[49] Suzuki D. T. et al. An Introduction to Genetic Analysis. 2nd ed. New York: W. H. Freemanand Company,1981.
[50] Atherly A. G. et al. The Science of Genetics. Washington: Sauners College Publishing, 1999.
[51] Sleper D. A. , Poehlman, J. M. Breeding Field Crops. 5th ed. Bognor Regis: Wiley-Blackwell, 2006.
[52] Acquaah G. Principles of Plant Genetics and Breeding. 2nd ed. Chichester: John Wiley & Sons, Ltd, 2012.
[53] Hakeem K. R. , Ahmad P. , Ozturk M. , Munir Ozturk. Crop Improvement: New Approaches and Modern Techniques. New York: Springer, 2013.
[54] Fleury D. , Whitford R. Crop Breeding: Methods and Protocols. New York: Humana Press, 2014.